따박따박 **상가월세**

따박따박 상가월세

초판 1쇄 발행   2024년 2월 28일
초판 3쇄 발행   2024년 3월 26일

지은이   차원희

펴낸곳   성공서재
발행인   차원희
편 집   이문선, 임효진
그 림   손영완
디자인   이미랑, 김은정
출판등록   2024년 1월 3일 제2024-000003호
주 소   서울시 금천구 벚꽃로 234, 2001-에이9호
연락처   02-858-1052

ⓒ 차원희, 2024

ISBN   979-11-986194-0-2   03320
값   19,000원

- 이 책은 저작권법으로 보호받는 저작물로 무단전재 및 무단복제를 금합니다.
- 이 책의 전부 혹은 일부를 이용하려면 저작권자와 출판사의 동의를 받아야 합니다.
- 잘못된 책은 구입처에서 바꿔드립니다.

따박따박 상가월세

| 차원희 지음 |

들어가며

"5억 원이 입금되었습니다."

오늘도 휴대폰에는 입금 알림이 끊임없이 온다. 내 나이 39세, 현재 두 회사의 대표이며 매월 적게는 몇천만 원부터 많게는 몇십억 원의 수익을 내고 있다. 2022년도 재무제표는 연매출 30억 원을 넘겼다. 누군가에게 선물을 할 때 받는 사람이 좋아할지를 고민할 뿐 가격은 고민하지 않아도 될 정도의 경제적 여유를 갖췄으며, 매년 기부도 하고 있다.

그렇다면 나는 금수저인가? 단연코 아니다. 내 초등학교 시절 성적은 반에서 중간 정도였는데, 몸이 뚱뚱해서 툭하면 아이들에게 놀림을 당하곤 했다. 어떤 날에는 심할 정도로 따돌림을 당하기도 했다. 하지만 먹고살기 힘들었던 부모님은 맞벌이를 하느라 어린 아들의 학교생활까지 신경 쓸 여력이 없었다. 내 성적은 점점 떨어져 하위권을 전전했고 그렇게 중학교에 입학했다.

입학한 중학교에는 유도부가 있었다. 어차피 공부에 취미도 없었고, 유도선수가 되면 놀림도 안 받을 수 있겠다는 생각에 유도부에 들어갔다. 열네 살 때 일이다. 그 뒤로 나는 책 한 권을 끝까지 읽어 본 적이 없을 정도로 공부와 동떨어져 살았다.

중학교를 졸업한 후에도 유도부가 있는 고등학교에 입학했는데, 학교가 먼 곳에 있었기 때문에 타지에 나와 생활하게 되었다. 그러던 어느 날, 외박을 허락받아 부모님을 놀라게 해드리려고 몰래 집을 찾았다가 드라마에서나 볼 황당한 일을 겪었다. 나만 빼고 가족들이 모두 이사를 가버린 것이다!

깜짝 놀라 부모님께 전화를 했더니, 생활이 어려워져서 살던 집을 정리하고 분식점 하나를 간신히 얻었다고 말씀하시는 것이었다. 그렇게 찾아간 곳에서 본 것은 작은 가게, 그리고 세 평 남짓한 재료창고 한구석에서 생활하고 계신 부모님이었다. 그날 이후 휴가를 받아 집에 오면 가게 한쪽에 붙인 식탁 위에서 쪽잠을 자야 했다.

그래도 나는 운동선수로 입신양명할 미래를 꿈꿨고 프로선수가 되었다. 하지만 그 꿈은 스물다섯 살에 군대에 입대한 뒤부터 흔들리기 시작했다. 앞선 선배들의 삶을 볼 때마다 내 미래가 걱정되어 한숨이 나왔기 때문이다. 올림픽에서 메달을 따도 은퇴 후에는 코치나 감독 말고는 할 수 있는 일이 별로 없었다. 그 와중에 언제 계약해지 통보를 받을지 몰라 불안에 떨며 자리를 지키기 위해 매일같이 고군

분투해야 하는 삶이라니…. 아마 내 미래 또한 다르지 않을 것 같아 힘들었다.

　미래를 바꾸려면 지금 당장 변해야 한다고 생각했고, 멀리 해왔던 책을 읽기 시작했다. 머리가 다 굵어진 후에서야 처음으로 책을 읽는다는 것은 정말 힘든 일이었다. 글을 읽어도 무슨 뜻인지 정말 하나도 이해할 수가 없었다. 그래도 그냥 무작정 읽었다. 억지로 두 번 세 번 곱씹으며 읽다 보니 조금씩 내용이 이해되기 시작했다.

　그때 처음 '경제'라는 것에 관심을 가졌다. '돈'에 대해 깊이 고민하기 시작하면서 자연스럽게 주식과 부동산에 관심을 갖게 되었다. 하지만 주식 투자는 수익과 손실이 공존하고 있다 보니 나와 맞지 않는다는 생각에 관심을 접었다. 나는 안정적으로 큰돈을 벌고 싶었기 때문에 변동성이 큰 주식은 별로 끌리지 않았던 것이다. 대신 부동산에 대해 제대로 배우고 싶었고, 그러기 위해서는 서울로 가야 한다고 막연하게 생각했다.

　결국 스물여덟 살이 되던 해, 경남 거제에서 버스를 타고 무작정 서울로 향했다. 그리고 12년 뒤인 지금의 나는 시세 1,000억 원이 넘는 건물을 매입하여 매월 몇천만 원부터 몇억 원의 월세 수익 및 매매차익을 벌어들이는 투자자 겸 사업가가 되었다.

투자의 포인트는 월세다

　이 책에서 다루고 있는 것은 '상가 투자'와 '월세'다. 월세를 받음으로써 일하지 않아도 한 달에 300만 원씩, 아니 100만 원씩이라도 현금흐름이 생긴다면 여러분의 삶은 어떻게 변할까? 지금 벌고 있는 수입에 매월 100만 원이 추가된다면 어떻게 될까?

　우선 내 자신을 단단하게 단련시킬 수 있을 것이다. 그동안 막연히 생각만 해왔던 취미생활을 시작하거나 배우고 싶었던 것을 배울 수 있고, 운동도 제대로 해볼 수 있다. 명절에 부모님 용돈을 드릴 때도 눈치 보지 않을 수 있고, 아이들 학원 보낼 때도 가격에 따라 학원을 결정하는 게 아니라 아이들에게 정말로 필요한 곳을 선택할 수 있게 된다. 혹은 한 달에 한 번씩 가족들과 여행을 떠나 좋은 추억을 만들기에도 충분한 돈이다. 이 모든 것이 한 달에 딱 100만 원만 더 생기면 충분히 가능한 일이다.

　생각해보면 우리는 오늘도 그 100만 원을 더 벌기 위해 참 많은 것을 포기하며 살고 있다. 그래서 첫 목표는 월세 100만 원이면 충분하다. 100만 원만으로도 우리의 삶은 상상하지 못할 정도로 훨씬 나아지기 때문이다.

　만약 그 100만 원을 투자에 사용한다면 어떤 일이 벌어질까? 매달 200만 원을 저축해서 1년에 2,400만 원을 모으는 사람이 있다고 해보자. 여기에 추가로 매월 100만 원의 현금흐름이 생기고 이것을 모두 종잣돈으로 모은다면 한 달에 300만 원씩 8개월 만에 2,400만 원 저축이 가능해진다. 4개월을 앞당길 수 있는 것이다. 성공하기 위한 시간이 빠르게 단축되는 것이다.

일단 100만 원의 월세를 만들면 200만 원, 300만 원을 만드는 것은 크게 어렵지 않다. 실제로 이 책은 근린상가를 통해서 매달 100만 원부터 시작해서 2,500만 원까지 월세 수익을 만들어내는 이야기를 다루고 있다. 많은 이들이 월세 받는 것을 어렵게 생각하지만, 투자의 원리와 공식만 깨우친다면 누구나 가능하다. 월세는 재능이 아닌 의지만 있다면 누구나 만들 수 있다.

부동산 투자는 절대로 한 방이 아니다. 몇억 원의 수익을 올리는 것보다 중요한 것은 꾸준한 수익을 올리는 것이다. 시기가 좋았던 시절에는 주변에서 한 번에 몇십억 원씩 벌었다는 이야기가 종종 들려왔고, 나 또한 그런 사례에 흔들렸다. 하지만 결국 시장에서 살아남은 것은 한두 번 크게 번 사람이 아니라 조금씩이라도 꾸준한 수익을 선택한 사람이었다.

부동산 투자는 평생 해야 하는 두 번째 직업 같은 것이다. 그렇게 생각하고 길게 바라보면서 부동산 시장에서 살아남는 법을 배워야 한다. 그 기초가 바로 월세와 같은 현금흐름이라고 나는 생각한다. 부동산 투자에도 다양한 분야가 있지만 그중에서 월세, 특히 상가 월세가 부동산 투자에 얼마나 중요한지를 여러분에게 꼭 알려주고 싶다.

첫 번째로, 월세는 어려운 상황을 버틸 수 있는 힘을 준다. 경제 위기가 오거나 부동산 하락기가 올 때도 정기적으로 들어오는 월세가 있다면 무리해서 그 부동산을 팔지 않아도 된다. 하지만 일반적인 주거용 부동산의 경우는 월세가 아닌 전세로 세입자를 들이는 경우가 많기 때문에, 전세값이 떨어지는 역전세가 일어날 경우 기존 세입자의 전세금을 내어주기 위한 목돈이 필요하다. 그래서 제값을 받지 못하고 무리하게 매각을 진행해야 하는 경우가 비일비재하다.

두 번째로, 월세는 대출이자를 보전한 이후의 확정된 수익을 안겨준다. 대부분 부동산의 경우 대출이 많이 나오지 않는다. 예를 들어 시세 3억 원짜리 아파트를 매입하면서 1억 5,000만 원의 대출을 받았다면 이에 대해 6%의 이자(매월 75만 원)를 납입한다.

부동산을 통해 돈을 더 벌기 위해서는 해당 부동산의 가격이 매년 3% 이상 상승해야 한다. 그렇지 않다면 나의 주머니에서 매달 이자만 나가고, 그만큼의 손실을 보게 된다. 하지만 상가는 같은 조건에서 6%의 월세(매달 150만 원)를 충분히 받을 수 있다. 그렇다면 매년 3%

의 수익은 보장된 것이나 다름없다(월수익 150만 원 - 이자 75만 원=순수익 75만 원).

수익을 보면서 하는 투자와 손실을 보면서 하는 투자는 분명 다르다. 분명 부동산을 가지고 있는데 왜 나는 가난할까? 이런 생각이 든다면 아마도 대부분은 현금흐름 없이 매년 3~5%가량 손실을 보는 경우에 해당하기 때문일 것이다.

많은 사람들이 월세 받는 것을 어렵게만 생각한다. 하지만 사실은 받아본 적이 없기 때문에 어렵게 생각하는 것뿐이다. 사람들에게 투자나 재테크를 권하면 돌아오는 말은 늘 비슷하다.

"나는 돈이 없어."

"나는 나이가 많아(또는 어려)."

이 모든 생각은 현실을 외면하고 지금의 삶을 합리화하기 위한 변명일 뿐이다. 다시 금수저로 태어날 수 없다면 지금의 현실을 변화시키는 것밖에는 방법이 없다.

아는 사람과 모르는 사람의 차이

당신이 뭐라고 하든 최소한 과거의 나보다는 지금의 당신이 낫다. 과거의 나는 정말이지 많은 시행착오를 겪었다. 처음 공부를 시작할 때는 누구도 방법을 알려주지 않았고, 지금처럼 온라인 재테크 강의도 없었다. 당연히 조언을 구할 사람도 없었다. 몸으로 부딪히는 방법이 유일했다. 그래서 한 번 한 번 투자할 때마다 성공과 실패라는 다리 위에서 언제 떨어질지 모르는 삶을 살았다.

그러나 성공의 궤도에 올라 뒤를 돌아보니 정말 간단했다. 투자자는 딱 두 부류의 사람으로 나뉜다. '아는 사람'과 '모르는 사람'이다. 아는 사람은 집에 도둑이 들면 112로 전화를 하고, 집에 불이 나면 119로 전화를 한다. 112와 119만 알면 칼 든 도둑과 직접 맞서 싸울 필요도 없고, 불길 속으로 직접 뛰어들 필요도 없다. 하지만 112나 119를 모르는 사람은 큰 피해를 보게 된다. 이것이 아는 사람과 모르는 사람의 차이다.

투자도 똑같다. 부동산 투자는 절대 특별하지 않다. 밖에서 보면 특별한 무언가가 존재하는 것처럼 보이지만 그저 한 번도 해보지 않았고, 배우려 하지 않았을 뿐이다. 포인트 몇 가지만 알면 누구나 부동산 투자를 통해 수익을 볼 수 있고 원하는 경제적 자유를 이룰 수 있다. 즉, '아는 사람'이 될 수 있는 것이다.

하지만 모르는 사람이 투자를 하다 보면 많은 시행착오를 겪으며 실수를 한다. 물론 세상 모든 사람은 실수할 수 있다. 하지만 투자에서의 실수는 일반적인 실수와 다르다. 한 번의 잘못된 투자로 5,000

만 원을 잃었다면 돈뿐만 아니라 그 돈을 다시 모을 때 걸리는 시간까지 한 번에 잃는 셈이다. 가치로 따졌을 때 상상할 수 없는 금액을 손해 보는 것이다.

지난 12년간 내가 매입을 진행한 부동산을 합쳐보면 금액으로는 수천억 원, 건수로는 60여 건에 달한다. 직접 경험한 것 외에 다른 이들을 도와주면서 얻은 간접경험까지 합치면 수백 건이다. 그 과정에서 얻게 된 나의 생각과 투자 접근법, 실패하는 유형 등 모든 노하우를 눌러 담아 이 책을 썼다. 집필하면서 생각한 것은 오직 하나다. 성공과 실패 사이에서 위태롭게 줄타기를 했던 내 과거와는 다르게 반드시 성공하는 투자 방법을 독자들에게 알려주고 싶다는 것이다.

초보를 위한 5단계 전략 '인·생·공·략·집'

이 책에는 월세를 받는 데 필요한 5단계의 과정을 담았다. 나는 이것을 '인·생·공·략·집'이라고 부른다.

1부는 알 인(認)으로, 투자의 필요와 이유에 대해 다뤘다. 지금 세상에서 투자는 선택이 아닌 필수다. 우리는 '돈'에 대해 솔직해져야 한다. 그리고 그 속성을 잘 알아야 한다.

얼마 전 롯데월드에 갔다가 줄을 서지 않고 놀이기구를 바로 탈 수 있는 패스권이 있다는 사실, 그 패스권이 생각보다 꽤 비싸다는 사실에 놀란 적이 있다. 그리고 그것을 중·고등학생들이 적지 않은 돈을 내고 구매한 후 사용하는 것을 보고 충격을 받았다. 어디 그뿐일까. 요즘 초등학생들 사이에는 '개근거지'라는 말이 있다. 그 말을 듣고 경악을 금치 못했다. 집안 사정으로 해외여행이나 체험학습을 가지 못해서 학교에 계속 나오는 아이들을 그렇게 부른다는 것이다.

돈은 어른들의 문제지만 이제는 아이들에게까지 직접적인 영향을 미치고 있다. 우리가 살아가는 자본주의 시스템에서는 태어나자마자 빈부격차라는 환경에 노출될 수밖에 없다. 돈이 많아야만 행복한 것은 절대 아니다. 하지만 돈이 없으면 꽤 불행해진다는 것을 우리는 모두 익히 알고 있다. 돈은 시간을 살 수 있게 해주고, 더욱 편안한 삶을 살게 도와준다. 투자가 어렵고 힘들다는 고정관념 때문에 그동안 배움을 꺼렸다면, 이제는 이 책을 통해 정확하게 알게 될 것이다.

2부는 날 생(生)으로, 투자에 필요한 생생한 지식을 준비했다. 어떤 분야에서든 가장 문제가 되는 것은 얕은 지식만 알고 있는 사람이다. 얕은 지식은 고정관념을 만들기 때문에 자기 생각이 옳다며 벽을 치고 다른 것을 흡수하려 하지 않는 사람들이 많다.

2부에서는 그간 여러분이 알고 있던 투자 지식은 잠시 내려놓고,

다시 태어나 투자한다는 마음으로 돌아가서 내가 설명하는 것을 흡수하였으면 좋겠다. 그런 마음이 아니라면 지금이라도 이 책을 덮으라고 말하고 싶다. 이 책에서는 부동산 투자를 시작하기 전 가져야 할 마음가짐부터 투자를 바라보는 시선, 접근하는 방법, 검색 방법 등을 누구나 쉽게 따라올 수 있게 하나하나 설명하려 최선을 다했다. 그대로만 따라해도 충분히 좋은 결과가 있으리라 생각한다.

3부는 칠 공(攻)으로, 실전 투자에서 부동산을 어떻게 공략하고 수익을 거두는지를 설명했다. 1·2부가 기초를 다지는 장이었다면 3부는 실전이다. 현장에서 무엇을 봐야 하는지, 무엇이 좋은지, 어떤 것이 포인트가 되는지 하나하나 다루었다.

특히 현장에서 꼭 조사해야 할 내용에 집중했다. 초보자들이 가장 많이 실수하는 가격 조사 방법, 학원 상권에 접근하는 방법, 동종 업종으로 큰 손실을 보는 사례 등을 다루었다. 그뿐만 아니라 물건을 매입 또는 낙찰받고 임차 세팅을 하는 법, 매도 요령, 대출, 세금 등 초보자들이 미처 생각하지 못하는 부분을 다루었으며, 그 과정에서 수입과 직접 연결지어 설명하기 위해 노력했다.

4부는 다스릴 략(略)으로, 실제 경험담 속 전략 전술이다. 1~3부까지가 배우는 단계라면 4부에서는 실전에서 어떻게 전략을 세우고 변수에 대처하는지를 보여준다. 같은 재료로 음식을 만들어도 누가 만드느냐에 따라 맛이 달라지는 것처럼, 똑같은 부동산도 어떤 사람이 매입하느냐에 따라 임차인 세팅이 달라지고, 향후 매도 가격에 엄청난 영향을 미친다.

4부는 지하상가부터 상층상가까지, 수도권에서 지방까지, 월세 100만 원대에서 2,500만 원대까지 다양한 사례를 담았다. 이를 통해 투자자가 맞닥뜨리게 될 다양한 문제점과 수익을 극대화하는 방법을 다루고 있다. 초보자는 물론이고 투자 경험이 어느 정도 있는 사람에게도 폭넓게 도움이 될 것이다.

5부는 모을 집(集)으로, 마지막으로 기억해야 할 중요한 이야기다. 나는 스스로 꽤 화려한 이력을 가진 투자자라고 생각하지만, 이것이 때로는 독이 된다는 생각이 들 때도 있다. 내 말이 아무것도 모르는 사람들에게는 뜬구름 잡는 이야기로 들리지 않을까 싶어서다. 투자 방법을 제대로 알고 나면 돈을 주고도 살 수 없는 귀한 지식이 되겠지만, 어설프게 배워서 잘못 사용한다면 득이 아닌 실이 될 수도 있기 때문이다. 그래서 마지막 5부에서는 늘 강조하는 레버리지의 함정과 투자하면서 절대 놓치지 않아야 할 부분, 목적을 가지고 투자해야 하는 이유 등 내 생각을 정리해 보았다.

이 책은 투자에 재능이 없는 사람을 위해 집필했기 때문에 누구라도 이해할 수 있도록 하나하나 꼼꼼하게 설명하려고 노력했다. 어쩌면 쓸데없는 부분까지 이야기한다고 느낄지도 모르지만, 내 경험상 꼭 필요한 부분은 빠트리지 않으려고 했다. 그 모든 것들이 모여 지금의 족장을 만들어주었기 때문이다.

책을 읽다 보면 처음 보는 어려운 단어가 나올 수도 있고, 내용이 이해가 안 될 수 있다. 그래도 괜찮다. 이 모든 내용을 머리 싸매고 외울 필요는 없다. 어려울 때 이 책을 펼쳐 두 번 세 번 읽어보면 된다. 몇 번이고 곱씹어 읽을수록 더 많은 것을 느낄 수 있을 것이라 확신한다.

포기하지 않으면 실패하지도 않는다

앞서도 말했지만, 이 책에는 12년차 투자자로서 수백 건, 수천억 원의 매물을 매입하며 경험한 노하우를 담기 위해 노력했다. 그러나 이 책을 본다고 해서 여러분들이 한순간에 큰돈을 벌 것으로 생각하지는 않는다. 그렇게 강요할 마음도 없다. 다만 월세 100만 원부터 시작해 마침내 1,000만 원을 만들어낼 수 있을 만큼의 내용은 충분히 담아 놓았으니 믿고 따라왔으면 한다. 그 이후는 여러분의 몫이다.

나는 성공하기 위해 필요한 요소로 '관·습·동·행'(관심, 습관, 동료, 행행'이란 말을 자주 사용한다. 관습동행은 내가 살면서 어떤 일을 기획하는 데 가장 큰 역할을 해준 로드맵이다.

조금 더 풀어 쓰자면 이렇다. 우리는 어떤 일이든 그냥 행동하는 것은 없다. 처음에는 관심을 가진다. 이것이 모든 일의 시작이다.

관심이 생기기 시작한다면 지속적으로 생각하고 실행하기 위해 가장 쉬운 습관을 만든다. 관심만 가진다고 그것을 이룰 수 있는 건 아니라는 점을 알기 때문이다. 이때의 포인트는 절대 어려운 습관을 만들면 안 된다는 것이다. 우리의 뇌는 어려운 습관을 강력하게 거부하기 때문이다.

다음은 동료를 만드는 일이다. 인간은 무슨 일이든 함께 만들어가는 동료가 있다면 편안함과 안정감을 가질 수 있다. 오랜 시간 멀리 가고 싶다면 동료를 만들어야 한다.

그리고 마지막으로 가장 중요한 행동으로 옮겨야 한다. 방구석에만 앉아 있으면 내 인생은 결코 변하지 않는다. 이게 바로 관습동행이다.

마지막으로, 독자들에게 꼭 하고 싶은 말이 있다. 절대로 실패하지 말기를 바란다. 그리고 절대 포기하지 않기를 바란다. 나는 분명히 알고 있다. 부동산이라는 시장은 정확한 지식을 가지고 버틴다면 무조건 성공하는 곳이다. 정확한 지식은 내가 알려줄 테니 여러분은 끝까지 버텨 보자.

  나는 언제나 당신의 성공을 응원하면서 지금 이 자리에 있을 것이다. 어려우면 언제든 나에게 도움을 청하면 된다. 기왕 시작하기로 마음 먹은 것, 절대 포기하지 않았으면 좋겠다. 포기하지만 않는다면 실패는 절대로 존재하지 않을 테니까 말이다. 잊지 말자.

  "노력과 끈기가 있다면 불가능은 없다."

여러분의 성공을 응원하며

족장 **차원희** 씀

차례

들어가며　　_5

SECTION 1

인認,
누구나 투자를 알아야 할 이유가 있다

---

01 대한민국 사회 초년생의 잔인했던 시작　　_31
　당근과 채찍, 그리고 냉혹한 사회
　회사는 당신의 미래가 될 수 없다
　회사는 당신의 성공을 바라지 않는다
　당신은 몇 번 경주마인가

02 다시 태어나도 가난하지 않을 자신이 있는가　　_42
　선택하고 집중하라
　부동산은 금융이다

03 금융 그리고 자본주의라는 피라미드　　_51
　은행의 구조를 이해하자
　저축 vs 주식 vs 부동산
　반드시 알아야 할 3개의 레버리지
　실거주 vs 투자, 무엇이 먼저일까

04 고금리 시대의 투자법 _64
99%의 노력과 1%의 행운이 만든 성과
초보라면 확실한 투자 원칙을 정해두자
한 번의 투자로 월세 228만 원 만들기

05 투자의 핵심 관·습·동·행 _80
성공을 위한 첫발 떼기 '관심'
반복으로 실력을 만드는 '습관'
나눔으로 시간을 절약하는 '동료'
좋은 태도의 시작이자 마무리 '행동'

SECTION 2

생生,
투자에 필요한 살아 있는 지식

---

01 상가 임대인이 되기 위한 마인드 세팅 _89
투자의 본질을 잊지 말자
종잣돈을 모으면서 충분히 공부하자
상가 투자를 바라보는 관점을 익히자

02 사칙연산으로 끝내는 수익률 계산법 _102
상가 수익률 계산법의 기초
월세 10만 원의 차이가 무서운 이유

03 예비 임대인이 착각하기 쉬운 3가지 _109
큰 평형이 오히려 유리하다
월세를 무조건 높인다고 좋은 게 아니다
임대인은 절대 '갑'이 아니다

04 초보자를 위한 단계별 접근법 _114
집 앞 단지내상가부터 들여다보자
접근이 쉬운 학원가 상권을 살펴보자
직장 근처의 익숙한 상권을 들여다보자

05 숨은 매물 찾아내는 검색법 3가지 _123
네이버 부동산으로 상가 물건 검색하기
경매사이트에서 상가 물건 검색하기
공매 사이트에서 상가 물건 검색하기
좋은 상가를 발견하려면 꾸준해야 한다

06 손쉽게 임대료 알아보는 법 _142
네이버 부동산으로 조사하기
원맵으로 조사하기

07 미래의 임차인을 미리 상상하자 _153
임차인을 상상하여 질문 만들기
상권의 특색을 알면 임차인이 보인다
키워드 검색으로 상권을 분석하자

SECTION 3

공攻,
수익률을 바꾸는 실전 매물 공략법

01 **실수를 줄이는 임장 체크리스트** _____ _165
주변 상권은 어떠한가
상가 내부는 어떠한가
주차 공간은 충분한가
관리비는 적정한가
입점 제한 업종이 있는가
간판 확보가 가능한가

02 **중개사와의 인터뷰로 가격 조사하기** _____ _177
임대료 확인하기
팔리는 가격 알아보기
중개사 인터뷰를 위한 질문 리스트

03 **적정한 매입가를 산정하는 방법** _____ _186
단기투자를 할 때의 매입가
장기투자를 할 때의 매입가

04 **매입 전에 꼭 알아야 할 대출 비법** _____ _191
대출을 겁내지 않아도 되는 이유
은행이 인정해주는 소득의 종류
대출은 얼마까지 가능할까
90% 대출의 비밀
신용 관리는 필수다

05 종잣돈만큼 중요한 임차인 모시기 _206
중개사에 내놓을 땐 전단지를 만들자
프랜차이즈에 입점을 제안하자
창업박람회를 방문해보자

06 높은 가격에 잘 매각하는 방법 _212
월세는 최소 1년 이상 남겨둘 것
매도 전, 주변 시세를 다시 확인할 것
임대차 재계약 직후 매각할 것

07 수익의 레벨을 바꾸는 세금 문제 _217
취득할 때 내는 취득세
보유할 때 내는 재산세
양도할 때 내는 양도소득세
월세와 매매가에 붙는 부가가치세
월세 소득에 적용되는 종합소득세

08 절세에 유리한 법인 설립 _231
법인의 세금은 어떻게 다를까
법인과 상속 문제
직장인과 공무원의 겸직 문제
법인이 무조건 좋은 것은 아니다

SECTION 4

략略,
진짜 경험담 속 매도의 기술

01 다른 이의 경험담을 나의 노하우로 만들자 _241
　　오로지 수익성만 바라보자

02 지하상가 투자로 6개월 만에 1억 벌기 _244
　　2년 동안 아무도 찾지 않았던 상가
　　엉망진창 상가 내부에서 희망을 발견하다
　　추가비용과 리스크를 고려한 입찰가 산정
　　잔금납부일 전까지 해야 할 일들
　　생각하지도 못한 대출의 위기
　　6개월 만에 1억 원 벌기

03 지방 상층부 상가로 월세 250만 원 세팅하기 _268
　　지방의 입지 좋은 병원, 그런데 왜?
　　공실 천국, 임차 지옥
　　중개사에게 반드시 물어봐야 할 3가지
　　그럼에도 입찰하기로 결정하다
　　두근두근 입찰 당일
　　병원 임차인의 배신
　　하나의 상가를 4개로 쪼갠 이유
　　편견을 벗어던져야 성공할 수 있다

04 적극적인 관심이 만든 단지내상가의 기적 _293

검색하는 자에게 기회가 온다
단지내상가를 조사하는 방법
입찰가 산정은 총성 없는 전쟁
임차인을 직접 찾아내자
선택한 공실 vs 불행한 공실

05 50억 원짜리 상가를 다루는 방법 _318

고수와 하수의 차이는 집요함이다
매일 밤 12시, 검색망에 걸려든 물건
지역 조사는 평소에 해두자
사람에 최선을 다하면 복으로 돌아온다
우량 임차인을 찾아라
업종이 먼저냐 vs 월세가 먼저냐
언젠가는 당신도 하게 될 투자

SECTION 5

집集,
족장이 짚어주는 마지막 조언

---

01 투자자인 당신에게 필요한 3가지 이야기 _349

위험에 대한 이야기
시간에 대한 이야기
조급함에 대한 이야기

02 '월백'부터 '월천'까지 가는 5단계 로드맵 _354

　　1단계 : 기초 지식 쌓기
　　2단계 : 월세 100만 원 만들기
　　3단계 : 월세 300만 원 만들기
　　4단계 : 월세 500만 원 만들기
　　5단계 : 월세 1,000만 원 만들기
　　수요를 감안하여 차근차근 진행하자

03 월세보다 중요한 것은 시세차익이다 _368

　　수익률 계산의 함정
　　월세 수익률만 생각하면 큰일난다
　　투자 성과는 매각으로 결정된다

04 지치지 않고 끝까지 성공하는 3가지 방법 _377

　　초심을 되새기기
　　물건 복기하기
　　책을 가까이 하기

　　마치며　　_387

SECTION 1

認認, 누구나 투자를 알아야 할 이유가 있다

01
대한민국 사회초년생의 잔인했던 시작

    가장 먼저 내 이야기로 시작해보려 한다. 먹고살기 힘들었던 우리 부모님은 맞벌이를 하셨다. 누구보다 열심히 사셨지만 경제적으로는 풍족하지 못했다. 집에는 나를 챙겨 줄 사람도 기다리는 사람도 없었다.

    나는 매일같이 오락실을 기웃거렸고 해가 질 무렵 귀가했다. 그런 탓에 학교 성적은 하위 10%를 오락가락했다. 공부를 못한 덕분(?)인지 중학교 때 유도부에 들어갔다. 부모님은 펄쩍 뛰셨지만, 평소 집에 혼자 있는 것이 싫었던 나는 열네 살 여름에 유도선수의 길을 선택하게 되었다.

    중·고등학교 때 유도선수로서의 최고 성적은 전국대회 3등이었다. 운동선수로 대학교에 입학할 수 있는 최하등수가 3등이었는데, 나는 정말 가까스로 입학할 수 있었다. 하지만 나에겐 늘 '3등 선수'

라는 꼬리표가 붙어다녔다. 선배들은 "넌 3등밖에 못했으니 운동을 못하면 청소나 빨래라도 잘해라"라는 말을 매일 했다. 어느 순간 나도 당연히 그런 일이나 해야 하는 사람이라고 생각하게 됐다. 매일같이 가스라이팅을 당한 것이다. 나는 3등이라는 꼬리표를 뗄 수 있으리라는 생각도, 운동선수로 성공할 것이라는 생각도 하지 않고 지레 포기하고 살았다.

하지만 어느 순간, 아무런 도전도 삶의 목표도 없이 하루하루를 보내는 내가 너무 싫었다. 나도 남들처럼 잘 해내고 싶어졌다. 그러기 위해서는 평생 나의 꼬리표였던 3등 선수에서 벗어나야 했다. 꼬리표를 떼기 위해 내가 할 수 있는 것은 남들보다 두 배, 세 배 운동하는 것밖에 없었다. 토요일, 일요일, 휴가… 나에게는 그 모든 것이 사치였다.

독하게 운동한 덕분인지 대학 선수 시절 마지막 전국체전에서 1등이라는 결실을 얻었다. 전국체전은 대학리그에서 1년 중 가장 큰 대회로, 내가 재학중이던 지방 대학교에서는 10년이 넘도록 1등이라는 기록이 나오지 않았다. 지방 대학교의 3등 선수가 최고의 대회에서 1등을 했다니, 말 그대로 기적 같은 일이 벌어진 것이다. 혼신의 힘을 다한 나의 노력이 보답받은 것에 너무나 감사했고, 프로선수로서의 내 앞길이 너무 기대되었다. 이렇게만 한다면 고생하는 부모님도 잘 모실 수 있을 것 같았다.

당근과 채찍, 그리고 냉혹한 사회

대학 졸업 후 처음 입사한 곳은 감독님이 추천해주신 실업팀이었다. 그 팀은 2년 전 굉장히 좋은 선수를 두 명 영입했고 연봉도 높다고 소문난 곳이었다. 하지만 팀은 정해졌는데 연봉 이야기는 나오지 않았다. 이상하다고 생각했지만 크게 연연하지 않았다. 전국체전 1등이라는 성적이 있으니 당연히 최고 대우를 받으리라 생각했다.

그리고 대망의 계약서 작성일이 다가왔다. 계약서를 본 순간 내 두 눈을 의심했다. 연봉 2,400만 원. 나보다 성적이 좋지 않은 선수들도 4,000만 원 이상을 받는데 내 연봉이 이 정도밖에 안 되다니. 믿을 수도 없었고 믿고 싶지도 않았다. 다른 곳과 다시 협상하고 싶었지만 이미 모든 팀의 협상 기간이 끝난 이후였고, 나는 할 수 있는 게 아무것도 없었다. 사회는 첫발부터 나에게 배신감을 안겨 주었다.

팀은 나를 설득하기 위해 성적별 인센티브를 제시했다. 1등을 하면 1,000만 원, 2등을 하면 500만 원, 3등을 하면 200만 원, 그리고 성적을 내지 못하면 계약 해지.

운동선수의 삶은 화려해 보이지만 일반인의 생각보다 잔인한 면도 많다. 실업팀 선수가 되기 위해 10년 이상을 열심히 운동하지만 정년은 보장받을 수 없고, 1년마다 연장계약을 하며, 성적이 나쁘면 연봉이 대폭 삭감되거나 계약해지 통보를 받는다. 성적 부진만이 문제는 아니다. 부상의 위험도 항상 도사리고 있다. 사람은 누구나 다칠 수 있지만 운동선수의 부상은 쉽게 넘어갈 문제가 아니다. 치료 시기가 길어지면 언제 사라져도 이상하지 않은 것이 운동선수다.

그래서 우리는 늘 조급했다. 조금이라도 젊고 건강할 때 많은 돈을 벌어 두어야 한다는 생각을 항상 가지고 있다. 그런데 사회생활은 첫 단추부터 내가 꿈꾸는 시나리오대로 그려지지 않았다.

회사는 당신의 미래가 될 수 없다

공산주의와 자본주의의 가장 큰 차이점은 사유재산을 인정하느냐 아니냐이다. 공산주의는 개인의 재산을 인정하지 않기 때문에 내가 좋은 성과를 내든 나쁜 성과를 내든 상관없이 결과물을 똑같이 분배받는다. 반면 자본주의는 사유재산을 인정하고, 각자의 능력에 따라 부를 축적할 수 있다. 그 과정에서 생기는 것이 고용인과 피고용인이다. 고용인은 월급을 주고 사람을 부리고, 피고용인은 고용인에게 월급을 받고 그들이 원하는 일을 해주는 것이다. 대부분의 회사는 딱 여기까지다. 고용인과 피고용인의 관계는 그 이상도 그 이하도 아니다.

사회초년생 시절 나는 이것을 이해하는 데 많은 시간이 걸렸다.

돌이켜보면 나는 참 순진했다. 아니 정확히 말하면 나의 바람과 현실을 제대로 구분하지 못했다. '비록 1년 계약이지만 우리가 얼마만큼 힘들게 운동해서 이 자리까지 왔는지 알아주겠지' 혹은 '성적이 조금 좋지 않더라도 운동을 더 할 수 있겠지'라는 것은 그저 나의 바람일 뿐이었다.

하지만 자본주의에 그런 인정은 존재하지 않는다. 회사와 나의 관계는 고용인과 피고용인, 딱 여기까지였다. 나는 상품성이 있어야 하며, 상품성이 없다면 회사는 나를 다른 상품으로 바꾸어 버리면 된다. 굳이 상품성이 없는 선수와 함께 하며 비용을 지출하기보다, 상품성 있는 선수를 데리고 와서 팀의 위상을 높이는 것이 회사에게 유리하기 때문이다.

이런 방식이 나쁘다고 생각하지는 않는다. 자본주의 시스템에서는 어찌 보면 당연한 것이기 때문이다. 다만 이 구조를 알기까지는 극심한 혼란을 겪었다. 자본주의의 본질을 정확하게 인지한 그 순간부터는 모든 것이 이해가 됐다.

내가 아닌 회사의 입장에서 생각해보면 이렇다. 회사는 수익과 지출의 균형으로 운영된다. 원치 않는 고용을 하거나 골든타임 안에 불필요한 인력을 내보내지 못하면 지출이 많아지고, 그러한 지출이 쌓이고 쌓여 회사의 운영을 점점 힘들게 한다. 경기불황이나 한 번의 실수로 인해 그간 줄줄 새던 지출을 막을 수 없는 상황이 되면 심한 경우에는 문을 닫게 된다. 그렇게 되면 적게는 수십 명, 많게는 수백 수천 명이 일자리를 잃게 될 수 있다.

그런 이유로 회사는 개인 사정을 헤아려 주지 않으며, 계약서에 적혀 있는 조항을 충실히 따른다. 글자에는 아무런 감정이 없다. 도장을 찍는 순간 우리는 그곳에 적혀 있는 문구대로 움직여야 한다. 그리고 안타깝게도 나와 회사라는 두 이해관계인의 계약서에 '당신을 책임진다'는 문구는 존재하지 않는다.

회사는 당신의 성공을 바라지 않는다

자본주의에 대해서 조금만 더 이야기하려 한다. 회사의 구조를 알아가며 또 하나 재미난 사실을 깨닫게 되었다. 운동선수를 키우는 회사는 그들의 선수가 지금보다 기량이 더 나아지는 것을 크게 바라지 않는다는 것이다. 기량이 뛰어난 선수가 된다면 분명 더 큰 돈을 주는 팀으로 이적할 것이고 팀은 선수를 다시 뽑아야 하기 때문이다. 나름대로 정해진 예산 안에서 공을 들여 필요한 선수를 영입해놨으니 딱 연봉만큼만 해주면 되는데, 더 훌륭해지는 바람에 다시 다른 선수를 영입하느라 비용과 시간을 투입해야 하는 것이다.

좋은 예가 세계 최고의 축구리그인 프랑스에서 뛰고 있는 이강인 선수다. 이강인 선수가 프랑스 리그로 이적하기 전에 속해 있던 스페인의 마요르카라는 팀은 리그에서 중하위권이었고, 점점 실력이 늘어 최정상급에 오른 이강인 선수는 더 좋은 팀으로 이적을 원했다. 하지만 팀에서는 이강인 선수를 놓아주지 않았다. 팀의 이익을 생각하면 당연한 일이다. 젊은 선수의 기량은 점점 좋아질 것이고, 시간이 지남에 따라 이적료는 점점 상승할 것이기 때문이다.

그래도 프로축구는 이적료라는 제도가 있으니 엄밀히 따지면 팀의 손해는 없다. 높은 이적료를 받고 그 돈으로 다른 선수를 영입하면 되기 때문이다. 실제로 마요르카는 파리생제르맹으로부터 이적료 2,200만 유로(한화 약 313억 원)의 이적료를 받고 이강인 선수를 넘겨주었다. 하지만 비인기종목은 이적료가 없기 때문에, 선수의 이적은 무조건 팀 입장에서 손실이라고 생각한다. 즉, 선수가 성장해봐야 성가신 일만 생기는 셈이니, 잘하는 것은 좋지만 아주 반갑지만은 않다는 것이다.

이런 일은 일반 직장에서도 흔히 일어나곤 한다. 우리 주위에서 많이 보던 모습이 아닌가? 처음 입사하면 누구보다 열심히 일하면서 회사에 애정을 바친다. 시간이 지나면 자기계발과 각종 자격증을 따기 위해 시간을 아껴가며 노력할 것이다. 자격증을 취득하면 매달 몇십만 원의 급여를 더 받기 때문이다. 그러면서 회사로부터 능력을 인정받지만, 정작 업무는 점점 많아지고 나의 시간은 점점 줄어만 간다.

그래도 괜찮다. 나는 아직 젊으니까 더 많이 노력한다면 내가 원하는 집이나 차도 사고 결혼도 할 수 있을 것이다. 내가 희생하는 만큼 직장도 나를 돌봐 줄 것이고, 여기서 평생 열심히 한다면 큰 걱정 없이 살 수 있을 것이다. 우리는 이런 꿈같은 생각을 하며 회사에 젊음을 바친다. 이런 현상은 대기업 같은 좋은 직장에 다니는 사람일수록 심하게 나타난다. 지금 다니고 있는 회사는 나를 받아준 고마운 곳이고 여길 나가서 더 좋은 직장을 구한다는 것도 쉽지 않기 때문이다.

그런데 이상하게 은퇴할 때도 안 된 젊은 동료나 상사들이 갑자기 퇴사한다는 소식이 들려오기 시작한다. 이유를 물으면 표면적으로는 '개인 사정에 의한 사직'이지만 알고 보면 어디론가 스카우트되어서 떠나는 것이다. A라는 건설사에서 B라는 건설사로 더 많은 연봉과 대우를 받으며 넘어가고, 한국에서 중국으로 스카우트되어 넘어간다. 그렇다. 잘난 사람이 되면 될수록 그 능력을 탐내는 다른 곳에서 가만두지 않는다.

그런데 회사는 여기서 문제를 겪게 된다. 이직하는 사람은 짧게는 하루 전날부터 길게는 한 달 전에 이야기한다. 갑작스러운 이직에 원활한 인수인계는 바라기 힘들고, 결국 기존 회사는 타격을 입는 것이다. 몇 년간 키워놓은 인재가 하루아침에 나가버리는 것도 달갑지 않을 것이다. 그래서 어쩌면 직원이 유능해질수록 점점 불안해지고,

잘 키워서 빼앗기느니 너무 큰 성공을 주지 않겠다는 것이 회사의 입장일 수 있다.

그렇다면 연봉을 더 주고 인재를 붙잡으면 해결되지 않을까? 하지만 회사 입장에서는 이것 역시 쉬운 문제가 아니다. 누군가의 연봉을 올려주면 다른 사람들의 연봉도 함께 올려줘야 하는 게 현실이기 때문이다. 그래서 회사는 직원이 열심히 해도 좀처럼 가치를 인정하지 않으려 든다. 대신, 점점 똑똑해지는 직원들이 무서운 회사가 생각해낸 것은 직원들을 경주마로 만드는 것이다.

당신은 몇 번 경주마인가

경주마는 앞만 보고 달려야 한다. 주변을 둘러보는 그 짧은 순간도 기록에 영향을 미치기 때문에 눈 가림막을 하고 앞만 보며 뛰게 만든다. 회사도 마찬가지다. 앞만 보고 달리는 경주마처럼 우리에게 생각할 시간을 최소한으로만 준다. 아침 일찍 일어나서 씻고 회사에 간 뒤 저녁에 퇴근해 잠을 청한다. 이 일을 일주일에 다섯 번 이상 반복한다. 흔히 규칙적인 생활이라 생각하는 아침·점심·저녁의 일상은 사실 매일 같은 루틴으로 움직이는 로봇과 크게 다르지 않다. 이런 날이 쌓일수록 우리는 점점 세뇌되어 어느 순간부터 이것이 당연

하다고 생각한다.

    회사는 거기서 멈추지 않는다. 한술 더 떠서 근로계약서에 '겸업 금지'라는 조항을 두고 입사를 시킨다. 왜 겸업을 금지할까? 지금 하는 일에 집중하고, 다른 일을 하고 싶다면 그만두고 나가라는 것이다. 다시 말하면 지금 회사에서 받는 급여 외에는 그 어떤 소득도 올리지 말라는 것이다. 이탈을 막기 위해 어떤 곳은 업무 중에 휴대폰 사용을 금하기도 하며, 메신저와 이메일을 감시하기도 한다.

    그 이유는 간단하다. 회사 밖에서 높은 급여를 만들어낸다면 사람들은 자기 자신을 돌아보고 점점 스스로의 가능성을 알게 된다. 자신이 돈을 더 벌 수 있는 능력자라는 것을 알게 되고, 더 큰 성공을 위해 회사를 떠날 확률이 높아지는 것이다.

우리가 다니는 회사는 절대 감성적인 곳이 아니다. 철저하게 이익을 추구하고, 필요한 사람에게는 급여를 주지만 역할이 줄어드는 사람에게는 냉정하게 이별을 고하는 곳이다. 참 아이러니한 일이다. 나는 인생을 다 바쳐 일하지만, 회사는 내 노고를 수단으로 이용한다. 내가 더 잘되는 것보다 지금 이 자리에서 그저 로봇처럼 일하기만을 바란다.

개인적으로는 억울하겠지만 이익을 추구하는 회사로서는 틀린 판단이 아니다. 회사와 자본주의의 냉정함을 합리화하려는 것은 아니다. 다만 이제 열심히 하면 잘될 것이라는 막연한 믿음이 얼마나 위험한 것인지 알아차리고 최소한 그 위험에서 벗어나자고 말하고 싶었다. 회사 안에서는 우리가 생각하는 만큼 멋진 결말은 절대 찾아오지 않는다.

02
다시 태어나도
가난하지 않을 자신이 있는가

　가난을 원하는 사람은 아무도 없다. 누구나 가난에서 벗어나길 바란다. 나도 그랬다. 어릴 적 학교에서 알려준 것처럼 밝고 건강하게만 자라면 자연스럽게 가난에서 벗어날 줄 알았다. 그런데 이상한 것은 그토록 성실하게 사셨던 우리 아버지는 부자가 아니라는 것이었다. 평생을 새벽같이 일어나 일터에 나가셨고, 법 없이도 살 사람이라는 말을 들을 만큼 바르게 사셨는데 왜 우리 집은 부자가 될 수 없었을까?

　사회는 학교에서 배운 것처럼 아름다운 곳이 아니었다. 돈을 버는 것은 굉장히 힘들다는 것, 성실하기만 해선 부자가 될 수 없다는 것을 배웠다. 젊은 건물주를 보면 부모 잘 만나 호강을 한다 생각했고 그들과 나는 태생이 다르다며 스스로 포기했다. 부자가 되는 일은 점점 더 다른 세계, 다른 사람들의 무용담처럼 느껴졌다. 이번 생에는 절대로 부자가 될 수 없다며 결국 부자가 되려면 다시 태어나야 한다고 느낀 그 순간, 내 안의 누군가가 이야기를 걸어 왔다.

"다시 태어난다면 부자가 될 수 있을까?"

솔직히 말해보자. 다시 태어난다면 당신은 부자가 될 수 있을 것 같은가? 가난은 DNA에 새겨진다. 가난을 보고 자랐다면 부자의 삶을 상상할 수 없다. 그래서 가난한 가정에서 자란 사람들은 높은 확률로 다시 가난한 삶을 살게 된다. 그렇게 보고 자랐으니 말이다.

그 DNA를 바꾸는 것이 환경이다. 맹모삼천지교(孟母三遷之敎)라는 고사에서 맹자의 어머니는 왜 거처를 계속 옮겨 다녔을까? 주변 환경과 사람들, 보고 자라는 것이 바뀌어야 아들이 발전할 수 있다고 생각했기 때문이다. 같은 환경에서 같은 생각을 가지고 있다면 설령 다시 태어나도 당신은 절대로 바뀔 수 없다.

나는 이미 가난이 몸에 배어있다. 돈을 많이 번 지금도 고급호텔에 가면 떨리고, 해외여행을 떠나도 공항 수속 자체가 무섭다. 1인당 5만 원이 넘는 식당에 가면 혹시나 이런 음식을 안 먹어본 티가 날까 두렵기도 하다. 하지만 내 아이들에게 가난의 DNA를 물려주고 싶지 않다. 환경을 바꾸기 위해 노력하고 나 스스로 바뀌지 않는다면 내 주위의 어떤 것도 바뀌지 않는다. 이제는 스스로 가난의 사슬을 끊는 것을 목표로 삼아야 한다. 그래서 나는 세계적인 부자 빌 게이츠가 한 말을 가슴에 새기고 살아간다.

"가난하게 태어난 것은 당신 잘못이 아니지만 가난하게 죽는 것은 당신 잘못이다."

선택하고 집중하라

가난을 벗어나기 위해서는 선택과 집중의 시간이 필요하다. 사람들은 잔인한 미래를 예측하면서도 왠지 모르게 자신에게는 그런 일이 일어나지 않을 거라는 헛된 생각을 하고 살아간다. '그때 되면 뭐 어떻게든 되겠지'라는 막연한 생각으로 하루하루를 허투루 사는 것이다.

하지만 나는 운동선수들의 끝을 보았다. 갑작스런 부상으로 사라지거나, 좋은 성적을 내고 은퇴해도 할 수 있는 것은 많지 않았다. 수많은 선배들을 보면서 나의 삶도 다르지 않으리라고 생각했다. 그러면서 지금 이 순간 바뀌지 않으면 어떤 것도 변할 수 없다는 것을 깨달았다. 나는 이미 한 번 경험이 있었다. 내가 어떻게 변하느냐에 따라 내 삶이 바뀔 수 있다는 것을 3등 선수에서 1등 선수가 될 때 충분히 경험했기 때문이다.

단 한 번도 책상 앞에 앉아서 공부한 적 없는 운동선수였지만, 힘든 선수 생활 속에서도 책을 읽고, 영어 단어를 외우기 시작했다. 그렇게 하루하루 미래를 위한 준비를 했다. 때로는 내 자신에 대한 의심이 찾아오기도 했다.

'공부 한번 하지 않았던 내가 잘할 수 있을까?'

하지만 그런 생각을 하는 순간조차 시간낭비였다. 마음이 흔들릴 때마다 남은 시간이 없다고, 가야 할 목적지만 보고 가자고 다짐했다.

그러면서 나에게 필요한 게 무엇일지, 나는 어떤 사람이 되고 싶은지, 내가 가야 할 목적지와 목표를 끊임없이 고민했다. 일단 닥치는대로 책을 읽고, 온라인 커뮤니티를 떠돌며 공인중개사부터 시작해서 주식 등 손에 잡히는 모든 것을 공부하기 시작했다.

처음에는 주식 투자를 해야겠다고 생각하고 공부를 시작했다. 그런데 마치 운명의 장난처럼 하필 그때 부모님께서 주식 투자로 큰 손실을 보고 계셨다. 그 상황을 지켜보며 최소한 원금이 없어지는 투자는 하지 말자고 마음먹었고, 그래서 찾아낸 게 바로 부동산 투자였다.

그런데 부동산은 투자에는 너무 큰 돈이 들어간다. 돈이 별로 없는 내가 할 수 있는 부동산 투자는 없을까 고민을 하던 중 부동산 경매라는 것을 알게 되었다. 원리는 간단

■ 당시의 공부 기록과 일기장

했다. '시세보다 저렴한 가격에 낙찰받아서 시세에 매각한다'는 것이다. 저렴하게만 산다면 원금 손실 위험은 없을 것 같다는 생각이 들었고, 주식 투자에 비해 불안감도 덜했다. 이거다 싶었다. 그때부터 부동산 경매에 관한 책과 자료를 탐독하며 내 것으로 만들기 위해 노력했다.

그렇게 2년가량 공부와 운동을 병행했을 무렵, 이제는 때가 되었다는 생각이 들었다. 이제는 유도선수로서 유종의 미를 거둬야 할 때다. 미리 잡혀 있던 시합 날짜가 다가왔고, 나는 이 시합을 유도선수로서의 마지막 은퇴경기라고 스스로 정하고 더 치열하게 준비했다. 결과는 1등. 기쁨보다는 선수로서의 마지막을 제대로 마무리해서 다행이라는 안도감이 들었다. 그리고 곧장 감독님을 찾아갔다.

"감독님, 저 이제 그만하겠습니다."

1등을 한 선수가 그런 말을 하니 장난이라고 생각하셨는지, 감독님은 헛웃음과 함께 말씀하셨다.

"이누마 이거, 휴가 안 보내준다꼬 그러나…. 마! 니 푹 쉬다 온나. 그라고 내년에는 니 원하는 연봉 A급 해줄 테니까 걱정하지 마라. 짜슥이 장난을 쳐도 이런 걸 가지고 치노! 담에 진짜 확 짤라뿐다이."

마음이 흔들렸다. 연봉도 올려준다니 1년만 더 해볼까? 평생 해왔던 운동을 그만둔다는 것이 내심 두렵기도 했고, 처음으로 꿈의 연봉을 받을 기회를 눈앞에 두고 그만둔다는 것도 너무 아쉬운 일이었다. 나는 더 말을 잇지 못한 채 패배자가 된 것마냥 숙소로 발걸음을 옮겼다. 터벅터벅 걸어가는데 거울에 내 모습이 비쳤다. 그 순간 정신이 번뜩 들었다.

'내가 이렇게도 스스로에게 확신이 없었나?'

하루 이틀도 아니고 2년이라는 시간을 꼬박 준비해왔다. 충분히 잘할 수 있다고 생각했다. 만약 여기서 결심을 접는다면 내년에는 달라질 것인가? 그건 내가 원하는 것이 결코 아니었다. 발걸음을 돌려 다시 감독님 앞에 섰다.

"감독님의 배려는 감사합니다. 하지만 감독님, 저는 정말 많은 준비를 했고 이제 제 꿈을 찾아가고 싶습니다. 연봉 제안도 너무 감사하지만, 지금까지는 부모님이 원하는 아들의 삶을 살았다면 이제는 제 삶을 스스로 결정하고 싶습니다."

한참의 정적이 흐른 뒤 감독님께서 말씀하셨다.

"내가 차원희 고집을 어떻게 꺾겠노? 니 나가서 제대로 못 하면 진짜 죽이삔다."

걸쭉한 사투리로 감독님께서는 제자의 성공을 응원해 주셨다. 나는 깊은 감사 인사를 드렸고, 그 즉시 다시는 미련이 생기지 않도록 모든 짐을 싸서 서울로 향했다.

부동산은 금융이다

서울에만 올라가면 뭐든 할 수 있다고 생각했다. 수업도 듣고, 집도 사고, 건물도 사고…. 나에게 서울은 희망의 땅이었다. 하지만 그건 어디까지나 희망사항이었고, 현실에서 내 생각대로 이루어지는 것은 단 하나도 없었다. 선수가 아닌 일반인으로서의 사회생활을 제대로 해본 적 없던 나는 얼마 지나지 않아 우울증과 슬럼프를 겪었다. 2년 이상 준비를 했음에도 부동산의 세계는 호락호락하지 않았던 것이다.

더 강해지기 위해서 더 많은 임장(현장조사)을 했지만, 이상하게도 임장을 하면 할수록 희망보다는 절망이 커졌다. 많이 걷는 게 힘들어서도 아니었고, 부동산에서 문전박대를 당하는 게 서러워서도 아니었다. 가장 큰 이유는 내가 가진 종잣돈으로는 서울에서 손바닥만 한 부동산조차 매입할 수 없다는 것이 점점 크게 느껴졌기 때문이다. 2년이라는 준비기간이 헛수고로 돌아간 듯했다. 자존감이 떨어질수록 사람 만나기를 꺼리기 시작했다. 스스로 쓸데없는 사람이라 생각하며 숨어 살았다.

그때 우연한 기회로 가입한 부동산 스터디가 나를 일으켜주었다. 한 달에 두어 번 만나 부동산에 관한 이야기를 나누는 스터디였다. 각자 자신의 경험담을 풀어놓았고 자연스럽게 다양한 분야의 이야기가 오갔다. 아파트 투자 이야기, 유치권이 걸려있는 경매 물건을 낙찰받은 이야기 등 다양한 이야기를 들어볼 수 있었다. 그러던 중 한 사람의 이야기가 귀에 꽂혔다.

"혹시 상가 투자는 안 하세요?"

상가 투자? 그거 어려운 것 아닌가? 공실이 생기면 버티기 어렵다는 이야기를 들었기 때문에, 아파트 같은 주거용 부동산에 비해 막연히 어려울 거라고 생각하고 있었다. 그런데 그렇지 않다는 것이다.

그분의 이야기는 이랬다. 상가를 경매로 취득하면 낙찰가의 최대 90%까지 대출을 받을 수 있으니 대출이 적게 나오는 주거용 부동산보다 투자금 부담이 적다는 것이다. 공실도 생각보다 많이 생기지 않고, 만약 공실이 생길 것 같으면 그만큼 임대료를 싸게 받으면 된다고 했다. 그러면서 이번에 낙찰받은 상가라며 내용을 상세하게 보여주었다. 감정가 5억 원짜리 상가인데 3억 원 정도에 낙찰을 받았고, 90%인 2억 7,000만 원을 대출받은 후 보증금 5,000만 원, 월세 270만 원에 임차를 완료했다고 했다.

재미있는 것은 이렇게 투자하고 나서 오히려 돈이 620만 원 남았다는 것이다. 여기에 은행 이자를 월세로 갈음하고 월 160만 원가량의 정기수익이 생긴 것이다. 이런 게 가능하다고? 도무지 믿기지 않았던 나는 혹시 사기가 아닌가 싶어서 어떻게 투자를 하고 나서 돈이 더 남을 수 있는지 자세히 물어봤다. 그때 스터디원이 했던 한마디를 아직도 잊을 수 없다.

"원희 씨, 부동산은 금융이에요."

■ 스터디원의 투자 정리

	구 분	금 액	계산방법
Ⓐ	감정가	5억 원	
Ⓑ	매입/낙찰가	3억 원	
Ⓒ	취·등록세	1,380만 원	
Ⓓ	대출	2억 7,000만 원	Ⓑ의 90%
Ⓔ	대출이자(월)	110만 2,500원	금리 연 4.9%, 월간이자
Ⓕ	실투자금(임차 전)	4,380만 원	Ⓑ+Ⓒ-Ⓓ
Ⓖ	임차인 보증금	5,000만 원	
Ⓗ	월세	270만 원	
Ⓘ	실투자금(임차 후)	-620만 원	Ⓕ-Ⓖ
Ⓙ	월수익	159만 7,500 원	Ⓗ-Ⓔ
총정리		투자금 -620만 원	
		순수익(월세) 159만 7,500원	

금융이라는 한마디가 나에게 새로운 길을 열어주었다. 많은 투자자가 부동산의 가격만 가지고 단편적으로 이야기하지만 알고 보면 부동산 투자는 금융에서부터 시작한다. 금융을 이용하는 것과 이용하지 않는 것은 엄청난 차이를 만든다. 금융을 알면 빠르게 부자가 될 수 있지만, 금융을 모르는 사람은 더 많은 시간을 투자해야만 한다. 앞으로 부동산 투자를 할 때는 이 한 마디를 꼭 기억하자. 부동산은 금융이다.

03
금융 그리고 자본주의라는 피라미드

"살면서 절대 남들한테 빚지는 거 아니다. 돈은 버는 만큼 쓰는 것이고, 능력이 안 되면 쓰지 않는 거다."

어릴 적 부모님께서 이런 말씀 하시는 걸 한 번쯤은 들어보았을 것이다. 그래서인지 누군가에게 돈을 빌린다는 것 자체가 일반인들에게는 아주 큰 부담으로 다가온다. 사실 투자를 하면서 남의 돈을 빌리지 않을 수 있다면 참 좋을 것이다. 그런데 그건 가진 사람들의 이야기다. 대출을 받을지 말지 고민한다는 것은 당신이 부자이거나 부자가 되기를 포기한 사람 중 하나임을 의미한다.

투자금을 마련할 수 있는 선택지를 다양하게 가지고 있다면 달랐겠지만, 나에게는 선택지가 없었다. 내게 대출은 필수였다. 그렇다면 나는 어릴 적 부모님의 가르침을 거슬러 잘못된 선택을 한 것인가? 아니다. 감당할 수 있는 대출은 전혀 문제가 되지 않는다.

대출을 받고 싶다고 해서 무조건 받을 수 있는 것도 아니다. 구걸한다고 해서 은행이 돈을 빌려주지는 않기 때문이다. 은행은 신용조회를 통해 나의 재산과 소득을 꼼꼼하게 따지고, 그간 우리가 쌓아 놓은 급여나 지출 내역을 추산하며, 내가 이자를 상환할 능력이 되는지 검토한다. 그 결과를 바탕으로 대출 한도를 책정하고 그 안에서만 대출을 해준다. 즉, 대출 받는 것도 어느 정도 능력이 뒷받침되어야 가능한 것이다.

은행의 구조를 이해하자

은행은 대체 어떤 곳인가? 우리가 노동으로 얻은 급여를 은행에 저축하면 은행은 그 대가로 이자를 지급한다. 그리고 돈이 필요한 사람에게는 우리가 저축한 돈을 빌려주고, 우리에게 주는 것보다 더 많은 이자를 받는다. 돈을 빌려주고 받는 이자와 예금자에게 주는 이자의 차이, 즉 예대마진을 가져감으로써 은행은 돈을 번다.

재미난 것은, 은행은 대출을 받아간 사람이 빠르게 갚는 것도, 전부 갚는 것도 별로 원하지 않는다는 점이다. 그러면 예대마진을 계속 얻을 수 없기 때문이다. 은행은 그저 더 많은 돈을 빌려주고 더 많은 이자를 받기를 원할 뿐이다.

그렇다면 여기서 하나 궁금한 것이 있다. 예금을 받아 이자를 주고, 남의 예금을 대출해주면서 이자를 받는 은행은 과연 좋은 곳인가 나쁜 곳인가? 둘 다 아니다. 은행은 우리에게 돈을 예금하라고 부추긴 적도, 돈을 빌리라고 권한 적도 없다. 나의 돈을 완벽히 보호해 준다고 약속한 적도 없다(실제로 법에서 보장하는 예금자보호 한도는 5,000만 원까지만이다). 은행과 우리는 단지 서로 원하는 것이 있기 때문에 거래하는 사이일 뿐이다. 서로의 수익구조를 인정하고 각자 원하는 부분을 채우면 된다. 나쁘고 좋고의 감성적인 관계가 아니라, 철저한 이해관계를 바탕으로 그들이 원하는 것과 내가 원하는 것을 서로 채워주는 관계인 것이다.

자본주의에서는 가장 중요한 것 하나만 기억하면 된다. 바로 '시스템을 이해하고 상급자로 올라가는 일'이다. 바꿔 말하면, 성공하기 위해 가장 먼저 따져봐야 하는 것은 나를 위해 누군가 대신 일해주는 시스템이 있느냐이다.

이런 면에서 은행은 완벽한 시스템을 만들었다. 우리가 열심히 일을 한 뒤 은행에 돈을 맡긴다. 은행은 그 돈을 보관하고 있다가 다른 사람에게 빌려줄 뿐인데 이자로 돈을 번다. 처음에는 이것이 불합리하다고 생각할 수도 있다. 하지만 이미 많은 사람들이 이 시스템안에서 줄을 서서 돈을 맡기고, 빌려 가고 있다.

누군가 나 대신 일해준다면 나는 그만큼 시간을 아낄 수 있고, 그런 사람이 많아진다면 나는 더 큰 돈을 벌 수 있다. 꼭 기억하라. 시스템을 이해하고 구축하면 누구나 부자가 될 수 있다.

저축 vs 주식 vs 부동산

언뜻 듣기에 다른 사람이 나 대신 일을 해주는 시스템이 정말 있을까 싶을 것이다. 하지만 대한민국 국민 90% 이상은 이미 이런 시스템을 접하고 있으며, 이미 그런 시스템을 이용하고 있다. 대표적인 것이 바로 앞서 살펴보았던 은행의 저축과 대출 시스템이다.

우리는 어릴 적 부모님께 저축이라는 것을 배운다. 그 과정에서 이자를 받는다는 걸 알게 되고 "제1금융권도 이자율이 좋더라", "제2금융권이 이자를 더 준다더라" 하면서 이자를 조금이라도 더 주는 은행을 찾게 된다.

우리가 저축을 하는 이유는 무엇일지를 한번 생각해보자. 돈을 잃어버리거나 집에 도둑이 드는 게 무서워서? 아닐 것이다. 가장 큰 이유는 푼돈을 모아 목돈을 만드는 것이고, 그 과정에서 조금이라도 더 많은 이자소득을 얻기 위해서다. 누군가는 이런 쏠쏠한 재미 때문에 저축에 대한 희열을 느낀다.

하지만 저축예금의 가장 큰 문제는 대부분 물가상승률보다 낮은 이자를 받게 된다는 점이다. 겉으로는 이자를 받는 것 같지만 실상은 돈을 맡긴 기간 동안 화폐의 가치가 떨어져 손실을 보는 것이다. 우리는 그래서 더 큰 돈을 벌기 위해 투자를 알아보게 된다.

사회초년생이 가장 쉽게 접하는 것은 주식이다. 주식의 경우 예·적금에 비해 높은 수익을 기대할 수 있지만, 반대로 원금을 잃는 위험을 감수해야 한다. 하지만 부동산은 조금 다르다. 단기간에 몇 배씩 오르지는 않더라도 매년 안정적으로 땅값이 상승하기 때문에 소소하나마 보장된 수익이 있다. 또한 주식은 필수재가 아니지만, 부동산은 필수재이다. 이 땅에 살아가는 사람이라면 누구나 살 집이 필요하기 때문에 누구나 살면서 최소 한 번 이상은 접하게 되는 큰 시장이다.

하지만 부동산 투자에도 큰 단점이 있다. 바로 종잣돈이 많아야 한다는 것이다. 예금이나 적금의 경우 적은 금액을 넣더라도 문제될 것이 없으며, 주식 또한 한 주당 가격이 별로 크지 않을 수 있다. 하지만 부동산은 적게는 몇백만 원에서 많게는 몇십억 원까지 큰돈이 필요하다. 이런 진입장벽 때문에 부담감을 느낀 많은 사람이 부동산 투자는 엄두조차 내지 못한다.

그렇다면 부동산 매입에는 자본이 실제로 많이 필요할까? 이럴 때 필요한 것이 금융 레버리지(leverage)다. 투자에서 레버리지는 절대 빼놓을 수 없다. 나에게 빠르게 부자가 된 비결을 묻는다면 레버리지 덕분이라고 이야기하고, 투자에서 가장 좋아하는 단어를 선택하라고 하면 그 또한 레버리지라고 자신 있게 말한다.

레버리지는 지렛대를 의미하는 단어로, 작은 힘으로 큰 것을 들어 올린다는 뜻이기도 하다. 부동산에 빗대어 이야기한다면 적은 돈으로도 큰 부동산을 매입할 수 있게 도와주는 여러 가지 시스템을 말한다. 대표적인 것이 부동산담보대출이다.

반드시 알아야 할 3개의 레버리지

투자자들에게 레버리지라는 말은 익숙한 개념이지만 이 익숙한 개념도 어떻게 접근하느냐에 따라 달라진다. 어떻게 생각하고 어떤 의미를 부여하느냐에 따라 레버리지를 제대로 이용하는 사람이 있고, 전혀 사용하지 못하는 사람이 있다. 내가 생각하는 레버리지는 단순히 돈만 의미하는 것이 아니다. 가장 특별하고 중요한 레버리지의 세 가지 종류에 대해 알아보자.

금융 레버리지

대표적인 금융 레버리지는 부동산을 취득하면서 받는 담보대출이다. 돈이 많아서 모든 것을 현금으로 살 수 있다면 좋겠지만 대부분의 사람은 그렇지 못하다. 그래서 우리는 대출을 받는다. 상가의 경우 적게는 매입 금액의 60%에서 많게는 90%의 대출이 나온다. 만약 90%의 대출을 받게 된다면 1억 원짜리 부동산을 매입할 때 1,000만 원만 가지고 있어도 가능해진다.

우리는 '돈을 굴린다'는 표현을 하는데, 누군가는 1억 원짜리 부동산 한 곳을 현금으로 사들여 그곳에서만 월세를 받지만, 누군가는 똑같은 1억 원을 가지고도 레버리지를 이용해 열 곳의 부동산을 사들여 열 배의 월세를 받을 수 있다. 돈을 굴린다는 표현은 이럴 때 쓰는 것이다.

물론 레버리지는 감당할 수 있는 만큼만 활용해야 한다. 초보자의 경우 빠르게 돈을 벌고 싶다는 생각에 레버리지를 무리하게 끌어다가 한 번에 많은 부동산을 매입하는 경우가 있는데, 이것은 오히려 독이 되어 돌아올 수 있다. 레버리지를 과하게 끌어다 쓴 후 그 이자를 감당하지 못하면 재정상태가 크게 악화되고, 결국 매입했던 부동산을 급히 헐값에 처분해야만 한다. 이럴 거면 오히려 투자를 안 하느니만 못하다. 좋은 부동산을 매입하는 것도 중요하지만 지키는 것도 중요하다. 레버리지를 활용할 때는 자신의 상환 능력을 냉정하게 판단할 줄 알아야 한다.

여기서 절대로 혼동하지 말아야 할 것은 대출이라고 해서 전부 레버리지가 아니라는 것이다. 신용대출이나 카드론 등 소비성 지출

목적으로 받는 대출은 레버리지라고 표현하지 않는다. 금융 레버리지는 투자를 통해 더 큰 수익을 얻는 것을 말하는 것이지, 소비하고 사라지는 돈을 말하는 게 아니다. 투자를 통해 수익이 나오는 구조를 만드는 것, 그것이 바로 진정한 레버리지의 활용인 것이다.

인적 레버리지

내가 투자를 하면서 영감을 받은 것은 사람이었다. 지금 이 자리에 있을 수 있는 것도 내가 잘나서가 아니라 주변에 함께하는 사람들이 많았기 때문이다.

시행착오를 줄이고 안정적인 투자를 하기 위해서는 먼저 경험한 사람들의 이야기를 듣는 것만큼 좋은 것은 없다. 책을 읽는 이유도 비슷한 맥락일 것이다. 우리는 책에 담긴 경험들을 간접 체험하며 시행착오를 최대한 줄일 수 있다. 하지만 책은 문서이다 보니 집필 순간의 지식만 있고, 궁금한 것을 당장 질문할 수도 없다. 그렇다면 먼저 경험했던 사람을 직접 만난다면 어떨까? 같은 관심사를 가진 사람들끼리 만나 시행착오의 경험을 나누면 정말 빠르게 성장하게 된다. 많은 사람들이 묻는다.

"족장 님은 왜 유튜브에서 돈 버는 알짜 이야기를 다 풀어버리시나요?"

이유는 간단하다. 내가 받은 것을 돌려주고, 더 좋은 사람을 만나기 위해서다. 내가 진심으로 알려주어야 그 진심을 느낀 누군가가 나에게 진심으로 다가와줄 것이기 때문이다. 실제로도 그랬고 이후의 삶도 분명 그럴 것이다.

내가 잘하는 투자는 수많은 전문분야 중 하나일 뿐이다. 하지만 세상에는 수많은 전문가가 존재하고, 다양한 분야의 전문성이 합쳐질 때 예상치 못한 시너지를 발휘하게 된다. 그래서 나는 더 좋은 사람들을 만나기 위해 더 많은 이야기를 하는 것이다. '원네트워크'라는 무료 스터디를 운영하는 것도 그 일환이다. 평범한 사람들이 모여 함께 투자 이야기를 나누고 성장하는 모임. 세상은 절대 혼자 살아갈 수 없다. 원네트워크는 원인베스트 네이버카페(https://cafe.naver.com/soyoung1986)에서 1년에 두 번가량 모집한다.

시간 레버리지

시간 레버리지는 앞서 이야기했던 두 가지가 섞인 것이다. 금융 레버리지와 인적 레버리지가 만나 최종적으로 시간 레버리지를 만든다.

나에게 무한한 시간이 존재한다면 돈은 무한대로 벌 수 있다. 사람도 원한다면 무한대로 만날 수 있다. 하지만 우리에게 주어진 시간은 길어야 100년뿐이다. 학업과 취업에 약 30년가량을 소비한다면 우리에게 남은 시간은 70년이다. 어떻게 해야 이 70년이라는 기간을 100년, 200년, 300년처럼 살 수 있을까? 이것은 시간 레버리지를 이용하는 사람만이 가능한 것이다. 그러지 못하는 사람들은 자신의 인생을 온전히 노동에 바치게 된다.

A라는 노인이 있다. 노인의 꿈은 10억 원을 모으는 것이었다. 젊었을 때부터 저축이 미덕이라 생각해온 노인은 정말 열심히 일해서 1년에 2,500만 원씩 저축을 했다. 그리고 40년이 지나서야 10억 원이라는 돈을 모을 수 있었다. 현금 10억 원과 40년이라는 세월을 바꾼 격이다.

B라는 청년이 있다. 수익형 부동산을 매입하면서 10억 원을 빌렸고 이자는 월 400만 원이었다. 이 부동산에서는 매달 1,000만 원의 월세가 들어온다. 1,000만 원의 월세에서 이자를 갚아 매월 순수익 600만 원을 만들었다. 그런데 여기서 끝이 아니다. 청년은 1년 뒤 수익형 부동산을 15억 원에 매각하여 5억 원의 차익을 남기게 되었다.

청년은 노인이 40년간 모은 10억 원을 한 달에 400만 원의 이자로 빌렸다. 노인이 40년이라는 시간을 들여 만든 돈을 단돈 400만 원의 이자를 내고 쓴 것이다. 노인은 모든 시간을 노동에 쏟으면서도 1년에 2,500만 원밖에 벌지 못했지만, 청년은 직접 노동하지 않고 부동산을 매입했을 뿐인데 1년에 7,200만 원(매월 600만 원)의 월세와 시세차익 5억 원을 벌었다. 심지어 종잣돈이 많아졌으므로 더 크고 좋은 부동산을 매입할 수 있게 되었다. 시간이 가면 갈수록 노인과 청년의 격차는 점점 더 커질 것이다.

우리는 흔히 성공하고 싶다면 거인의 어깨에 올라타야 한다고 말한다. 레버리지를 활용하는 것 역시 거인의 어깨에 올라타는 것과 같다. 레버리지는 단순히 돈을 이용하는 것이 아니다. 돈에는 사람들의 세월이 들어가 있다. 책을 읽는 바로 지금이 레버리지를 잘 활용해서 더 빠르게 성공할지, 아니면 평생 일하며 살아갈지 선택을 해야 하는 시기다.

금융 레버리지, 인적 레버리지, 시간 레버리지라는 세 개의 레버리지를 반드시 기억하자. 어떤 일에서든 더욱 빠르게 성공할 수 있을 것이다.

실거주 vs 투자, 무엇이 먼저일까

내가 살 집을 장만하는 것보다 투자를 먼저 해야 한다고 생각하는 사람들이 있다. 또 어떤 사람들은 살 집을 먼저 장만하는 게 더 중요하고, 투자를 하기 위해서는 더 많은 투자금과 시간적 여유가 생길 때까지 기다리는 게 좋다고 생각한다.

이런 순서는 누가 만들어 놓은 것일까? 실거주와 투자는 순서가 정해진 것이 아니다. 다만 한 가지 생각해야 하는 것은 실거주에 먼저 돈을 쓴다면 투자금을 다시 모아야 한다는 점, 그 때문에 향후 부를 쌓는 속도가 적게는 2년에서 많게는 5년 이상 미루어질 수 있다는 점을 인지하는 것이다. 반대로 투자를 먼저 한다면 빠르게 돈을 벌 확률은 높겠지만 살 집이 없다는 불안감을 떨쳐낼 수 없을 것이다.

항상 강조하는 말이지만, 투자와 실거주 부동산은 조금은 다른 이야기다. 실거주 부동산은 투자가치보다는 자신이 거주하기 좋으며 삶의 가치가 올라가는 곳을 골라야 한다. 반면 투자를 위한 부동산은 내 돈을 투자했을 때 그만큼 수익률이 나오느냐가 더 중요하다. 실거주와 투자를 선택하는 것은 고려해야 할 변수가 너무 많이 달라진다. 예를 들어 가정이 있는 사람은 실거주를 우선시하고, 가정이 없는 사람은 투자를 우선시할 가능성이 크다.

이런 변수는 일일이 설명하기 힘들 정도로 많다. 개개인의 선택의 문제인 것이지 정답은 없다. 나의 경우를 예로 든다면, 빠르게 돈을 벌고 싶다는 생각에 실거주보다는 투자를 먼저 시작했고, 남들보다 짧은 시간 안에 경제적 자유를 얻게 되었다. 그렇다고 해서 독자들에게 실거주보다 투자를 먼저 해야 한다고 이야기하지는 않는다. 투자에 정해진 순서가 있다고 생각하지 않기 때문이다. 주거용이든 수익형 부동산이든 우선순위는 정해져 있지 않다. 지금 내 상황과 적성에 맞는 투자를 하면 된다.

04
고금리 시대의 투자법

2024년 1월 기준 한국은행 기준금리는 3.5%이다. 최근 몇 년간 금리는 역사상 가장 빠른 속도로 오르막길을 달리고 있다. 금리가 가파르게 오를수록 수익형 부동산의 인기는 시들해질 수밖에 없다. 상가의 매력은 월세를 받는 것에 있는데, 은행 대출이자가 올라가면 남는 월세 수익은 점점 더 줄어들기 때문이다. 투자자들의 마음을 더 크게 흔드는 것은 금리가 언제 내려올지 아무도 모른다는 점이다.

그래서 많은 사람들이 고금리 시장에서 부동산 매수를 꺼리곤 한다. 하지만 생각을 조금만 바꿔보면 위기는 또 다른 기회일 수 있다. 내가 스터디원과 함께 투자했던 사례를 소개하려 한다.

시간을 거슬러 올라가 보면 나의 첫 번째 투자 시기는 2012년도쯤이다. 그 당시 기준금리는 지금과 비슷한 3.0~3.25%였는데 금리가 더 오른다는 공포감 때문에 상가는 쳐다보는 사람이 없던 시기였다. 하지만 지금 생각하면 그때가 나에게는 황금 같은 시간이었다. 많은 사람이 부동산 투자를 피했고, 상가는 더욱 기피 대상이었다. 덕분에 상가의 경매 낙찰가율은 점점 떨어지기 시작했고, 시세보다 20~40% 낮은 가격에 매입할 기회가 찾아온 것이다. 금리 인상은 많은 불안감을 안겨주지만, 금리는 경제 상황에 따라 언제든지 오를 수도 내릴 수도 있으며, 우리는 그 상황에 발맞춰 투자를 준비해야 한다.

■ 대출금리 그래프

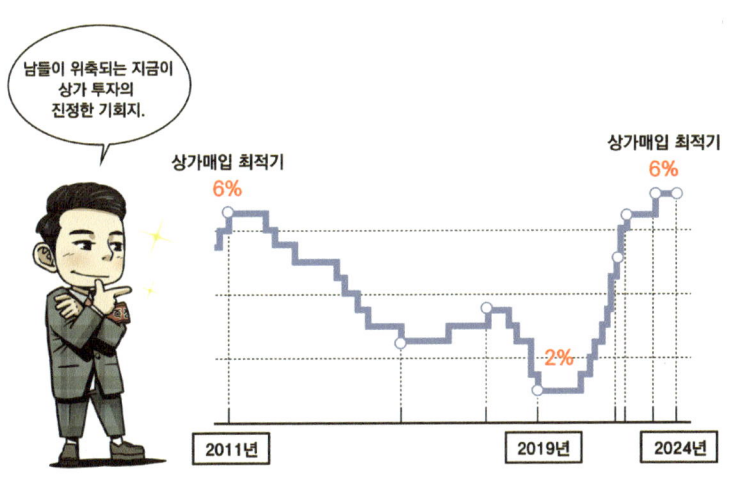

우리 스터디 멤버들은 이 골든타임을 놓치지 않고 전국 주요 도시들의 상가를 찾아 나서기 시작했다. 마침 괜찮아 보이는 위치의 2층 상가가 경매에 나왔다. 괜찮은 위치라고 하면 초보자는 궁금할 것이다. 어떤 기준으로 괜찮은 위치를 판단하는 것일까?

초보자일수록 단순하게 접근하는 것을 추천한다. 초보자들은 모든 것을 꼼꼼하게 보려 하고, 겁이 많아서 투자를 어려워하는 경우가 많다. 하지만 너무 거창하게 보기보다 포인트를 먼저 조사하는 것을 추천한다.

포인트는 주변에 입점한 임차인을 확인하는 일이다. 상권도 응집성을 가지고 있다. 만약 유명 포장마차 프랜차이즈가 있다면 그 상권은 직장인들을 위한 유흥상권이거나 앞으로 그렇게 될 가능성이 크고, 유명 프랜차이즈 학원이 있다면 학원이나 병원이 입점 가능한 상권이라 생각하고 접근하면 좋다.

가장 먼저 볼 것은 주변이 어떤 업종으로 이루어졌는지를 확인하는 것이다. 예를 들어 주변에 호프집이나 당구장, 노래방이 많이 보인다면 어른들의 유흥상권이며, 학원이나 병원이 많이 보인다면 아이들 또는 어머니들이 많이 이용하는 자리라 생각하면 된다.

여기서 말하는 학원은 그냥 일반적인 학원이 아니다. 프랜차이즈 학원을 말하는 것이다. 유명 프랜차이즈의 경우 적게는 몇천만 원부터 많게는 몇억 원까지 큰돈을 투자하여 입점한다. 개인 학원보다 큰 비용이 들어가기 때문에 그만큼 상권이나 학생들의 수요 등을 더 정확하게 확인했을 것이다. 따라서 프랜차이즈 학원의 입점 여부만으로도 그 상권을 어느 정도 가늠할 수 있다.

99%의 노력과 1%의 행운이 만든 성과

여기서 설명할 상가의 상권에도 유명 프랜차이즈 어학원이나 수학학원 등이 모여 있었다. 더군다나 코너에 자리를 잡고 있었기 때문에 위치 또한 나쁘지 않았다. 그런데 이상하게도 상가의 인기는 좋지 않았다.

■ 실제 투자 사례

2011타경19213 (1)

소재지	경기도 김포시 북○○○○, 한빛프라○○					
물건종별	근린상가	감정가	593,000,000원	구분	매각기일	최저매각가격	결과
				1차	2012-03-22	593,000,000원	유찰
대지권	65.02㎡(19.67평)	최저가	(49%) 290,570,000원		2012-04-26	415,100,000원	변경
				2차	2012-07-05	415,100,000원	유찰
건물면적	259.545㎡(78.51평)	보증금	(20%) 58,114,000원	3차	2012-08-09	290,570,000원	매각
매각물건	토지·건물 일괄매각	소유자	문○○				
개시결정	2011-09-29	채무자					
사건명	임의경매	채권자					

상가 히스토리를 파악하기 위해 근처 중개사무소를 방문하여 문의를 했지만, 원체 공실이 오래된 곳이라 중개사들조차 관심이 없는

지 별 소득이 없었다. 고민 끝에 네이버 로드뷰의 과거 사진을 찾아본 결과 기존에는 학원이 입점해 있었다는 것을 알았다. 그 학원의 정보를 알아내기 위해 상호 검색을 해보니 커뮤니티 등 여러 곳에서 조금씩 정보를 얻게 되었다.

정보를 종합해 보면, 해당 상가는 과거 학원생이 많아 굉장히 잘되는 학원이었다. 규모 또한 건물을 거의 다 사용할 정도로 김포에서도 꽤 큰 곳이었다고 한다. 하지만 금융위기 등 여러 가지 악재가 겹치면서 학부모들이 점점 지갑을 닫기 시작했고 학원생이 빠져나가기 시작했다. 여기서부터 문제가 터진 것이다. 학원장은 빠르게 대처를 했어야 함에도 불구하고, 기다리면 경기가 좋아질 것이라는 기대감 때문에 규모를 줄여야 하는 타이밍을 놓치게 되었다. 그러면서 채무가 쌓이게 되고 자연스레 경매로 넘어온 물건이었다. 해당 위치에 다른 임차인이 입점을 하고 싶어도 경매가 진행중이기 때문에 그러지 못했다고 한다. 이렇게 궁금증이 풀렸고 우리 스터디원들은 함께 입찰하기로 마음먹었다.

입찰기일이 되자 법원에 가서 입찰표를 작성했다. 낙찰 결과가 나오기를 초조하게 기다렸는데, 스터디원이 입찰한 다른 층 물건은 낙찰이 되었다. 하지만 가장 탐이 났던 2층은 낙찰받지 못했다. 아쉬웠다. 정말 수익성이 좋은 상가라 생각했는데 패찰을 한 것이다. 조금만 더 가격을 높여 쓸 걸….

아쉬움을 뒤로한 채 돌아서는데 낙찰자로 보이는 남자가 다가오더니 갑자기 말을 걸며 붙잡았다. 그러면서 충격적인 고백을 해왔다. 알고 보니 낙찰자 본인은 사실 그 물건 주인에게 받을 돈이 있는 채권자라는 것이다. 그러면서 만약 자신이 잔금을 납부하지 않으면 다시 경매가 진행될 텐데, 입찰할 의향이 있느냐고 물었다. 경매에서는 낙찰자가 잔금을 기한 내에 납부하지 않으면 입찰할 때 낸 입찰보증금은 몰수되고 물건은 다시 경매에 나온다. 다시 말해서, 그 낙찰자는 자기가 입찰보증금을 포기할 테니 우리더러 다시 낙찰을 받으라고 말하고 있는 것이다.

왜 그렇게 하느냐 반문했더니, 사실 그 사람의 목적은 매입이 아니라고 했다. 채권자는 빌려준 돈만 회수하면 되는데, 여러 번 유찰이 되면서 점점 가격은 내려가고 아무도 입찰을 하지 않으니 도대체 무슨 일인가 싶었다고 한다. 혹시나 이번에도 아무도 입찰을 안 하면 가격은 더 떨어질 것이고, 그러면 빌려준 돈에 대한 채권 회수가 안 되기 때문에 차라리 자신들이 매입해서 어떻게든 해결하는 게 낫겠다 싶어 입찰했다는 것이다. 자신은 채권 담당이지 명도나 임대, 매각 등은 해본 적이 없는데 앞으로 그런 일들을 처리해야 한다니 여간 스트레스가 아니라는 말도 함께 하였다.

순간 기회다 싶었다. 그 사람이 정말로 잔금을 미납하면 법원의 매각물건명세서에는 '미납'이란 글자가 표기될 것이고, 그 자체만으로 사람들은 입찰을 더욱 꺼리게 된다. 자연스레 더 저렴한 가격으로 매입할 수 있겠다는 생각이 들었다.

우리는 제안을 흔쾌히 받아들였고, 다음 입찰기일에 무사히⑦ 낙찰받을 수 있었다. 감정가 5억 9,000만 원짜리 상가를 3억 3,000만 원에 낙찰받은 것이다. 남들이 꺼리는 장기간 공실과 미납이라는 상황에서도 적극적인 조사와 약간의 행운이 겹쳐 훌륭한 성과를 만들어낼 수 있었다. 이 상가는 여러 이유 덕분⑦에 감정가보다 무려 2억 6,000만 원이나 낮은 가격에 매입할 수 있었고, 대출 또한 낙찰가의 90%를 받을 수 있었다.

오랫동안 공실이었지만 우리는 이미 입찰 전 조사에서 꾸준한 임차수요가 있음을 확인했다. 예상했던 대로 합리적인 수준의 월세로 임차를 내놓자 학원가 상권 수요에 맞는 임차인들이 문의해왔다. 결과적으로 잔금 납부 후 한 달도 채 지나지 않아 프랜차이즈 문구점이 입점하게 되었다. 조율 끝에 보증금 6,000만 원, 월세 280만 원으로 무사히 계약을 마쳤다.

매입할 때는 4,900만 원가량의 자금이 필요했지만, 임차인 세팅과 동시에 투자금 회수는 물론 약 1,100만 원의 여유자금이 생겼다. 거기에 이자를 내고 나면 매달 185만 원의 현금흐름을 안겨 주었는데 이 돈은 내게 시간과 수익을 얻는 데 집중할 수 있도록 도와준 마중물이었다.

사람들은 '미납'이라는 글자가 있는 물건은 무섭다고 생각하고 넘겨 버리는 경우가 많다. 충분히 그럴 수 있다. 미납이라면 낙찰자가 잔금 납부를 하지 않고 입찰보증금 10%를 포기한 것이다(경매의 입찰보증금은 최저입찰가의 10%이다). 이 물건의 입찰보증금은 3,000만 원이었는데 보증금을 포기할 정도라니, 엄청난 문제가 있는 부동산이라고 생각할 수 있는 것이다.

하지만 성공하는 사람은 남들이 포기할 때 한 번 더 체크하는 사람이다. 미납이라고 해서 무조건 피하기보다는 왜 미납을 했을까 알아볼 필요가 있다. 충분히 알아본 후에도 역시 어렵다고 생각되면 입찰을 안 하면 되는 것이고, 반대로 이 사례와 같이 전혀 문제가 없다면 오히려 기회가 되기 때문이다.

내 경우에도 미납된 물건을 찾아 채권자에게 몇 번이고 전화를 걸어 이유를 물었고, 문제가 없다는 걸 확인한 후 단독낙찰을 받아 몇억 원의 큰 수익을 얻은 사례가 종종 있었다. 이처럼 무조건 안 된다는 생각부터 하지 말고 남들보다 한 번 더 알아보는 습관을 만들면 투자에 큰 도움이 될 것이다.

■ 투자 내용 정리

구 분		금 액	계산방법
Ⓐ	감정가	5억 9,300만 원	
Ⓑ	매입/낙찰가	3억 3,340만 원	
Ⓒ	취·등록세	1,534만 원	
Ⓓ	대출	3억 6만 원	Ⓑ의 90%
Ⓔ	대출이자(월)	95만 원	금리 연 3.8%, 월간이자
Ⓕ	실투자금(임차 전)	4,868만 원	Ⓑ+Ⓒ-Ⓓ
Ⓖ	임차인 보증금	6,000만 원	
Ⓗ	월세	280만 원	
Ⓘ	실투자금(임차 후)	-1,132만 원	Ⓕ-Ⓖ
Ⓙ	월수익	185만 원	Ⓗ-Ⓔ
총정리		투자금 -1,132만 원	
		순수익(월세) 185만 원	

초보라면 확실한 투자 원칙을 정해두자

다음 상가 투자를 고려하던 당시에도 투자심리는 상당히 위축된 시기였다. 하지만 대출을 알아보는 과정에서 기준금리가 조금씩 내려가는 것을 느꼈다. 그렇다면 더 적극적으로 상가를 매입해야겠다는 생각이 들었다. 이를 위해서 나름대로 몇 가지 원칙을 정하고 물건을 찾아보기 시작했다. 내가 정한 원칙은 다음과 같았다.

① 학원가를 공략하라.
② 상층부를 공략하라.

③ 최소 50평 이상을 공략하라.

먼저, 학원가를 공략하기로 한 이유는 수요가 꾸준하며, 큰 변수가 없기 때문이다. 낯선 지역이라도 실패할 확률이 낮다. 또한, 상층부를 공략하기로 한 이유는 경쟁자를 배제하기 위해서였다. 1층 상가가 좋다는 것은 누구나 안다. 이것은 곧 많은 경쟁자를 의미한다. 높은 층수로 올라갈수록 공실을 우려하며 입찰하지 않는 사람이 늘어난다. 하지만 조금만 다르게 생각하면 학원가의 상가는 3층은 물론 7~8층까지도 공실 없이 꽉꽉 들어찬 것을 흔히 보았을 것이다. 이렇듯 상층부라고 해서 무조건 공실 확률이 높은 것이 아니라, 업종에 대한 이해도가 낮고 상가 투자의 중요한 포인트를 간과하기 때문에 공실이 생기는 것이다.

임대에서 가장 중요한 것은 층수가 아니라 사업을 하는 임차인들이 감당할 만한 임대료를 제시하는 것이다. 적절한 임대료를 제시한다면 자연스럽게 임차인이 들어오리라 생각했고, 그조차 불안하다면 더 낮은 가격에 낙찰을 받는다면 문제가 없다. 매입을 못 하거나 패찰하는 것을 두려워하지 않아도 된다. 내가 원하는 가격이 아니라면 매입을 안 하는 것이 맞기 때문이다.

마지막 포인트는 50평 이상 매물을 집중적으로 공략하는 것이다. 나는 처음부터 학원가 상권을 염두에 두고 접근했기 때문에 학원이나 병원 임차인이 선호하는 평수를 확실한 타깃으로 잡은 것이다. 1층이 아닌 이상 상층부나 지하층의 경우 임차인들이 원하는 평수는 어느 정도 정해져 있다. 예를 들어 학원가 상권에서는 학원이나 병원, 스터디카페 등이 입점할 확률이 높은데 병원의 경우 최소 45평 이상, 스터디카페는 50평 이상, 학원은 어떤 학원이냐에 따라 다르겠지만 프라자상가의 경우 최소 40평 이상을 원하는 임차인이 많다.

투자의 원칙을 이렇게 정했다면 이제는 원칙을 지킬 차례다. 잘 모르는 지역에 투자할 때는 처음 생각했던 원칙이 흔들리면 안 된다. 조사를 하다 보면 부동산중개사가 다른 상권에 수익률 좋은 상가가 있다며 추천하곤 한다. 모르는 지역일수록 함정도 많이 숨어 있다. 첫 투자에서 가장 중요한 것은 실패할 확률을 줄이는 것이다.

초보자들이 자주 하는 또 하나의 실수는 가격이 싸다는 이유로 매입하는 것이다. 아파트를 매입할 때도 학군을 보고 교통을 본다. 상가도 마찬가지다. 가격이 저렴하다는 이유 하나로 매입하면 곤란하다. 곳곳에 숨어 있는 다양한 요소를 보고 최대한 공실 확률이 낮은 물건을 고르며, 원칙을 지키는 것이 중요하다. 지금의 임차인뿐만 아니라 다음 임차인까지 고려해야 하고, 수요가 충분한 지역에 접근하는 것이 매우 중요하다. 이런 여러 가지 변수 때문이라도 나만의 원칙이 중요하다. 누가 뭐라고 하든 나만의 투자 원칙을 정하고 흔들리지 않는 것이 중요하다.

한 번의 투자로 월세 228만 원 만들기

나는 소도시보다는 큰 도시를 위주로 투자 물건을 찾았다. 그 이유는 앞서 말한 투자의 원칙에 있다. 지방 소도시의 경우 인구밀도가 낮고 프랜차이즈 학원이 드물기 때문이다. 그보다는 조금 더 수요가 있을 법한 도시를 찾았고, 그렇게 찾은 곳이 대구에 나온 두 건의 상가였다. 이제 이 상가들이 앞서 이야기했던 세 가지 원칙에 부합하는지 확인할 차례였다.

첫 번째로 찾은 곳은 아파트에 둘러싸여 있는 학원가 상권이었다. 해당 상권을 학원가라고 판단한 이유는 임차인이 우리가 잘 알고 있는 대형 프랜차이즈 영어학원이었기 때문이다. 대형 프랜차이즈 학원의 경우 한번 입점하고 나면 나가는 게 쉽지 않다. 만약 임차인이 나가더라도 이미 사업성이 보장된 상권일 가능성이 높기 때문에 다른 학원이 언제든 입점할 수 있다는 판단이 들었다.

두 번째 상가는 첫 번째 상가와 얼마 떨어지지 않은 곳으로, 6층으로 다소 고층이었지만 코너에 위치한 큰 건물이라는 장점이 있었다. 평수 또한 90평으로 우리가 원하는 물건과 맞아떨어졌다.

두 물건에 모두 입찰했고, 모두 낙찰받게 되었다. 재미있게도 두 건 모두 비슷한 평수여서 비슷한 입찰가를 적었는데 낙찰이 되었다. 하지만 첫 번째 학원은 대출을 90%, 두 번째 학원은 80%를 받으면

■ 실제 투자 사례(2건)

2012타경21119 (2)

소재지	대구광역시 북구 동○○○○, 동성빌딩○○						
물건종별	근린상가	감정가		330,000,000원	오늘조회:1 2주누적:0 2주평균:0		
					구분	매각기일	최저매각가격	결과
대지권	61.463㎡(18.59평)	최저가	(70%) 231,000,000원	1차	2012-12-20	330,000,000원	유찰
건물면적	297.73㎡(90.06평)	보증금	(10%) 23,100,000원	2차	2013-01-21	231,000,000원	
				매각 : 245,000,000원 (74.24%)			
매각물건	토지·건물 일괄매각	소유자	박○○				
개시결정	2012-08-23	채무자	박○○				
사건명	임의경매	채권자					

2012타경17707

소재지	대구광역시 북구 구암○○○○, 동재빌딩○○						
물건종별	근린상가	감정가		390,000,000원	오늘조회:1 2주누적:0 2주평균:0		
					구분	매각기일	최저매각가격	결과
대지권	85.864㎡(25.97평)	최저가	(49%) 191,100,000원	1차	2012-12-05	390,000,000원	유찰
건물면적	303.16㎡(91.71평)	보증금	(10%) 19,110,000원	2차	2013-01-04	273,000,000원	유찰
				3차	2013-02-05	191,100,000원	
				매각 : 245,100,000원 (62.85%)			
매각물건	토지·건물 일괄매각	소유자	최○○				
개시결정	2012-07-17	채무자					
사건명	임의경매	채권자					

  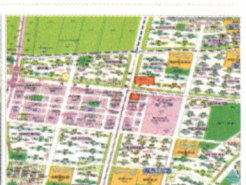

서 최종 투자금에는 꽤 큰 차이가 생겼다. 레버리지의 중요성을 잘 보여주는 사례다. 예상했던 대로 좋은 가격에 임차인을 들일 수 있었고, 이 두 개의 상가를 통해서 이자를 제외하고 매월 228만 원의 임대료가 따박따박 들어오게 되었다.

상가를 매입할 때는 이 두 가지를 반드시 기억하라. 첫째, 시세보다 단돈 1원이라도 저렴하게 구매하라. 시세보다 높게 매입한다면 수익률은 낮아질 수밖에 없고, 매도하는 것도 쉽지 않다. 누구도 그 문제를 해결할 수 없다. 둘째, 레버리지를 충분히 이용하라. 은행은 우리가 최소한의 투자금만 가지고 효과적으로 투자할 수 있게끔 도와주는 좋은 시스템이다. 레버리지를 현명하게 활용해야 돈과 시간

■ 두 건의 학원 투자 내용 정리

	구 분	첫 번째 학원	두 번째 학원
Ⓐ	낙찰가	2억 4,500만 원	2억 4,510만 원
Ⓑ	취·등록세	1,127만 원	1,127만 원
Ⓒ	대출	2억 2,050만 원 (Ⓐ의 90%)	1억 9,608만 원 (Ⓐ의 80%)
Ⓓ	대출이자(월)	70만 원 (금리 연 3.8%)	62만 원 (금리 연 3.8%)
Ⓔ	임차인 보증금	4,000만 원	4,000만 원
Ⓕ	월세	180만 원	180만 원
Ⓖ	최종 실투자금	-423만 원 (Ⓐ + Ⓑ - Ⓒ - Ⓔ)	2,029만 원 (Ⓐ + Ⓑ - Ⓒ - Ⓔ)
Ⓗ	월수익	110만 원 (Ⓕ - Ⓓ)	118만 원 (Ⓕ - Ⓓ)
	총정리	투자금 -423만 원	투자금 2,029만 원
		순수익(월세) 110만 원	순수익(월세) 118만 원

을 아껴 빠르게 부자가 될 수 있다.

나는 유튜브 '족장TV'를 통해 큰돈이 없어도 상가를 매입할 수 있다는 말을 자주 한다. 몇몇 사람들은 그 말을 믿지 않는다. 그러나 나는 직접 투자했거나 곁에서 함께 투자한 사례가 아니면 절대로 이야기하지 않는다. 그게 나의 가장 큰 장점이라 생각하기 때문이다. 내 경험뿐만 아니라 스터디원들의 경험담까지 포함해서 정말 많은 사례를 접했기 때문에 매번 살아 있는 경험을 전달하고, 많은 사람들이 실패하지 않기를 바라는 마음에 열심히 설명을 한다.

그럼에도 불구하고 몇몇 사람들은 자신이 알고 있는 게 전부라 생각하고 내 이야기를 뜬구름 잡는 소리라 생각하기도 한다. 세상을 색안경을 끼고 바라본다면 절대로 성공할 수 없다. 이런 이유 때문에 이 책을 볼 때 아무것도 모른다 생각하고 책을 펼치면 좋겠다고 이야기한 것이다. 스스로 색안경을 벗어 버릴 수 있어야 지식을 스펀지처럼 흡수하고 빠르게 성장할 수 있다.

사람들 대다수가 제대로 된 접근법을 모르기 때문에 똑똑한 투자를 못 하는 것이지, 핵심을 알고 나면 누구나 부자가 될 수 있다. 그러기 위해서는 스스로 벽을 치지는 말아야 한다. 안 된다는 부정적인 시선을 갖기보다 늘 받아들일 준비를 하고 부자들이 어떻게 움직이는지를 유심히 보는 것이 성공의 지름길이다. 준비하는 시간은 2년이면 충분하다. 이 책을 보는 당신도 2년만 준비하면 충분히 할 수 있다.

다음 장부터는 실제로 상가 투자를 할 때 물건을 어디서 어떻게 검색을 하는지, 매입·임대·매각은 어떤 과정을 거쳐야 하는지 구체적으로 알려줄 것이다. 기초가 탄탄하면 절대 무너질 일이 없다. 뻔한 내용 아니냐며 허투루 보지 않았으면 좋겠다. 내가 단시간에 빠르게 성장할 수 있었던 것은 기본을 지키고 꾸준히 노력했기 때문이다. 그 과정에서 내가 했던 고민과 답을 도출하는 과정을 익힌다면 독자들은 시행착오 없이 투자에 대한 넓은 관점을 얻게 될 것이다.

05

투자의 핵심
관·습·동·행

내 나이 39세다. 투자를 10년 이상 한 것에 비하면 결코 많은 나이는 아니지만, 10여 년간의 직접경험과 간접경험을 합한다면 1,000건이 넘는 많은 물건을 처리하는 과정을 지켜보았고 실전 경험을 하였다.

그리고 지금 이 자리에 있을 수 있었던 가장 큰 이유는 남들보다 좋은 수익을 실현했기 때문이다. 어떻게 그것이 가능했을까? 운이 좋았던 덕분이기도 하지만, 그 운을 내 것으로 만드는 것은 역시 태도라고 생각한다.

투자에서 가장 중요하게 생각하는 네 가지가 있다. 관심, 습관, 동료, 행동. 나는 이걸 '관습동행'이라 부른다. 관습동행이 무엇인지, 왜 중요한지 설명해보려 한다.

성공을 위한 첫발 떼기 '관심'

어떤 일이든 가장 첫 번째는 '관심'이다. 우리는 굉장히 바쁜 일상 속에서 살고 있다. 대부분 내가 원하는 일보다 누군가가 시켜서 하는 일에 익숙하며 그렇게 살아간다. 이런 매일 반복되는 삶 속에서 어떤 일에 관심이 생겼다는 것은 내 인생에서 굉장히 중요한 이벤트가 생긴 것이다. 나는 그 이벤트를 놓치지 않기 위해 노력한다.

반복으로 실력을 만드는 '습관'

나는 어떤 일이든 관심이 생기면 그 일에 대해서 좋은 '습관'을 만드는 것을 목표로 삼는다. 매일 같은 행동을 반복하는 것을 우리는 습관이라 부른다. 습관은 내가 가진 관심을 쉽게 포기하지 않도록 하고, 어렵게 생긴 열정이 사라지는 것을 막는 방법 중 하나다. 습관을 만들 때 중요한 팁은 쉽게 반복할 수 있도록 하는 것, 그리고 최대한 귀찮지 않은 것으로 만들어야 한다는 것이다. 무의식적으로 언제나 할 수 있는 좋은 습관이 필요하다.

내가 부동산 투자를 시작하고 가장 먼저 만든 좋은 습관 중 하나는 매일매일 물건 검색을 하는 것이다. 많은 분들이 좋은 물건을 선별하는 비결에 대해 궁금해한다. 어떻게 그렇게 돈 되는 부동산을 찾으며 특별한 노하우가 있느냐고 물어본다. 하지만 사실 특별한 노하우는 있을 수 없다. 나도 여러분처럼 온비드, 경매사이트, 네이버 부동산 등 똑같은 플랫폼에서 정보를 얻는다. 출발선은 똑같은 조건에서 시작한다.

하지만 딱 하나 다른 것이 있다. 나는 매일 30분에서 1시간씩 꾸준히 그날 올라온 새 물건을 확인하고 있다. 이런 습관을 지니면 매일 갱신되는 매물을 빠르게, 빠짐 없이 정리할 수 있다. 같은 물건을 보며 시간을 낭비하는 일이 자연스레 적어진다.

그리고 좋아 보이는 부동산이라면 최대한 빠르게 현장에 가서 물건을 확인해본다. 그렇게 매일매일 꾸준하게 하다 보니 남들보다 좋은 부동산을 찾을 수 있었고, 이런 습관이 있었기 때문에 지금의 내가 만들어졌다. 특별한 재능이 아니다. 그래서 누구나 할 수 있는 일이라 자신있게 말할 수 있다. 남들보다 조금만 노력하면 된다. 작은 습관이면 내 인생에 큰 변화를 주기에 충분하다.

나눔으로 시간을 절약하는 '동료'

특정 분야에 관심을 갖고 습관을 정립했다면, 그다음으로 '동료'

를 만들기 위해 애쓴다. 의아할 수도 있다. 돈을 버는 모임에서 동료를 만든다고? 나만의 노하우와 지식을 뺏기면 어떻게 하지? 나 혼자만 알고 싶은데 이걸 다른 사람에게 알려주어야 하나? 하지만 이런 걱정은 하지 않아도 된다. 요즘은 정보화 시대다. 유튜브를 몇 번만 찾아봐도 이미 어지간한 방법론의 자료는 전부 찾을 수 있다. 하지만 유튜브의 한계는 방법만 알려준다는 것이다. AI가 아무리 발전하더라도 실제 경험까지 답할 수는 없다.

부동산은 사람과 사람 간의 거래이기 때문에 항상 변수가 존재한다. 단순한 방법만으론 유연하게 대처할 수 없다. 내가 생각할 때 세상에서 가장 쉬운 일은 돈으로 해결할 수 있는 일이다. 하지만 경험은 돈으로 해결할 수 있는 것이 아니다. 시간과 노력 그리고 개별적인 상황이 들어가 있기 때문이다.

경험담을 많이 들을수록 빠르게 성장한다. 혼자 투자한다면 1년에 처리할 수 있는 부동산은 서너 건밖에 안 되지만, 열 명의 동료와 경험담을 나눈다면 수십 건의 경험을 쌓을 수 있다. 10년 치의 경험을 1년 안에 나누는 것이다. 10년이라는 시간을 절약한 것과 마찬가지다.

그리고 동료가 있으면 비슷한 상황의 사람들과 같은 주제를 가지고 이야기할 수 있게 된다. 투자의 길은 생각보다 굉장히 외롭다. 언제 돈을 벌 수 있을지, 내가 바른길을 가는지 알 수 없고 슬럼프도 자주 찾아오는 게 바로 투자의 세계다. 대한민국 국민이라면 누구나 한 번쯤 투자에 관심을 갖지만, 오랜 시간 관심을 유지하지 못하는 게 바로 이런 이유 때문이다. 하지만 동료가 있다면 포기하고 싶은 순간이 와도 이겨 낼 수 있다. 함께 목표를 이루어 나갈 누군가가 있으면 의지와 원동력이 더욱 강해진다. 나눔은 '1+1=2'가 아니다. '1+1=10'이 되는 기적의 방법이 나눔이고 동료의 힘이다.

좋은 태도의 시작이자 마무리 '행동'

마지막으로는 남은 것은 '행동'이다. 어떤 일이든 마음먹었다면 무조건 행동으로 옮기는 것이 중요하다. 기본적으로 사람의 뇌는 새로운 일과 도전 자체를 매우 싫어한다. 익숙한 일을 할 때에 비해 더 많은 에너지가 필요하기 때문이다. 배고프면 밥을 먹고 싶고, 밥을 먹으면 눕고 싶고, 눕고 나면 자고 싶은 것이 바로 이런 이유 때문이다. 뇌는 힘들다는 생각이 드는 순간 긍정보다는 부정적인 명령을 더 쏟아낸다고 한다.

우리는 이러한 뇌의 특성을 잘 알고 있어야 한다. 처음에는 뇌가 시키는 부정적인 명령을 의지로써 이겨내야 한다. 처음에는 어렵겠지만 좋은 습관으로 변경된 이후로는 우리 뇌도 더이상 부정적인 명령을 쏟아내지 않고 긍정적으로 바뀌면서 싫음이 좋음으로 바뀌는 순간이 온다. 그때 비로소 습관이 태도로 자리 잡는 것이다.

도전을 하기전에 실패가 두려워 지레 겁부터 먹는가? 괜찮다. 우리는 이미 수많은 실패를 겪으며 살아왔다. 처음 태어났을 때 우리는 잘하는 것이 하나도 없었지만 지금은 걷고 뛰고 전부 다 할 수 있다. 어쩌면 인간은 태어나는 것 그 자체가 도전이다. 도전하지 않는 삶은 그 어떤 것도 이루어 낼 수 없다. 성공은 절대 그냥 나오지 않는다. 관습동행(관심·습관·동료·행동)을 절대 잊지 말아라. 당신의 인생을 크게 변화시켜 줄 단어가 될 것이다. 관습동행에서 모든 것이 나오고 발전한다.

SECTION 2

생生,
투자에 필요한
살아 있는 지식

01

상가 임대인이 되기 위한 마인드 세팅

　이번 장에서는 부동산 투자를 본격적으로 하기 전에 기초를 다지는 방법을 A부터 Z까지 알려줄 것이다. 될 수 있으면 기존에 가지고 있던 선입견이나 부정적인 시선을 잠시 내려놨으면 한다. 앞서 말한 것처럼 우리는 새로운 일을 받아들일 때 긍정보다 부정에 익숙하지만, 그런 태도는 배움에 별로 도움이 되지 못하기 때문이다. 누군가 처음 부동산을 배운다고 하면 주변 사람들은 대부분 이렇게 말한다.

　"늦었다. 지금 시작해 봤자 안 된다."

　"아무나 다 할 수 있으면 대한민국 사람들 다 하게?"

　"부동산은 어렵다더라. 그러다가 사기당한다."

　대부분 사람들은 투자를 제대로 배운 적이 한 번도 없으면서 남의 간절함을 너무 쉽게 이야기한다. 투자를 처음 시작했을 때는 정말 투자를 해본 사람의 이야기가 아니라면 한동안 귀를 닫고 살아도 좋다. 직접 해보고 난 뒤 선택해도 절대 늦지 않기 때문이다. 너무 어렵지 않을까? 내가 과연 할 수 있을까? 그건 자기 스스로 너무 낮추어 말하는 것이다.

우리가 처음 한글을 배울 때 이걸 익힐 수 있을지 의심했는가? 초등학교에서 구구단을 외울 때 어려운지 아닌지를 평가해본 후 시작했는가? 그냥 학교에서 시키니 연습을 하고, 외우고, 알려준 대로 믿고 따라간 것뿐이다. 그 결과 우리는 배우고 읽고 쓸 수 있게 되었다. 어린 아이가 빠르게 성장하는 이유는 알려주는 모든 것을 편견 없이 흡수하기 때문이다.

부정적인 생각을 하지 않고 편견 없이 받아들이는 것이 이렇게나 중요하다. 이 책에는 투자할 때 꼭 알아야 내용을 더 쉽게, 더 많이 담기 위해 노력했다. 책에 나오는 내용만 잘 따라온다면 투자의 방법론은 충분히 알 수 있으리라 생각한다. 처음이라는 선입견과 몸이 편하고 싶어서 본능적으로 만든 핑계를 극복한다면 우리는 성공할 수 있다.

물론 여태까지 살아온 습관과 관념이 하루아침에 바뀔 리가 없다. 하지만 지금 나이가 60세라도 100세 시대인 이 세상에서 아직 40년이란 긴 시간이 남았다. 100년을 살면서 한 번도 도전하지 않은 채 삶을 마감하기를 원하지는 않을 것이다. 투자는 천천히 앞으로 나가는 것이다. 성공은 절대 일확천금과 같이 한 번에 오지 않는다.

단, 한 발 한 발 다가온 성공은 당신의 인생을 변화시켜 줄 것이다. 독자들에게 꼭 하나 약속할 수 있는 게 있다. 책에 있는 내용만 잘 숙지하고 실행에 옮긴다면 누구든 원하는 한 가지는 반드시 이루게 될 것이다.

투자의 본질을 잊지 말자

"공부도 열심히 하고, 조사한 것을 정리해서 PPT 자료도 만들고, 스터디에서 발표도 열심히 하는데 왜 저에게는 성공이 멀게만 느껴지나요?"

유독 자주 듣는 질문 중 하나이다. 생각보다 많은 사람이 투자 공부를 하면서 맞닥뜨리는 고민이기도 하다. 그들을 위해 꼭 해주고 싶은 말이 있다. 당신이 투자를 시작한 이유, 즉 투자의 본질을 생각해보자는 것이다.

> **본질**(本質)
> 사물이나 현상을 성립시키는 근본적인 성질.

열심히만 하다 보면 어느 순간 해결하지 못할 문제를 만날 때가 분명 생긴다. 그럴 때마다 문제를 돌파하는 나만의 방법이 있는데, 제3자가 되어 나를 돌아보는 것이다. 머릿속으로 상상을 한다. 큰 원 안에 나를 세워두고 나의 목표와 이것을 시작했던 이유를 나열해본다. 그리고 제3의 시선, 남의 시선으로 나를 최대한 냉철하게 바라본다. 그러면서 잘못한 부분을 인지하고, 그 부분을 해결하기 위해 이 일을 시작했던 이유와 해야 할 행동들을 다시 확인한다.

그 과정에서 혹여나 너무 쓸데없는 것까지 고민한다든지, 아니면 힘쓰지 않아야 하는 부분에 너무 과한 힘을 주고 있는 것은 아닌지 돌아본다. 그렇게 뒤돌아보면 대부분은 내가 처음 생각했던 대로 가지 않고, 전혀 다른 행동을 했던 자신을 보게 된다. 시작한 이유와 선택의 본질을 잊고 방황하는 것이다. 이 문제를 쉽게 이해하기 위해서 부동산과 연관된 질문을 하나 하려 한다.

숙박시설은 본래 어떤 곳인가? 여행객들이 휴식하기 위해 만들어진 곳이다. 즉 숙박시설의 본질은 잠을 자고 휴식을 취할 수 있는 공간이다. 방과 화장실, 이불만 준비되면 숙박시설의 요건이 갖추어진 것이다. 그 이상으로 갖춰진 TV, 컴퓨터, 책상, 침대 등은 차별화된 영업을 위한 부차적인 것이며 그런 옵션이 없어도 숙박업의 운영 자체에는 크게 관계가 없다. 그런데 사람들은 부차적인 요소에 온갖 신경을 곤두세우곤 한다. 프랜차이즈 모델의 경우 온갖 시설을 넣느라 방 하나당 공사 비용이 2억 원을 훌쩍 넘기도 한다. 그렇게 필요

이상으로 시설 투자를 한 뒤 투자금 회수도 못 하고 사업에 실패하는 경우가 많이 있다.

큰돈을 투자했는데도 이런 일이 벌어지는 것은 본질을 잊었기 때문이다. 잠자리가 깨끗하지 않고 휴식공간이 편안하지 않은데 부수적인 시설만 잔뜩 있다고 영업이 잘될 리가 없다. 투자든 사업이든 간에 절대로 이렇게 본질을 벗어나면 안 된다.

부동산을 배우는 이유는 돈을 벌기 위해서다. 무조건 부동산을 매입하는 것이 중요한 게 아니라 충분한 공부를 통해서 가치 있는 부동산을 알아보고 최대한 저렴하게 매입하는 것이 중요한 것이다. 그런데 의외로 많은 사람이 공부도 제대로 하지 않은 상태에서 중개사가 오를 것 같다고 말하는 것만 믿고는 무조건 매입하거나, 실투자금이 들지 않는 무피투자라고 하니까 개발호재가 없음에도 마구잡이로 매수하면서 부동산 개수만 늘려가곤 한다. 이렇게 자신이 처음 생각했던 투자 방법이 아닌 남들의 말만 듣고 우르르 몰려갔다가 어느 순간부터 손실을 보는 경우가 있다.

이런 실수를 하려고 투자 시장에 들어온 것은 아닐 것이다. 여러분은 분명 돈을 벌기 위해 공부한 것이고, 투자를 했다면 수익을 만들 수 있어야 한다. 절대로 잊지 말자. 투자에서 가장 중요한 첫 번째는 투자에 대한 본질을 정확하게 이해하는 것이다. 투자의 본질은 돈을 벌기 위함이다.

종잣돈을 모으면서 충분히 공부하자

우리는 짧게는 20년, 길게는 40년 이상을 풍족하지 않게 살아왔다. 그렇게 평생을 살았던 우리가 갑자기 부자가 되고 싶다고 해서 무조건 돈을 벌 수 있는 것은 아니다. 돈을 벌기 위해서는 거쳐야 할 여러 가지 과정이 있다. 한 번에 대박이 난다고 해서 돈을 많이 버는 것도 아니며, 번 돈을 지키는 것은 더욱 어렵다. 로또에 당첨돼 일확천금을 얻은 사람 중 80% 이상이 로또 당첨 전으로 돌아가고 싶어 한다는 연구 결과가 있다. 그 이유는 한순간 부자가 되고 나니 돈이 무한할 것이라는 착각에 흥청망청 쓰기 때문이다. 결국 가지고 있는 돈을 전부 사용하고 나면 예전의 삶으로 돌아갈 수 없게 된다.

돈을 버는 것보다 중요한 것은 지키는 것이다. '공든 탑이 무너지랴'라는 속담이 있다. 탑은 누구나 쌓을 수 있지만, 무너지지 않는 탑을 쌓는 것은 어려운 일이다. 다시 말해서, 돈은 누구나 벌 수 있지만 돈을 지키는 사람은 많지 않다. 기본이 없고 나만의 철학이 없는 투자로는 아무리 돈을 많이 벌었어도 언제 무너질지 모른다. 그래서 우리는 돈을 버는 방법과 지키는 방법, 활용하는 방법을 모두 알아야 한다.

그 시작은 바로 종잣돈 모으기다. 이 책을 보는 당신의 급여가 얼마인지는 알 수 없지만, 일단 5,000만 원을 모으는 것을 첫 번째 목

표로 삼기를 추천한다. 상황에 따라 다를 수 있지만 사회초년생이 5,000만 원을 모으는 데는 약 2~3년의 시간이 필요하다. 그 시간은 엄청나게 고통스러운 시간이 될 수도 있으며, 중간에 포기하는 사람들도 많을 것이다.

하지만 평생 부자가 되기 위해서는 만반의 준비를 하고 시장에 나서야 한다. 우리는 지금 평생 부자가 되기 위해 준비하는 것이다. 투자하다 보면 알겠지만, 투자의 세계에서 1~2년은 절대 긴 시간이 아니다. 전쟁터에 나가기 전 사격 연습 없이 바로 총을 쏠 수 있는가? 절대 그렇지 않다. 주식 투자 공부를 허투루 한 뒤 종목을 잘못 매입하여 몇 년씩 자금이 묶여 투자를 못 하는 사람, 혹은 잘못된 부동산 투자를 한 뒤 몇 년간 매도하지 못하고 결국 시장을 떠나는 사람을 많이 봐왔다. 모두 사격 연습도 충분히 하지 않은 채 호기롭게 전쟁터에 나선 사람들이다.

투자는 무조건 사기만 한다고 돈을 버는 것이 아니라, 제대로 사야 돈을 버는 세계다. 단 한 건을 투자하더라도 제대로 해서 수익을 내야 한다고 생각한다. 나는 첫 번째 부동산을 매입하기 전에 3년이라는 시간을 공부에 투자했다. 다른 사람들은 투자를 시작한 지 3개월이나 6개월 만에 나보다 나은 결과를 내놓았다. 그걸 보면서 어떤 결과도 내지 못하고 있는 내가 멍청이는 아닐까 하며 의심할 때도 많았다.

하지만 지나고 보니 그때의 그 시간이 바로 지금의 나를 만들어주는 시간이었다. 나는 3년이라는 시간 동안 수많은 손품과 발품으로 기본기를 쌓았고, 함께 공부했던 사람들과 앞서간 사람들의 성공과 실패를 볼 수 있었다. 실패는 최대한 멀리하기 위해 노력했고, 성공은 최대한 내 것으로 만들기 위해 노력했다. 결국 긴 준비 기간은 다양한 사례와 문제에 더 잘 대응할 수 있게 만드는 담금질이었던 셈이다.

당장 5,000만 원의 투자금이 준비된 사람이라도 꼭 기억해두자. 투자를 시작하기 전 최소한의 준비 기간은 필요하다. 내가 생각하는 최소한의 준비 기간은 6개월이다. 투자로 돈을 벌었다는 주변 사람들의 이야기를 듣고 나면 나도 빨리 돈을 벌어야 할 것 같고, 지금의 기회를 놓치면 안 될 것 같다는 조급함이 생긴다. 그래서 일단 뛰어들었는데, 운 좋게 한두 번 성공하게 되면 투자라는 것이 쉽다는 착각을 하게 된다.

하지만 투자는 절대 '돈 놓고 돈 먹기'가 아니다. 거듭 말하지만, 기본기가 없는 투자는 무너질 수밖에 없다. 투자는 버티는 사람이 이기는 싸움이다. 절대 무너지지 말아야 하며 그러기 위해서는 그만큼의 준비 기간이 필요하다. 오랜 시간 투자를 하면서 느낀 점은, 이 바닥에는 영원한 고수가 존재하지 않는다는 것이다. 늘 겸손하게 새로운 배움을 받아들이고, 그 안에서 매일매일 성장하기 위해 더 노력하는 자세가 중요하다.

상가 투자를 바라보는 관점을 익히자

　상가 투자의 본질을 곱씹으면서 종잣돈을 모으고 있다면, 그 시간 동안에는 공부를 함과 동시에 상가 투자를 바라보는 관점을 익히자. 어떻게 상가에 접근해야 할까? 어떻게 하면 실수하지 않고 안정적으로 월세를 받을 수 있을까? 가장 중요한 것은 공급자의 눈이 아닌 수요자의 눈, 즉 임차인의 입장에 서서 상가에 접근해야 한다는 점이다. 다시 한번 강조한다. 부동산을 실질적으로 이용할 사람은 임대인이 아닌 임차인이다.

　어린 아이들을 위해 식사 준비를 하는데 내 입맛에 맞는 매운탕을 만들었다고 해보자. 나는 맛있겠지만 아이들은 매워서 먹지 못한다. 상가 투자도 같은 개념이다. 내 눈에 좋아 보이는 부동산을 찾는 게 아니라 임차인들이 입점할 확률이 높은 부동산을 선택하는 것이 매우 중요하다.

　한 번도 상가를 임차해본 적이 없는데 이것이 가능할까? 가능하다. 본질과 관점에 대해 정확히 이해한다면 임차인을 90% 이상 충분히 입점시킬 수 있다. 그 방법은 앞으로 차근차근 알아보겠다.

그렇다면 이 책을 보고 투자의 비법을 배우면 당장 좋은 위치의 상가를 가질 수 있을까? 첫 투자 시 종잣돈이 많으면 가능하겠지만 대부분은 그렇지 않을 것이다. 처음 투자할 때는 큰돈이 없기에 좋은 위치의 상가를 가질 수 없다. 돈이 없는데 좋은 상가를 가지고 싶다는 것은 욕심이다. 그래서 상가 투자의 첫 시작은 상권도 좋고 월세도 잘 나오는 곳이 아닌, 월세가 높지는 않아도 주변 시세보다 낮게 매입하는 것에 집중해야 한다. 월세를 세팅한 후 매각해서 시세차익을 얻는 방식으로 종잣돈을 모으는 것이다.

매각을 한다고? 그렇다. 당장 통장에 꽂히는 월세가 달콤하더라도, 매각해서 다음으로 넘어갈 준비를 해야 한다. 주거용 부동산도 마찬가지다. 처음에는 작은 집으로 시작했다가 갈아타기를 하면서 점점 상급지로 옮기거나 평수를 넓혀간다. 상가의 경우 주거용보다 유리한 것은 월세가 나오기 때문에 이자 걱정이 없다는 점이다. 충분한 월세를 받다가 매각을 하면 월세와 시세차익이라는 두 마리의 토끼를 잡을 수 있다.

우리는 상가를 임대하는 순간 사업가가 된다. 사업가는 냉철해야 한다. 사업가는 돈을 벌어야만 한다. 돈을 벌기 위해서 가장 중요한 것은 사업의 본질을 인식하고 관점을 바꾸는 일이다. 관점을 바꾸고 나면 보이는 부동산이 많아진다. 남들이 보기에도 탐나는 좋은 물건이 아니라 투자를 통해 수익 창출이 가능한 상가를 찾으면 된다. 이 책에 나오는 내용 중 60%만 내 것으로 만든다면 매달 따박따박 들어오는 월세와 시간이 지나면 들어오는 시세차익을 둘 다 가질 수 있을 것이다.

02 사칙연산으로 끝내는 수익률 계산법

상가 투자를 제대로 하기 위해서 꼭 알아야 하는 것이 바로 수익률이다. 수익률이란 투자한 돈에 따라 매달 들어오는 투자 수익의 정도를 이야기한다.

은행 예·적금에 관심이 있다면 1년 동안 내 돈을 꾸준하게 넣어두면 3~4%의 이자가 붙는다는 것을 알 것이다. 여기서 말하는 3~4%가 바로 수익률이다. 예금액이 1억 원이라면 이자 수익률 3%일 때의 1년 이자는 300만 원(1억 원×3%)이며, 월 수익으로 생각했을 때는 매달 25만 원(300만 원÷12개월)의 수익이 발생하는 것이다.

상가 투자가 매력적인 이유는 바로 이 부분이다. 상가는 은행의 예·적금보다 수익률이 높은데, 상층부 기준 평균 6% 이상의 수익률을 안겨준다. 게다가 부동산의 특성상 매매차익도 노릴 수 있기에 월세 수익과 매매차익 양쪽에서 큰돈을 벌 수 있다. 이게 전부가 아니다. 레버리지를 충분히 이용한다면 투자금을 최소화하면서 수익률이 기하급수적으로 올라간다는 이점도 있다.

그렇지만 수익률 좋은 부동산을 얻기 위해서는 먼저 수익률 계산을 할 줄 알아야 한다. 대체 수익률 계산은 어떻게 하는 것일까? 처음 접하는 사람들은 수익률 계산이 어렵다고 생각하지만 상가의 수익률 계산은 더하기, 빼기, 곱하기, 나누기 같은 간단한 사칙연산만 안다면 누구나 가능하다.

상가 수익률 계산법의 기초

중개사에 상가 매물을 문의했더니 6억 5,000만 원짜리 매물이 있다. 이 상가의 임대료는 보증금 5,000만 원에 월세가 300만 원이라고 한다. 이 상가를 매수할 경우 수익률은 어떻게 될까? 상가 수익률은 받은 월세 금액을 투입한 투자금으로 나누면 된다. 구체적으로는 아래와 같다.

매매가격 : 6억 5,000만 원

보증금 : 5,000만 원

월세 : 300만 원

연 수익률 = (월세 × 12개월) ÷ (매매가격 − 보증금)

= (300만 원 × 12개월) ÷ (6억 5,000만 원 − 5,000만 원)

= 6%

매입가격 6억 5,000만 원에 보증금 5,000만 원, 월세 300만 원인 상가의 수익률은 6%이다. 그렇다면 같은 방법으로 계산한 다른 상가들의 수익률은 얼마일까?

편의점의 연 수익률

= (월세 350만 원 × 12개월) ÷ (매매가격 6억 3,000만 원 − 보증금 3,000만 원)

= 7%

미용실의 연 수익률

= (월세 180만 원 × 12개월) ÷ (매매가격 5억 원 − 보증금 2,000만 원)

= 4.5%

위 상가들을 보면 월세와 보증금 그리고 매매가격에 따라 수익률이 달라지는 것을 알 수 있다. 사칙연산만 알면 누구나 어렵지 않게 계산할 수 있다.

월세 10만 원의 차이가 무서운 이유

A씨는 노후 대비를 위해 상가 투자를 알아보던 중 자신에게 딱 맞는 상가를 찾았다. 1층 상가이며 매매가격은 2억 6,000만 원, 보증금 2,000만 원에 월세 100만 원으로, 수익률 5%인 준수한 상가를 매입하게 되었다.

> 매매가격 = { (월세 100만 원 x 12개월) ÷ 수익률 5% } + 보증금 2,000만 원
> = 2억 6,000만 원

꾸준히 월세가 들어오다가 이윽고 계약이 만기되고 세입자가 퇴거를 하게 되었다. 공실이 생기고 처음에는 크게 신경 쓰이지 않았다. 입지도 괜찮았으며 꾸준하게 임차 문의가 왔기 때문이다. 될 듯 될 듯 하던 계약은 잘 이뤄지지 않았고, 40일가량 공실이 되니 조금은 신경이 쓰였다. 주변에서는 공실 한두 달은 별것 아니라 이야기했지만, 따박따박 들어오던 월세가 들어오지 않다 보니 불안한 생각이 든 것이다.

그러던 중 갑자기 중개사로부터 월세를 20만 원만 내려주면 바로 임차를 맞춰 보겠다는 제안이 왔다. A씨는 월세 20만 원을 덜 받더라도 당장 마음 편하게 사는 게 낫겠다며 과감히 월세 80만 원에 계

약을 체결하였다. 다시 따박따박 월세가 들어오자 A씨는 마음의 평화를 찾을 수 있었다.

월세를 충분히 받아온 A씨는 상가를 매도하게 되었다. 그런데 청천벽력 같은 소리를 듣게 된다. 분명 2억 6,000만 원에 매입했던 상가인데 현재 가격은 2억 1,200만 원밖에 안된다는 것이다. 상권이 바뀐 것도 아니고, 꾸준한 임차수요와 착실하게 임대료를 내는 임차인까지 있는데 왜 가격이 내려갔는지 A씨는 도무지 알 수 없었다. 그렇지만 중개사의 대답은 냉정했다.

"수익형 부동산에서 수익이 안 나는데 누가 사겠어요?"

그렇다. 월세 20만 원을 내려준 탓에 수익률이 급격하게 내려갔으며, 똑같이 5% 수익률로 계산했을 때 약 4,800만 원 정도의 가치가 감가된 것이다.

매매가격 = { (월세 80만 원 x 12개월) ÷ 수익률 5% } + 보증금 2,000만 원

= 2억 1,200만 원

결국 A씨는 무지함 때문에 수익을 거의 보지 못한 채 매도를 하게 되었다. 시간만 버린 셈이다.

임차를 들일 때 임대료 5만 원, 10만 원을 선심 쓰듯 깎아주는 경우가 많은데 이는 향후 몇백만 원부터 몇천만 원까지의 손실로 돌아

올 수 있다. 그만큼 상가 투자에서 임대료라는 것은 매매가에 직접적인 영향을 미친다. '고작 10만 원, 20만 원인데 어때'라는 것은 투자자에게 있을 수 없는 말이다. A씨처럼 제대로 모르면 눈 뜨고 코를 베일 수 있다.

투자가 재미있는 것은 이러한 이유 때문에 아는 사람이 더 큰돈을 벌 수 있다는 점이다. 절대 잊지 말아라, 상가는 수익률이다.

03
예비 임대인이 착각하기 쉬운 3가지

　처음 책을 펴고 공부를 하다 보면 어떤 상가든 전부 가질 수 있을 것 같은 자신감이 생긴다. 하지만 투자는 자신감만으로 되는 일이 절대 아니다. 매 순간 큰돈이 오가기 때문에 그 어떤 것보다 신중하고 겸손하게 접근해야 한다. 특히 초보자는 공부가 덜 된 상태에서 진행한 한 번의 잘못된 투자로 오랜 시간 임대나 매각이 안 되어 빠져나오지 못하고 손해를 보는 경우가 많다. 투자의 첫 단추를 잘못 끼우는 일이 없도록, 실패 확률을 줄이는 접근법을 알려주겠다.

큰 평형이 오히려 유리하다

　처음 상가에 투자하는 사람들은 대부분 작은 평형 상가에 접근하려 한다. 가장 큰 이유는 마음속에 공실에 대한 두려움이 자리 잡고 있는데다가 큰 상가는 가격이 높은 만큼 이자 부담도 크기 때문이다. 그리고 한 번도 임차를 준 적이 없지만 왠지 큰 상가보다 작은 상가에 임차인을 들이기가 더 수월할 거라고 막연히 생각하기도 한다.

만약 3층의 20평짜리 상가를 매입했다고 가정해보자. 어떤 임차인이 들어올까? 3층의 20평이면 크기가 애매해서 학원도, 병원도 입점하지 못할 것이다. 기껏해야 사무실 정도만 입점할 수 있는데, 사무실은 임대료도 많이 받지 못하며 찾는 수요가 드물 수 있다. 초보자의 눈에는 작은 상가일수록 리스크가 작아 보이겠지만, 내포된 리스크는 절대 작지 않다.

반대로 큰 상가는 공실의 리스크가 크다고 생각할 텐데 절대 그렇지 않다. 단순하게 생각하자. 임대인(공급자)으로서 임차인(수요자)이 원하는 만큼만 임대하면 문제가 해결된다. 예를 들어 100평짜리 상가를 매입했다면 반드시 한 번에 임대할 필요는 없다. 100평이라는 평수를 케이크를 나누듯 임차인들이 원하는 만큼 나눠서 대여해 준다고 생각하면 어떨까? 누군가에게는 30평, 누군가에게는 40평, 이런 식으로 두 개 또는 세 개 호수로 나누어 원하는 만큼만 임대하는 것이다.

이렇게 호수를 나누어 임대했을 때는 임대료 측면에서 또 다른 장점도 있다. 어떤 것이든 한 번에 많은 양의 물건을 매입하면 가격은 낮아지고, 개별로 매입하면 가격이 높아진다. 상가도 그렇다. 큰 평형을 한 번에 임대했을 때 받는 월세보다 여러 임차인에게 나누어 임대하면 받는 월세의 합산 금액이 좀 더 높아진다.

대형 평수라고 겁낼 것 없다. 관점을 조금만 바꾸면 더욱 쉽게 좋은 업종들을 입점시킬 수 있다. 관점을 조금만 바꿔도 위기가 기회로 바뀌게 된다. 투자는 깨어 있는 생각이 중요하다.

월세를 무조건 높인다고 좋은 게 아니다

가장 중요한 것은 임대료이다. 일반적으로 임차인이 상가를 구할 때 가장 먼저 물어보는 것이 "임대료가 얼마인가요?"이다. 사업 비용에서 가장 큰 부분을 차지하는 것이 임대료이기 때문에 그만큼 민감한 부분이다.

좋은 임차인의 입점을 위해서는 주변 시세에 맞는 합리적인 임대료를 제시할 줄 알아야 한다. 주변 시세가 100만 원인데 120만 원을 제시한다면 임차인이 입점하지 않을 것이고, 95만 원을 제시하면 조금 더 입점할 확률이 높아질 것이다.

합리적인 임대료를 제시할 수 있으려면 낮은 금액에 매물을 가져와야 한다. 그래야 임대료를 높이지 않아도 충분히 수익률이 나오기 때문이다. 물론 낮은 가격만이 정답은 아니다. 내가 창업을 준비하는 임차인의 입장이 되어 지금 고민하는 자리보다 더 좋은 곳과 나쁜 곳의 임대료를 비교하면서, 얼마만큼의 임대료를 내고 들어올 것 같은지를 생각해 보아야 한다. 정확한 판단을 내리려면 더 많은 임장을 통해 여러 곳의 임대료 자료를 모음으로써 나만의 임대료 지도를 만드는 것이 매우 중요하다.

임대인은 절대 '갑'이 아니다

많은 임대인이 착각하는 사실이 있다. 임대인이 '갑'이고 임차인이 '을'이라고 생각하는 부분이다. 하지만 이것은 처음부터 잘못된 생각이다.

독이 있는 말미잘 사이에서 자기 몸을 보호하는 물고기인 흰동가리는 큰 물고기를 유인해서 말미잘에게 먹이를 제공하는 역할을 한다. 그렇다면 말미잘과 흰동가리 중에서 누가 '갑'이고 누가 '을'일까? 과연 갑과 을을 나눌 수 있을까? 말미잘과 흰동가리처럼 임대인과 임차인은 서로의 삶에 필요한 부분을 채워가는 것이고, 우리는 이를 공생 관계라 부른다.

좋은 임차인이 들어와서 영업을 잘하면 임대인의 건물 가치는 올라간다. 예를 들어 내 건물에 스타벅스가 들어왔다면 스타벅스라는 브랜드만으로 상가의 가치는 올라가는 것이다. 또 오래된 맛집 임차인이 있다면 모든 사람이 기억할 것이고, 이렇게 사람들의 기억에 남는 건물은 가치가 점점 올라가게 된다.

혼자만 잘나서는 부자가 될 수 없다. 임대인도 임차인도 함께 성장하는 것이다. 주변에 부자가 많아질수록 나도 부자가 될 확률이 높아진다는 것을 잊지 말아야 한다.

04
초보자를 위한
단계별 접근법

처음 부동산 투자를 할 때 가장 좋은 장소는 내가 잘 아는 곳 또는 자주 가는 곳이다. 상가는 같은 구역에 있어도 임대료가 들쭉날쭉한 경우가 많은데, 초보자일수록 그 이유를 알기 힘들다. 하지만 잘 아는 곳이라면 임대료를 알아볼 때도 어떤 곳이 더 좋은지, 유동인구가 어떻게 움직이는지 쉽게 확인할 수 있다. 그러므로 처음에는 내가 잘 모르는 지역보다 잘 아는 지역 세 곳 정도를 뽑아 접근해보자. 그러고 난 뒤 점차적으로 조사 구역을 늘려보자.

집 앞 단지내상가부터 들여다보자

아파트 투자를 한다고 가정해보자. 일반적으로 많이 하는 갭투자의 경우 확인해야 할 것이 많지 않다. 특히 대단지 또는 역세권 초품아(초등학교를 품은 아파트 단지) 등의 선호단지는 시세 형성에 큰 변수가 많지 않기 때문에 네이버 부동산, 국토교통부 실거래가정보, KB부동산 등 다양한 플랫폼에 잘 정리되어 있다. 따라서 낯선 지역이라도 시세나 분위기를 알아내는 것이 어렵지 않다.

하지만 상가는 다르다. 인근 거주자의 연령층, 아파트 매매가격은 물론이고 같은 구역 안에서도 지하철역이나 버스정류장 위치, 전면인지 후면인지 등에 따라 업종과 임대료가 달라진다. 이러한 이유 때문에라도 모르는 곳에서 상가를 조사하기는 쉽지 않다.

그래서 가장 먼저 추천하는 곳은 우리집 앞의 상가 또는 근처의 단지내상가다. 잠시 책을 덮고 가까운 단지내상가를 곰곰이 생각해보자. 어떤 업종이 입주해 있으며, 그들은 어느 정도의 임대료를 내고 있을까? 그동안은 몰랐겠지만 이제부터는 관심을 가져야 한다.

이것이 바로 관습동행의 첫 시작, 관심이다. 매일 가는 곳임에도 불구하고 내가 이용하는 것이나 특별한 것이 아니라면 잘 기억이 나지 않는다. 관심이 없기 때문이다. 지금까지 우리는 좋은 매물이 나와도 전혀 알지 못했고, 어쩌면 그렇게 수많은 기회를 그냥 날려 버렸을 수도 있다. 어쩌면 그 덕분에 나 같은 사람이 수익을 볼 수 있었을 것이다.

하지만 공부를 시작한 지금부터는 관심을 가져야만 한다. 앞으로

아파트 단지 내 상가

우리집 앞 학원, 병원

자주다니는 동선

직장근처

초보일수록 투자는 멀리서 찾는게 아니야.

는 자주 오가는 곳에 어떤 업종이 입점하는지, 임대료가 얼마나 되는지, 공실이 생기면 어떤 업종이 입점하는 게 좋을지 관심을 가지고 알아볼 필요가 있다. 그렇게 찾아낸 상가는 황금알(월세)을 가져다주는 부동산이 될 수 있기 때문이다.

단지내상가에서도 가장 임대료가 비싼 메인 코너 자리에는 편의점이 입점한 경우가 많다. 편의점이 주변보다 더 높은 임대료를 감내하는 이유 중 하나는 담배권(담배소매인지정서)이 있기 때문이다. 담배는 「담배사업법」에 의해 일정 구역당 한 명에게만 판매 권한이 주어지는데, 지자체마다 거리 제한이나 예외조건이 조금씩 다르다.

편의점의 중요한 소득원 중 하나가 담배인데, 담배권은 일반적으로 지정된 점포의 50m 반경을 기준으로 상권 보호가 되어있다. 즉, 담배권을 보유한 편의점이 하나 자리 잡으면 같은 건물에 다른 편의점은 입점이 어렵다. 그래서 담배권을 따낸 소유주는 이를 명목으로 임대료를 조금 더 높게 받기도 한다. 이와 같이 업종에 따라 임대료의 측정이 달라질 수 있다.

임대료를 조사할 때 유난히 임대료가 높은 곳이 있다면 왜 그런지 알기 위해 최대한 많은 점포의 임대료를 알아보는 것이 중요하다. 오늘부터 해야 할 일은 간단하다. 집 앞에 있는 상가의 임차업종이 어떻게 되는지 유심히 살펴보고, 근처 부동산에 잠시 들러 단지내상가의 임대료가 얼마나 하는지 알아보는 것이다. 돈을 버는 것은 작은 관심으로부터 시작된다. 관심을 가지기 시작하면 보지 못했던 임차 업종이 보이기 시작할 것이다.

접근이 쉬운 학원가 상권을 살펴보자

가장 쉽게 접근할 수 있는 단지내상가를 알아보았다면 다음은 활동 범위를 조금 더 넓혀 보자. 그다음으로 많이 접하는 상권은 어디일까? 생활에 편의를 제공하는 시설이나 아이들을 위한 학원, 그리고 병원이 밀집된 상권일 것이다.

특히 학원과 병원으로 이루어진 상권은 비슷한 업종끼리 뭉쳐 있으며 커피나 분식, 패스트푸드 등 남녀노소 모두가 이용하는 상가들이 함께 채워지므로 상당히 탄탄한 상권 중 하나이다. 향후 매도를 고려할 때도 매수자들이 좋아하는 상권이기 때문에 누구나 쉽게 접근할 수 있다. 이런 이유 때문에 내가 초보자에게 많이 추천하는 곳이기도 하다.

그렇다면 학원가 상권에는 어떤 포인트로 접근하면 될까? 그동안 우리는 학원은 그냥 학생들이 다니는 곳이라고만 생각했을 것이다. 학부형 또는 수강생 입장으로만 학원을 바라본 것이다. 그런데 이제는 임대인의 눈으로 바라볼 필요가 있다. 그동안 학원비만 생각했다면 이제는 그 학원의 임대료와 매매가격이 얼마인지 확인해 볼 차례이다.

나아가 해당 건물에는 어떤 학원들이 있고, 대형 학원이 입점할 때 따라 들어오는 업종 같은 일종의 규칙도 확인해두면 좋다. 예를 들어 처음에는 유명 어학원이 입점한다면 그다음은 수학이나 논술 학원 등이 입점하고, 뒤이어 스터디 카페까지 입점하게 된다. 이런 식으로 대형 학원은 학원가에 엄청난 영향을 미친다.

아래의 학원들은 창업 비용이 적게는 5,000만 원부터 많게는 3억 원 이상이 드는 곳이다. 큰 비용이 드는 만큼 오픈 전에 상권이나 수요자에 대한 분석도 철저하다. 그리고 분석 결과 사업성이 좋은 지역이라고 판단했기 때문에 큰 비용을 감수하고 입점하는 것이다. 우리 동네 학원가에 아래의 프랜차이즈가 두세 개 정도 있다면 그래도 학원가로서 튼튼한 상권이라 생각하면 좋다.

■ 창업 비용별 프랜차이즈 학원의 예시

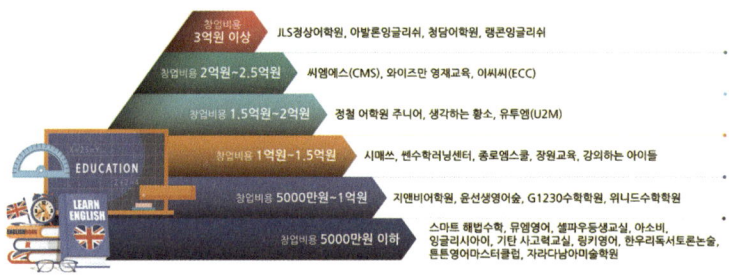

직장 근처의 익숙한 상권을 들여다보자

지금까지는 주로 내가 사는 주거지와 가까운 곳이었다면, 이제부터는 조금 더 반경을 넓혀 보자. 우선 지금 다니는 직장 근처에 관심을 가져 볼 것을 추천한다. 직장은 우리가 거주하고 있는 집 다음으로 가장 시간을 많이 할애하는 곳이다. 소비로 따진다면 집 앞에 있는 단지내상가보다 더 많은 비용을 쓰는 곳이기도 하다. 내가 자주 이용하는 상권을 이해하고 다음 단계로 넘어가는 것만큼 좋은 것은 없다.

흔히 직장인들이 주로 사용하는 상권을 오피스 상권이라고 한다. 오피스텔이나 빌딩 등이 맞물려 시너지를 내는 상권이다. 오피스 상권의 주 수요층은 직장인들이다. 그래서 이 상권의 특징 중 하나는 출·퇴근길 또는 점심시간 영업 목적으로 들어오는 임차인들이 많다는 것이다. 주로 커피나 음료, 밥집, 샌드위치 가게 등 식음료업을 운영하며 평일 낮에 굉장히 장사가 잘되는 것을 볼 수 있다. 이런 특성 때문에 오피스 상권 1층의 경우 높은 권리금이 형성된 곳이 많으며, 1층 기준으로 7평 이상만 된다면 테이크아웃 커피숍이 입점할 수 있어 작은 평수에 대한 수요도 대단히 많다.

이런 상권 근처의 부동산 중개소에 들러 임차 정보를 조사할 때 꼭 확인해야 할 것이 권리금이다. 실질적으로 권리금은 임대인이 관여할 사항은 아니지만, 권리금이 높은 자리일 경우 임차인이 피치 못할 사정으로 폐업하더라도 권리금을 받기 위해 자신들이 다음 임차인을 구하여 데리고 오는 경우가 대부분이다. 그래서 권리금이 형성된 곳은 공실이 없으며 꾸준하게 임대료를 받을 수 있다.

하지만 오피스 상권의 경우 반드시 유의해야 할 사항이 있다. 첫 번째로 임대료를 너무 높게 생각하는 것이다. 매수자 입장에서는 상가 대부분이 장사가 잘되는 것처럼 보이니 매출이 높을 것이라 여기고, 임차인이 지금의 임대료를 거뜬히 감당할 수 있을 거라고 착각하는 경우가 있다. 그 결과 임대료를 더 높여도 되겠다고 생각하여 무리하게 높은 가격에 매수하는 실수를 저지르게 된다.

오피스 상권은 평일 상권이다. 회사원들이 출근하지 않는 주말이나 공휴일에는 문을 닫는 곳이 대부분이지만, 주중에는 이런 점을 확인할 수 없다. 이런 작은 위험까지 충분히 검토하고 상가를 매입하는 것을 추천한다.

두 번째는 상층부를 매입하는 경우다. 학원가 상권과 오피스 상권은 확연히 다르다. 오피스 상권의 1층은 샌드위치나 커피숍 같은 테이크아웃 업종이 인기가 있으며, 2층에는 호프나 식당 등이 주로 입점한다. 하지만 3층 이상부터는 수요가 애매할 수 있다. 1층 상권이 좋다고 해서 무조건 상층부도 좋다고 생각하면 착각이다.

이렇기 때문에 상가를 매입하기 전에는 상권의 이해가 필요하다.

어떤 상권이냐에 따라 임차 수요가 달라질 수 있기 때문이다. 그렇다고 절대 어렵게 생각할 필요는 없다. 앞서 이야기한 업종만 유심히 체크 한다면 실수 없이 좋은 상가를 매입할 수 있을 것이다.

05
숨은 매물 찾아내는 검색법 3가지

내가 자주 듣는 질문은 "어떻게 그런 좋은 부동산을 찾아내느냐"라는 것이다. 특별한 방법이나 안목이 있어서 가능했을까? 절대 그렇지 않다. 부동산 투자는 보물찾기와 같다고 생각해야 한다. 남들이 보지 못한 보물을 얼마나 잘 찾아내느냐가 성패를 결정한다. 내가 지금까지 실패하지 않고 성공적으로 투자할 수 있던 이유 중 하나는 최대한 많은 부동산을 보고 그 안에서 가장 좋은 부동산을 찾아냈기 때문이다.

여기서 중요한 포인트는 무엇이든 꾸준하게 해야 한다는 것이다. 더 많은 부동산을 볼수록 좋은 물건을 찾아낼 수 있으며, 게으르면 좋은 부동산과 멀어지게 된다. 그렇기에 부동산 투자가 참 재미난 것이다. 아무리 고수라도 매물 확인을 게을리하면 좋은 부동산을 놓치고, 초보자라도 꾸준하고 꼼꼼하게 찾아보는 사람들은 성공하게 된

다. 나 역시 좋은 부동산을 찾기 위해 매일매일 신규 물건을 확인하고, 운영 중인 네이버카페 '원인베스트(cafe.naver.com/soyoung1986)에 그 흔적을 남기곤 한다. 처음 부동산을 공부하면 올라오는 모든 매물을 확인해야 할 것 같아 지레 겁을 먹는데, 세 곳만 알고 있으면 충분하다. 네이버 부동산, 경매사이트, 공매 사이트가 그것이다.

네이버 부동산으로 상가 물건 검색하기

첫 번째는 가장 많은 매물을 보유하고 있는 네이버 부동산(https://land.naver.com)에서 검색하는 것이다. 일반적으로 대한민국 사람들이 부동산을 볼 때 가장 쉽게 접근하는 곳이다. 네이버 부동산의 장단점을 요약해보면 다음과 같다.

네이버 부동산의 장점
- 매물이 많으며, 임대 물건과 매매 물건을 한눈에 볼 수 있다.
- 매입 전 대부분 임차가 맞추어져 있어 공실 리스크가 낮다.

네이버 부동산의 단점
- 매일 갱신되는 매물을 확인하기 어렵고 허위 매물이 많다.

- 임차인이 정해져 있어 새로운 임대 세팅이 어렵다.
- 시세대로 매입하는 경우가 많아 수익을 보기까지 시간이 걸린다.

네이버 부동산에 접속한 후 물건을 하나 클릭해 보면 다음 화면과 같이 그 물건의 세부 정보가 나온다. ①에는 현재 나온 매매가격과 평당 가격이 적혀 있으며, ②에는 계약면적과 전용면적이 나오는 것을 볼 수 있다. 투자자에게 전용면적과 계약면적 중 어떤 것이 중요하냐를 굳이 따지자면 전용면적이라고 할 수 있다. 임차인이 실제로 사용할 수 있는 공간이기 때문에 임대료에 더 큰 영향을 미친다. 만약 제곱미터(㎡)가 익숙하지 않다면 ③을 클릭해서 평으로 바꾼 계산 결과를 볼 수 있다.

■ 네이버부동산 활용 예시

매물을 볼 때는 무작정 해당 중개사를 찾아가기보다 ④에서 볼 수 있는 보증금과 월세로 먼저 수익률을 계산해보자. 내가 원하는 수익률의 물건인지 확인하고 중개사를 방문하면 큰 도움이 된다. 네이버 부동산에 올라온 매물의 매입 형태는 공인중개사가 관여하는 일반매매여서 권리분석에 큰 문제가 없으며, 초보자도 누구나 쉽게 접근할 수 있다.

경매사이트에서 상가 물건 검색하기

두 번째는 경매에 나온 물건 중에서 상가를 검색하는 것이다. 경매는 매물을 시세보다 낮은 금액에 낙찰받을 수 있어 실투자금을 줄일 수 있는 매입 방법이다. 그러나 장점만 있는 것은 아니므로, 아래의 장단점을 잘 살펴보도록 하자.

경매로 매입하는 것의 장점
- 시세보다 낮은 금액에 매입할 수 있어 단기간에 높은 시세차익이 가능하다.
- 낮은 가격으로 낙찰받을 경우 낙찰가의 90%까지도 대출이 가능하다.
- 임차인 대부분이 명도 대상이기 때문에 내가 원하는 새로운 임차인

입점이 가능하다.

- 매일 갱신되는 매물을 선별할 수 있어 검색 시간을 절약할 수 있다.

경매로 매입하는 것의 단점

- 권리분석을 해야 한다.
- 기존 임차인을 명도할 때 저항이 있을 수 있다.
- 현장입찰이므로 직장인의 경우 시간을 내기가 쉽지 않다.

부동산 경매 물건을 검색하는 방법은 크게 두 가지다. 하나는 무료로 이용할 수 있는 '법원경매정보(www.courtauction.go.kr)' 사이트를 이용하는 것이고, 다른 하나는 유료로 이용하는 민간업체의 경매정보 사이트를 이용하는 것이다.

대한민국 법원경매정보 사이트

다음 그림과 같이 상단에 있는 '경매물건'을 누르면 다양한 조건을 설정할 수 있는 '물건상세검색'이 나온다. 여기에 내가 원하는 조건을 넣으면 그에 맞는 물건이 조회된다.

아래와 같이 검색조건에서 관할법원이나 주소, 용도 등을 설정할 수 있다. 또한 원하는 범위의 감정가격을 설정하면 수많은 매물 속에서 내 예산에 최적화된 매물을 찾는 데 도움이 된다.

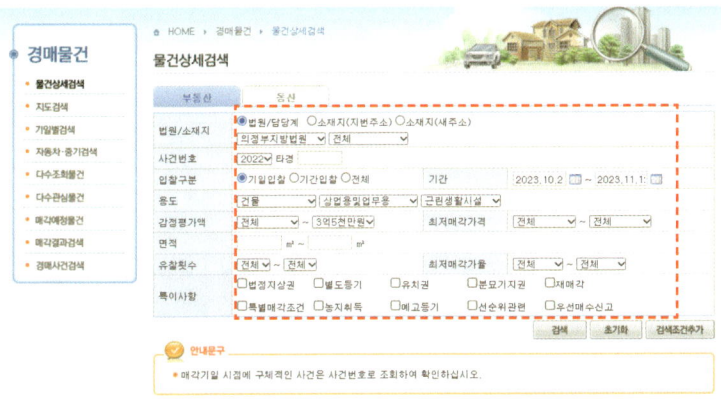

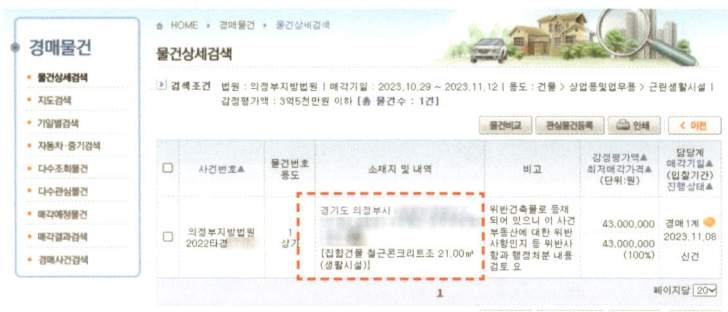

원하는 조건을 입력한 후 알맞은 매물이 나왔다면, 파란색으로 쓰인 주소를 눌러 더 자세한 정보를 알아보자.

아래 사례를 보면 물건의 감정평가액은 4,300만 원인 것을 알 수 있다. 각종 기본정보 밑에는 '현황조사서'와 '감정평가서'가 첨부되어 있는데 여기서 더 자세한 정보를 확인할 수 있다. 이 문서들은 전부 공신력이 있어 권리분석의 기준으로 삼을 수 있지만, 앞에서 강조한

것처럼 직접 확인하는 것을 습관화 해야 한다.

그 아래 '등기기록 열람', '전자지도 보기' 등을 클릭하면 각 사이트로 이동해 물건의 위치와 토지의 모양 등을 검색할 수 있다. 다만 등기기록 열람을 위해서는 대법원 인터넷등기소에 수수료 700원을 내야 한다.

유료 경매정보 사이트

본격적으로 경매에 뛰어든 투자자들은 민간업체가 운영하는 유료 경매정보 사이트를 많이 이용한다. 검색하기도 편리하고, 등기부등본이나 건축물대장 같은 공문서도 별도의 수수료 없이 함께 제공해 편의성도 높다. 또한 물건의 권리관계를 분석, 정리해 놓아서 우리가 권리분석을 일일이 하지 않아도 될 만큼 충분한 정보를 제공하고 있기도 하다.

유료사이트는 여러 가지가 있는데, 구성은 조금씩 다르지만 제공하는 정보들은 대개 비슷하다. 가장 큰 사이트인 옥션원(www.auction1.co.kr)을 예시로 물건 검색법을 알아보자. 메인화면에서 회원가입을 하고, 왼쪽 상단 '경매검색'을 클릭하면 다음과 같은 화면이 나온다.

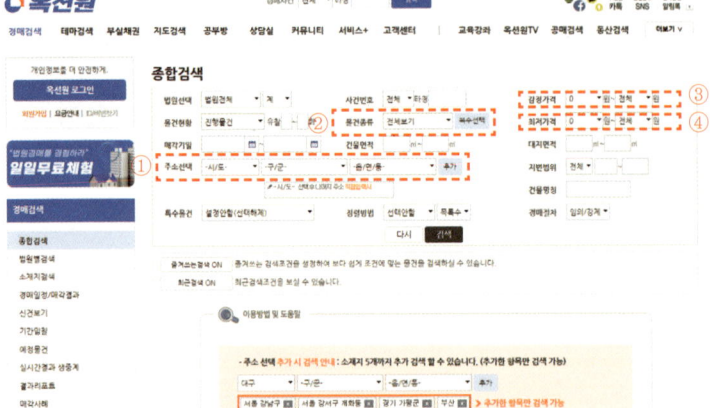

① 주소 검색이다. 처음부터 너무 먼 곳을 보는 것보다 나와 가까운 지역부터 하나하나 보는 것을 추천한다.

② 물건 종류를 눌러 다양한 물건을 검색할 수 있다.

③ 감정가격과 최저가격을 헷갈리는 사람이 많은데, 감정가격은 현재의 가격이 아닌 최초 시작가격을 말한다. 매입 예상 가능 금액에서 20~30%가량 높여 입력하면 내가 원하는 금액대의 부동산이 나올 것이다.

④ 최저가격으로 검색하면 감정가격(시작가격)에 유찰된 가격을 반영한 결과가 나온다. 입찰할 때는 이 최저가격보다 같거나 높게 써야 한다. 만약 내가 3억 원가량의 부동산을 매입하고 싶다면 최저가격을 0원~3억 원으로 설정해보자. 나의 종잣돈에 맞는 금액의 부동산만을 선택하여 볼 수 있다.

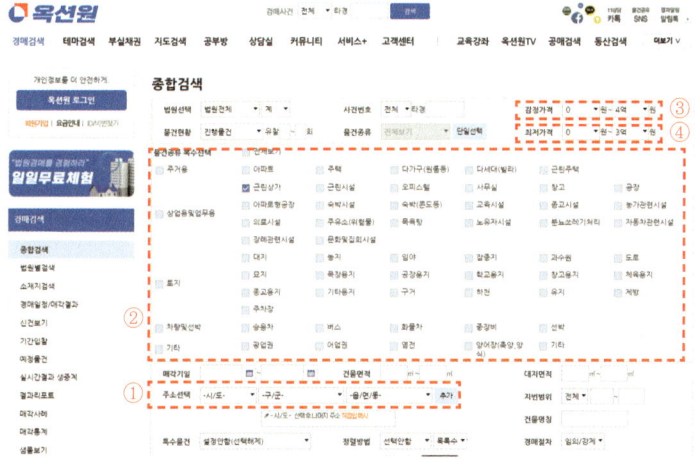

① 원하는 지역을 선택한다.
② '물건 종류'에서 다양한 종류의 부동산을 고를 수 있고, 중복 선택도 가능하다. 예시에서는 근린상가를 선택해 보았다.
③ 현재 종잣돈이 7,000만 원가량 있으며 레버리지를 사용하면 약 3억 원의 부동산까지는 매입 가능하다고 가정하자. 이 경우 감정가격은 예상 매입가격보다 30%가량 높은 4억 원 정도가 적당하다.
④ 최저가격은 매입 가능한 금액의 최대치를 설정하면 된다. 유찰된 금액에 따라 하나하나 부동산을 선택할 수 있다.

이렇게 검색했을 경우 경기도에서만 183건의 매물이 나오는데, 이 물건들을 하나하나 살펴보면서 나에게 맞는 물건을 고르면 된다.

고수만 알고 있는 경매 검색 팁

그 외에도 경매 검색에는 몇 가지 팁이 있다. '특수물건'을 클릭하면 다양한 카테고리가 나온다. 그중에서도 가장 눈여겨보아야 할 것은 '오늘 공고된 신건', 그리고 '감정일에서 1년이 지난 물건'이다.

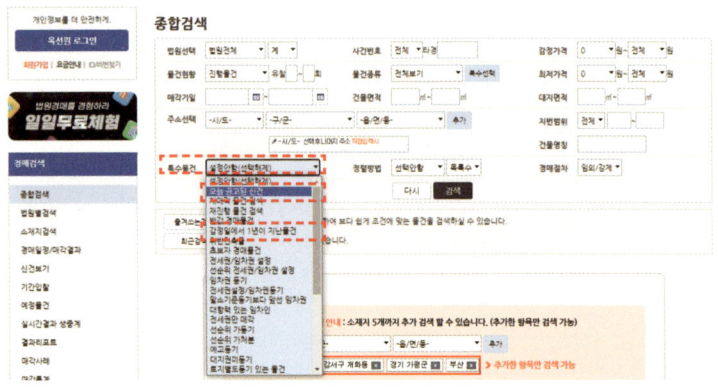

'오늘 공고된 신건'은 매일 자정에 업데이트된다. 나는 매일 자정이 될 때마다 신건을 검색한다. 그렇게 하지 않으면 매물을 찾는 과정에서 겹치는 물건 때문에 피로감이 쌓일 수 있다. 괜찮아 보이길래 한참 살펴봤는데, 알고 보니 지난주에 봤던 물건일 경우가 자주 생기는 것이다. 하지만 자정마다 신건을 살펴보는 습관을 들이면 업데이트되는 물건을 놓치지 않고 볼 수 있게 된다. 내가 모든 경매 물건을 전부 검토할 수 있는 이유도 바로 신건 검색 덕분이다. 이것을 매일 동료들과 함께 카페에 인증을 남기고 있다. 혼자서는 힘들었겠지만, 동료들과 함께했기에 하루도 빠지지 않고 실행할 수 있었다.

■ 카페에 올라온 검색 물건 인증 예시

내가 많이 활용하는 또 다른 방법은 바로 '감정일에서 1년이 지난

물건'을 살펴보는 것이다. 감정평가 시기가 오래되었을 경우 지금 시세보다 낮게 평가되어 있을 가능성이 높아서 1회차(시작가격)에 입찰해도 저렴하게 낙찰받는 경우가 종종 있기 때문이다. 대부분의 사람은 경매는 무조건 유찰이 되어야 싸게 살 수 있다고 생각하지만, 그런 편견을 깨는 방법이 될 수 있다.

공매 사이트에서 상가 물건 검색하기

세 번째는 아직까지 일반인들이 잘 모르는 꿀 같은 틈새시장인 공매를 통해 낙찰받는 것이다. 경매가 채권·채무 관계 때문에 이뤄진다면, 공매는 주로 세금 체납 때문에 이뤄지는 경우가 많다. 공매 투자의 장점과 단점은 아래와 같다.

공매로 매입하는 것의 장점
- 일반인들은 공매가 어렵다고 생각하기 때문에 경쟁률이 높지 않다.
- 큰 시세차익을 볼 수 있는 매물이 종종 나온다.
- 매일 갱신되는 매물의 선별이 가능해 시간을 절약할 수 있다.
- 인터넷을 통한 입찰이 가능해 직장인도 부담이 적다.

공매로 매입하는 것의 단점

- 수탁재산의 경우 감정평가가 안 된 경우가 종종 있는데, 이런 경우 대출 받기가 어려울 수 있다.
- 네이버 부동산이나 경매보다 물건 종류가 많지 않다.

공매는 어렵고 복잡하다고 생각해서 큰 관심을 기울이지 않는 경우가 많다. 하지만 그중에는 분명 쉬운 건도 있다. 공매 물건 중에는 일반매매처럼 소유자가 직접 내놓는 부동산도 있는데, 이런 매물만 집중적으로 공략해도 충분히 수익 실현이 가능하다. 대표적인 사례가 관공서나 기업이 소유한 재산이다. 일반인들이 네이버 부동산에 매물을 내놓듯이, 관공서나 기업은 자신들의 자산을 공매 진행 사이트인 온비드(www.onbid.co.kr)를 통해 매각한다.

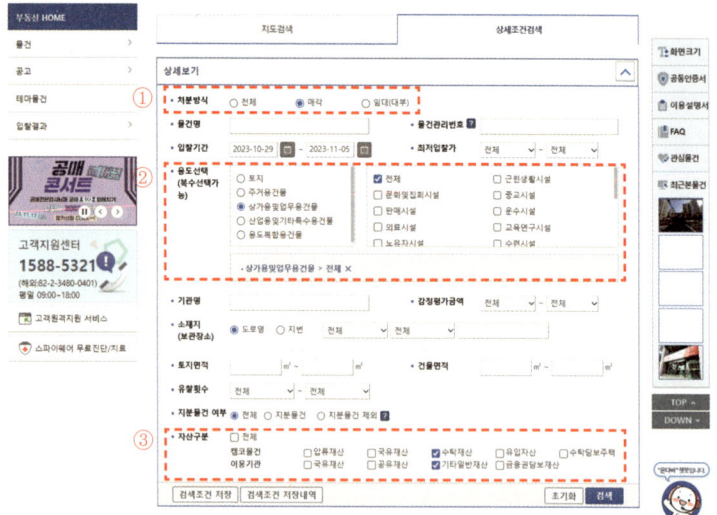

① 처분방식은 '전체 / 매각 / 임대' 중에서 '매각'을 클릭하여 검색하자. 전체로 지정하면 매각과 임대가 섞여서 나오기 때문에 혼란스러울 수 있다.

② 용도 선택은 부동산의 종류를 선택하는 것과 같다. 먼저 '상가용 및 업무용 건물'을 클릭하고, 다음으로 '전체'를 클릭하거나 '근린생활시설' 등을 선택할 수도 있다.

③ 자산 구분은 '수탁재산'과 '기타일반재산'을 지정하는 것이 좋다. 공매에 대한 지식이 풍부해서 모든 종류의 자산을 본다면 좋겠지만, 초보자는 이 두 가지가 권리분석 상 문제가 없는 부동산을 고를 수 있어 적당하다.

예를 들면 최근 부쩍 늘어난 은행 소유의 부동산이 그런 사례다. 은행들은 점차 온라인 시장에 집중하고 오프라인에서 물러나는 추세인데, 이에 따라 거리에서 영업점이 하나둘씩 사라지고 있다. 그러면서 은행이 직접 소유하고 있던 재산을 온비드를 통해 매각하게 된다. 나 또한 기존에 은행이 있던 자리를 매입해 10억 원 이상의 수익을 본 적이 있다.

여기서 잘 보아야 할 것은 집행기관이다. 위의 예시에서는 집행기관이 부산은행인데, 이렇게 은행이나 기타 관공서(한국전력공사 등)인

경우는 큰 문제가 없다. 하지만 집행기관이 신탁일 경우에는 담당자 정보란의 전화번호로 연락해서 반드시 권리분석 상 문제가 없는 물건인지 확인이 필요하다. 연락해서 물어보면 대부분 잘 알려주기 때문에 어렵게 생각할 필요는 없다.

좋은 상가를 발견하려면 꾸준해야 한다

온라인으로 매물 정보를 얻을 수 있는 대표적인 세 가지 방법을 살펴봤다. 이중 어디서 좋은 물건이 나올지는 아무도 모른다. 경매나 공매에는 좋은 상가가 없다는 편견을 많이들 가지고 있지만 절대 그렇지 않다. 마찬가지로 일반매매로 매수할 때 좋은 물건을 쉽게 찾아낼 수 있는 것도 아니다. 결국 정답은 최대한 많은 사이트에서 최대한 많은 물건을 살펴보는 것뿐이다.

일반매매를 통해서만 부동산을 매입하고자 한다면 그것은 동네 슈퍼에서만 물건을 사는 것과 마찬가지다. 하지만 경매, 공매, 일반매매 등 모든 분야를 넓게 살펴보는 것은 더욱 다양한 물건이 있는 대형마트에서 장을 보는 것과 마찬가지다. 물건이 열 개뿐인 곳에서 찾는 것보다 50개, 100개인 곳에서 찾는 것이 좋은 물건을 살 확률을 높여준다.

그리고 또 하나, 경매나 공매를 추천하는 이유는 일반매매의 시세보다 저렴하게 매입할 수 있다는 점 때문이기도 하다. 사실 완벽하게 좋은 상가라는 것은 애초에 존재하지 않는다. 우리는 그저 돈을 벌 수 있는 상가인지 아닌지만 따져보면 된다. 상가 투자의 본질은 상권이 좋고 비싼 상가를 매입하는 것이 아니라, 상권이 좋지 않더라도 수익률이 높고 나에게 수익을 안겨다 줄 수 있는 상가를 고르는 것임을 다시 한 번 명심하자. 우리가 투자자라는 사실을 절대 잊지 말고 접근한다면, 생각보다 빠르게 좋은 결과를 얻을 것으로 생각한다.

06
손쉽게
임대료 알아보는 법

　물건의 선정이 끝났다면 이제는 상가 투자의 핵심인 임대료를 알아보자. 상가에 투자하면서 가장 중요한 것은 임대료이며, 투자의 성공 여부를 결정짓는 것 또한 임대료다. 굉장히 좋아 보이는 상가라 하더라도 임대료를 원하는 만큼 받지 못한다면 제 역할을 하지 못하는 것이며, 투자해서는 안 되는 부동산이다.

　예전에는 온라인으로 부동산을 조사하는 것이 매우 어려웠지만 이제는 인터넷으로도 웬만한 정보는 충분히 얻을 수 있게 되었다. 물론 인터넷의 정보를 전부 신뢰할 수 있는 것은 아니지만, 최소한 실제 임장을 갈 때 준비라도 해간다면 큰 도움이 될 것이다.

네이버 부동산으로 조사하기

　부동산 매물을 검색할 때 언급했던 네이버 부동산은 대한민국의 거의 모든 매물을 한눈에 볼 수 있는 최대의 부동산 포털이다. 상가 전문 부동산을 찾기도 쉽다. 하지만 그만큼 허위 매물도 많고, 실제 거래가격이 아니라 호가로 올려놓은 매물이 많아 초보자들이 처음 접근할 때 혼란스러울 수 있다. 네이버 부동산에서 임대료 살펴보는 법을 하나씩 알아보도록 하자.

　네이버 부동산에 들어가면 '거래방식'이라는 탭이 있다. 크게 월세와 매매 두 가지를 알아볼 수 있는데, 처음에는 월세(임대료)를 먼저 파악하고① 그다음 매매가격을 보는 것을 추천한다. 근린상가는 월세 수익률에 따라 거래가격이 정해지기 때문에 임대료의 정확한 산

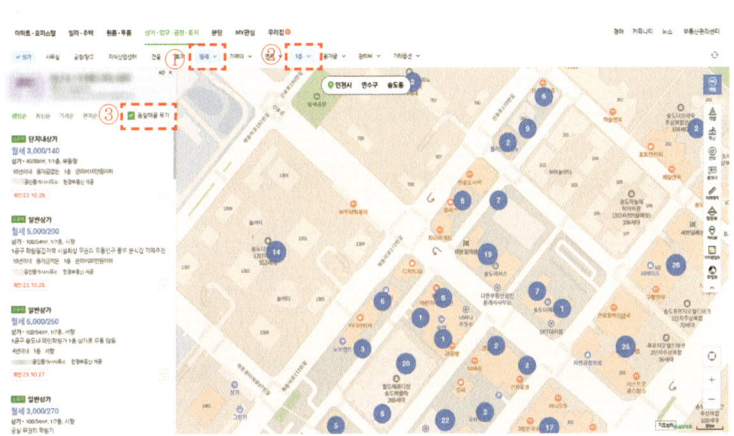

정 이후 매매가격을 정할 수 있다.

두 번째로는 '층수'이다. 네이버 부동산은 1층 외에는 저층·고층 등으로 나누어져 있으며 유일하게 1층만 단독으로 표기되어 있다. 1층의 상가를 중점으로 찾을 때는 다른 상가와 헷갈리지 않게 확실하게 1층으로 지정한 뒤 검색해야 한다②.

세 번째로는 '동일매물 묶기'이다③. 다음 사진을 언뜻 보면 한 건물에 임대 물량이 너무나 많아 보인다. 임대가 많이 나왔다는 것은 공실 위험이 높다는 뜻이므로 좋지 않은 곳으로 착각할 수 있다. 하지만 우리는 전문 투자자로서 조금 더 섬세하게 접근할 필요가 있다. 만약 소유자가 같은 물건을 여러 중개사에게 내놓는다면 각각의 매물로 잡히기 때문에 더욱 많아 보일 수 있다. 이럴 때 팁은 동일매물로 묶는 것이다. 동일매물로 묶으면 중복 매물이 사라져 해당 지역에 정확히 몇 개의 부동산이 나와 있는지 쉽게 파악할 수 있다.

뿐만 아니라 가격변동 여부도 알 수 있다. 동일매물로 묶고 매물 목록을 확인하면 해당 상가의 시작 가격이 달라지는 것을 볼 수 있다. 만약 최초에 올라온 가격보다 상승했다면 그 부동산은 관심을 갖고 문의하는 사람이 많아 소유자가 가격을 올렸다는 것을 알 수 있다. 즉 일정 이상의 수요가 있는 지역이라고 볼 수 있다. 반대로 최초 가격보다 가격이 낮아졌다면 수요가 없어 최초 등록된 가격으로는 거래가 되지 않는 것이라고 예측할 수 있다.

■ 동일매물로 묶기 전(좌)과 묶은 후(우)

동일매물로 묶기 전에는 같은 물건인지 확인이 어렵지만 동일매물로 묶는다면 간단하게 확인이 가능하다.

허위매물에 주의할 것

물론 이것은 모두 예측일 뿐이다. 소유자의 단순 변심으로 매매가가 올라가는 곳도 종종 있기 때문이다. 온라인 분석은 말 그대로 현장에 나가기 전의 사전 준비에 불과하며 절대로 정답이 될 수 없다. 헛걸음하지 않기 위한 최소한의 준비라고 생각하면 된다. 부동산은 현장에 답이 있으므로, 어떤 부동산이라도 현장에서 세세하게 조사할 필요가 있다.

네이버 부동산에는 허위 매물이 꽤 많다. 수익률이 좋은 물건을 발견했다고 해서 무조건 찾아가기보다는 먼저 전화로 해당 물건에 대한 기본정보를 확인한 후 현장을 찾는 것이 좋다. 좋은 물건을 발견하고 설레는 마음으로 연차까지 내서 찾아갔는데 허위매물이라서 허탕을 치는 경우가 종종 있기 때문이다.

그중에는 손님을 끌기 위해 악의적으로 올려놓는 허위매물도 있지만, 수익률을 계산하는 방법이 다르기 때문에 그렇게 보이는 경우도 많다. 수익률을 계산할 때 대출을 포함시키느냐 아니냐의 차이에 따라 달라지기도 한다. 상가는 그래서 잘 알아야 한다.

아파트의 경우 가격이 어느 정도 비슷하게 책정되어 있지만, 상가 임대료는 정해져 있는 것이 아니다. 또 하나 예를 들어, 임차인이 오랜 시간 영업했고 영업이 잘되는 곳이라 꾸준하게 임대료를 5%씩 올렸다면 주변보다 월세가 조금 더 높을 수 있다. 반대로 오랜 시간 임대료를 한 번도 올리지 않아 턱없이 저렴한 경우도 있다. 이처럼 다양한 이유가 있기 때문에 네이버 부동산에 올라온 매물은 곧이곧대로 볼 것이 아니라 자신만의 기준을 잡고 주변 임대료와 비교하여 바라볼 필요가 있다.

상가 전문 중개사 찾아내기

중개사들도 각각 잘하는 분야가 따로 있다. 어떤 부동산은 아파트를 전문으로 하고, 어떤 곳은 빌라를 잘하며, 어떤 곳은 토지를 잘한다. 임장을 나가서 중개사무소에 한 번 들어가기도 너무 부담스러운데, 용기 내서 들어갔더니 "우리는 빌라만 중개한다"고 하면 힘이 빠질 수밖에 없다. 그렇다고 간판에 '토지 잘하는 부동산, 상가 잘하는 부동산'이라고 적어 놓은 것도 아니다.

그렇다면 우리는 어떻게 상가를 전문적으로 중개하는 중개사를 찾을 수 있을까? 답은 바로 네이버에 있다. 네이버 부동산에서 상가로 검색을 해보면 매물을 올린 중개사의 정보가 나와 있다. 그 중개사의 이름을 선택해 들어가면 중개사가 올려놓은 매물 중 상가가 많은지 아파트가 많은지 확인할 수 있다.

예시에서 해당 중개사가 보유한 물건은 매매가 35건, 월세가 270건에 달한다. 이 단계에서는 270건의 월세 매물 중에서 상가나 아파트의 비율이 어떻게 되는지 알 수가 없다. 이럴 때 거래방식을 '월세'

■ 상가 전문 중개사 검색하기

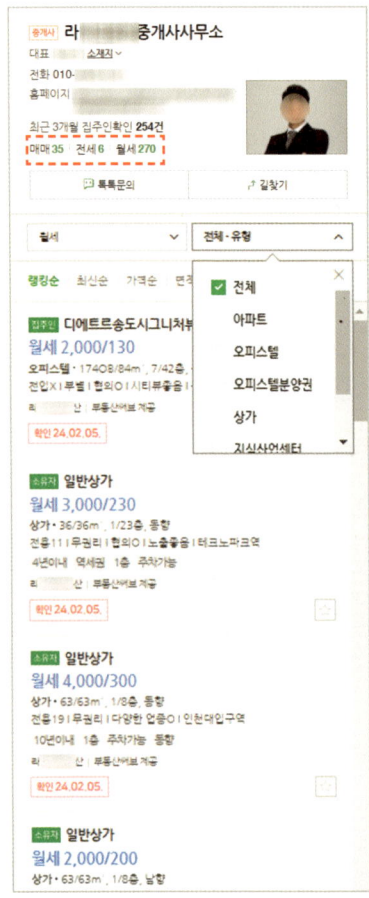

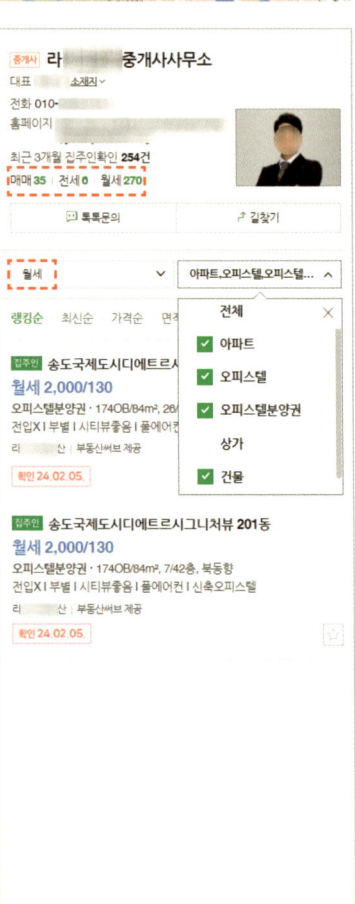

SECTION 2 생

로, 거래유형을 '아파트'로 바꾸면 한눈에 확인할 수 있다.

검색조건을 바꾸니 해당 중개사가 올린 월세 매물은 총 270건인데 아파트는 두 건밖에 없다는 것을 알 수 있다. 그렇다면 268건은 상가 매물이고, 아파트보다 상가를 전문적으로 하는 중개사라고 생각할 수 있다. 임장을 가기 전 이런 식으로 해당 지역의 정보를 모으면 더 전문적인 중개사를 찾아낼 수 있을 것이다.

원맵으로 조사하기

원맵(onemap.co.kr)은 내가 직접 개발한 임대료 및 수익률 지도다. 네이버 부동산에는 정말 많은 정보가 있지만, 허위 매물과 과도한 정

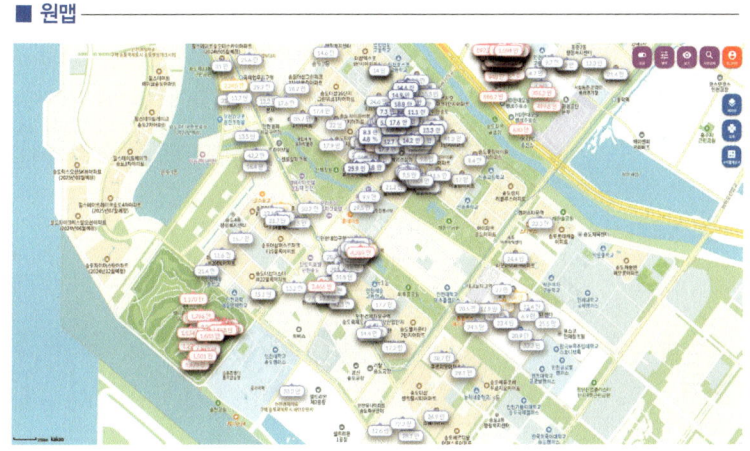

■ 원맵

보로 인해 정확한 임대료 조사가 힘들기에 초보자들에게 혼란을 불러올 여지가 많다. 그래서 그간의 임장 정보와 노하우를 바탕으로 투자자에게 실질적으로 필요한 정보를 모은, 투자자를 위한 플랫폼을 만들어야겠다고 생각했다.

실제로 발품을 팔아서 얻은 신뢰도 높은 데이터를 바탕으로 나의 분석을 통한 예상 임대료를 기재해 두었다. 초보자들을 위해 대부분의 임대가나 매매가를 기재하려 노력했다. 초보자일수록 정확한 데이터를 가지고 계산을 해야 현장에서 혼란스럽지 않기 때문이다. 2024년 2월 현재는 서울, 경기, 인천 지역의 정보만 제공되고 있지만 향후 지속적인 업데이트를 통해 지역을 늘리려 한다.

과거 임대료 추이

원맵의 장점은 상가 건물의 최대 평당 임대료와 그 건물의 매각 사례에 대한 자료를 한눈에 볼 수 있다는 것이다. 또한 과거부터 지금까지의 임대료가 모두 나와 있다는 것도 다른 사이트와 차별화된 장점이다. 초보자일수록 과거 임대료의 추이가 중요하고, 이를 통해 알아낼 수 있는 것도 많다.

예를 들어 신도시 상가의 경우 초반에는 임대료가 높았다가 급격하게 하락하는 경우가 있는데 이런 경우는 유심히 살펴봐야 한다. 급격하게 내려간 지역은 아직 임대료가 제대로 자리를 잡지 못한 경우

이거나 주변에 공실이 많아서 가격 하락이 예측되기 때문이다. 반대로 과거보다 임대료가 상승했다면 해당 상권은 계속 성장 중이며 인기가 많은 곳이라 예측할 수 있다. 하나의 지표를 보더라도 얼마만큼 데이터를 잘 사용하느냐에 따라 우리의 투자 방식은 많이 달라지게 된다.

■ 과거 임대료 추이 알아보기

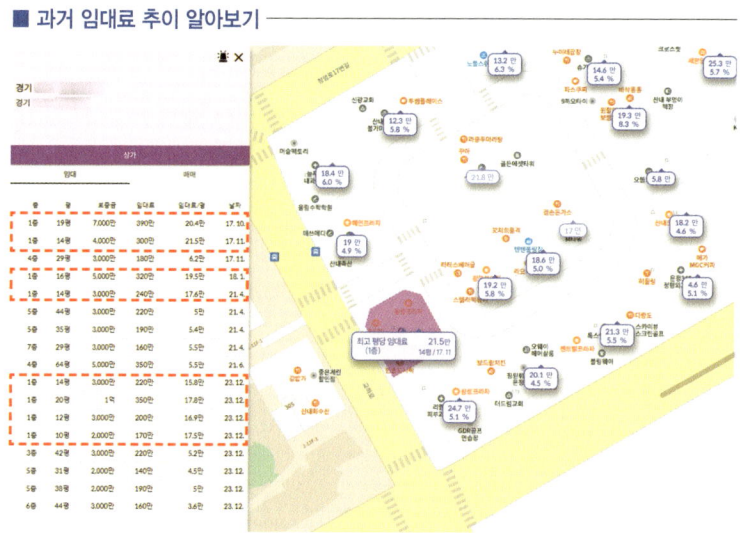

한눈에 보이는 층당 임대료

네이버 부동산은 물건의 층 구분이 비교적 단순하다. 1층만 구분되어 있고 나머지는 저층 또는 고층이다. 그런데 실제로 1층, 2층, 3층은 층마다 장단점이 분명하므로 임대료를 더 세분화할 필요성이 있어서 추가한 기능이다.

1층은 공실률이 낮으며 입점하는 업종도 다양한 대신 임대료가 가장 높다. 2층의 경우 입점할 수 있는 업종이 1층보다 제한적이지만, 최근 들어 대형 식당이나 커피 프랜차이즈가 넓은 평수를 확보하기 위해 많이 찾는 추세이다. 2층의 임대료는 1층을 기준으로 했을 때 약 1/2가량으로 책정하는 것이 일반적이다. 3층 이상의 상층부는 입점 업종이 굉장히 제한되기 시작한다. 식당이나 커피 프랜차이즈는 입점하기 어렵고 학원이나 병원, 스터디 카페, 사무실 등 40평 이상을 찾는 업종의 임차인들이 입점한다. 그리고 3층 이상부터 고층까지는 대체로 임대료가 비슷하게 책정된다. 이런 것들을 염두에 두고 예시 사진처럼 임대료를 지정해 내가 찾고 싶은 물건을 빠르게 찾아 조사하면 초보자들에게 큰 도움이 될 것이다.

■ 층당 임대료 알아보기

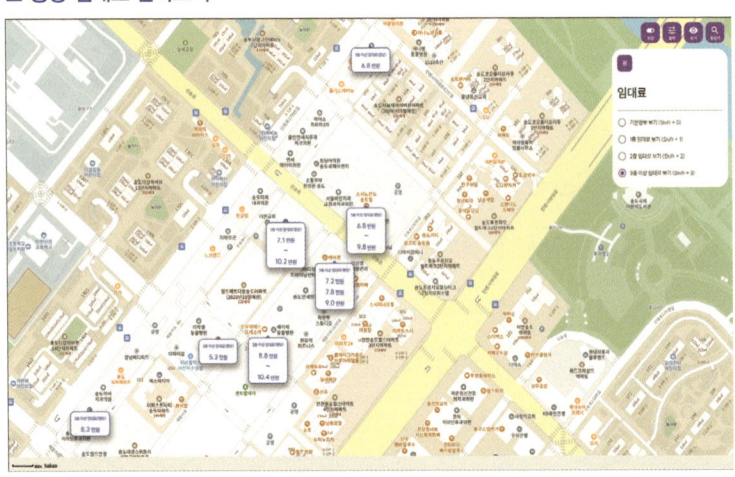

07
미래의 임차인을
미리 상상하자

원하는 물건을 찾았고 수익률이 괜찮게 나올 것 같다면, 현장에 가기 전에 해야 할 것이 하나 더 있다. 내가 본 부동산에 어떤 임차인이 들어올지 상상해보는 것이다. 이는 내가 예상한 임차인이 들어오기에 적합한 곳이 맞는지 감을 익히는 연습이 되기도 하고, 중개사무소에 들어가 조사하기 위한 질문을 구체적으로 준비할 수도 있다.

초보자가 흔하게 실수하는 것 중 하나가 사전 조사 없이 현장에 나가서 무엇을 물어봐야 하는지 모르는 것이다. 준비가 부족하면 할 말이 없으니 기껏해야 "사장님, 요즘 상가를 찾는 임차인이 많은가요?" 같은 질문밖에 할 수가 없다.

중개사로서는 어떤 상가를 찾는 사람인지, 어떤 수요를 원하는지 구체적이지 않아서 정확한 답변을 줄 수 없을 것이다. 분명 중개사무소의 답변은 "잘 모르겠다"라고만 이야기할 것이고, 초보자들은 당황해서 다음 이야기를 이어나가지도 못하고 멀뚱멀뚱하다가 "감사합니다" 하고 나오는 경우가 대다수다.

임차인을 상상하여 질문 만들기

이런 실수를 하지 않으려면 임장에 나가기 전 다음의 두 가지를 명심하자.

① 예상 임차인의 업종을 상상한 후 질문지 만들기
② 예상 임차인에 따른 수익률 산정해보기

나는 현장에 나가기 전에 미리 임차인을 상상한 뒤 그에 맞는 업종을 중개사에게 질문한다. 예를 들어 학원이나 어린이들이 많은 곳이라면 구체적으로 이렇게 물어보는 것이다.

"요즘 학원 자리를 찾는 사람은 많은가요? 스터디 카페는요?"
"학원을 찾는 수요의 월세 기준이 얼만가요?"
"학원에서 찾는 평형대는 몇 평 정도 되나요?"
"최근 비슷하게 임차를 맞춘 곳이 있을까요?"
이렇게 구체적으로 물어볼수록 중개사로부터 듣는 답변이 달라진다. 현장에 가기 전 제대로 된 준비도 하지 않고 중개사가 알아서 원하는 답변을 해주길 원하는 것은 실수다. 묻지도 않았는데 내 마음을 알아주고 정확히 답변해주는 중개사는 존재하지 않는다. 그러므로 초보자일수록 제대로 된 질문을 준비하기 위해 노력할 필요가 있다.

상권의 특색을 알면 임차인이 보인다

미래의 임차인을 상상하기 위해 먼저 해야 할 것은 해당 상권의 특색을 찾는 것이다. 미래 임차인의 업종은 현재 상권의 생활권과 밀접한 관계가 있다. 예를 들어 아파트나 빌라가 많은 곳, 즉 주거용 부동산과 가까운 상가는 1층을 기준으로 음식점, 커피숍, 약국, 빵집 등 생활과 밀접한 관계가 있는 업종이 대부분이다. 그리고 상층부의 경우 병·의원, 학원, 스터디 카페 등이 주로 입점하는 것을 알 수 있다.

반대로 관공서나 기업이 많은 상권은 다른 성향을 가지고 있다. 회사가 밀집한 지역이라면 회식이나 식사 자리가 많아 술집, 노래방, 당구장 등 성인 남성들이 이용하는 업종이 많으며 이런 상권을 유흥상권이라고 부른다. 유흥상권의 1층은 주로 고깃집이나 횟집, 곱창집 등 술을 겸비한 음식점이 입점하는 반면, 상층부는 노래방이나 바(BAR), 당구장 등이 입점한다.

지도를 통해 상권을 구별하는 방법을 알아보자. 오른쪽 세 개의 상권 중 어떤 상권이 학원·병원 상권이고, 어떤 곳이 유흥상권일까? 1번과 2번이 학원·병원 상권이고, 3번이 유흥상권이다.

1번과 2번의 경우 주변에 회사가 밀집되어 있지 않으며, 인근에 주거지역이 있어 약 3,000~5,000세대의 배후단지를 가지고 있다.

이 경우 학원이나 병원의 수요가 충분한 상권이다. 안정적인 배후단지가 있는 만큼 그에 적합한 업종으로 상권이 형성되는 것이다. 이런 상권은 꾸준한 소비로 안정적인 임대료가 형성되어 있으며, 상층부 또한 학원이나 병원의 임차 수요가 많다.

3번은 구로디지털단지역 앞 '깔깔거리'라는 곳으로, 지하철역이 있고 회사가 많은 지역이다. 이런 곳에는 회사원들을 위한 식사나 주류 등을 판매하는 임차인들이 많이 입점

■ 상권 예시

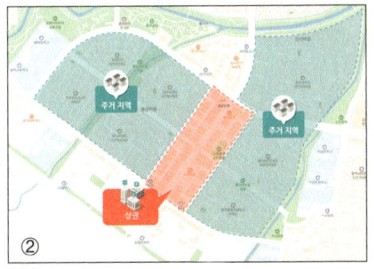

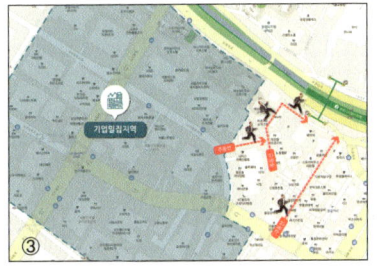

한다. 사람들의 동선에 따라 임대료가 결정되기 때문에 좋은 위치의 상가는 꾸준한 월세 상승을 기대할 수 있다. 또한 권리금이 높은 자리일 경우 임차인들이 직접 다음 임차인을 구해 오기 때문에 공실에 대한 위험이 적다.

반면 골목골목마다 임대료 차이가 많이 나기 때문에 조사가 어렵

■ 입지별 1층(좌)과 상층부(우)의 임대료 차이

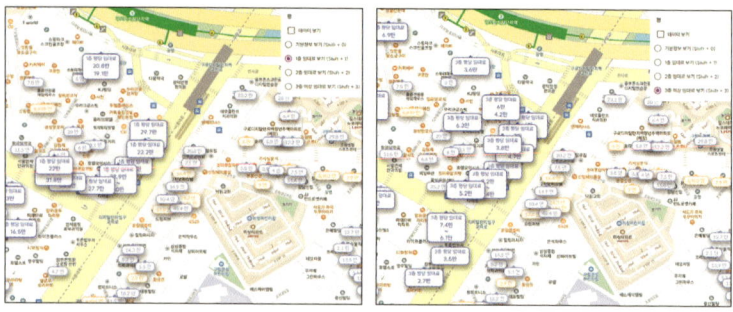

고, 1층을 제외한 상층부는 입점 가능한 업종들이 한정되어 있어 임대료가 현격히 낮게 형성된 곳이 많다는 것은 단점이다.

1층의 경우 평당 30만 원까지 받을 수 있지만 상층부는 6만 원 이상 받기 어렵다.

키워드 검색으로 상권을 분석하자

이번에는 초보자들이 가장 헷갈려 하는 상권을 알아보자. 동탄의 경우 초보자들이 오해하기 쉬운 상권 중 하나다.

보통 신도시의 경우 도시계획을 할 때 주거와 상업지역을 구분하는 경우가 많은데, 동탄은 준주거지역과와 상업지역을 나누지 않고 하나로 지정해서 두 상권의 업종이 공존하고 있기 때문이다. 게다가 가까운 곳에 다수의 기업이 있어 회사원들이 찾아와 회식을 하는 유

■ 주거용 부동산과 가까운 상권 예시

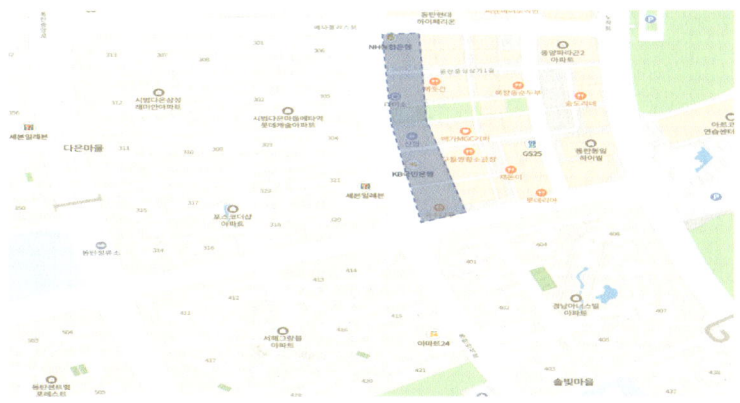

홍상권의 성격도 가지고 있다. 지금까지 살펴본 예시는 상권이 완전하게 분리되어 있었지만, 동탄의 경우에는 세분화하여 상권 분석을 할 필요가 있다.

가장 쉽게 접근하는 방법은 주거지역과의 거리에 따라 임차업종을 고려하는 것이다. 주거지역과 마주 보는 파란색 상권에는 학원이나 병원이 많이 입점하고, 멀어질수록 유흥상권으로 변하게 된다.

네이버 지도를 이용하면 조금 더 쉽게 알아볼 수 있다. 해당 지역의 지도에서 병원이나 학원을 검색하면 실제로 병원과 학원이 파란색 라인에 밀집된 것을 볼 수 있다. 주점으로 검색한 결과 파란색 라인에 입점한 점포는 보이지 않는다. 나는 이걸 '업종의 키워드'라고 부른다. 이렇게 키워드 검색만 잘해도 특정 상권에 어떤 업종이 들어올지 대략 예상할 수 있다. 누누이 말하지만, 초보자들은 투자를 어

■ 병원과 학원의 입점 현황

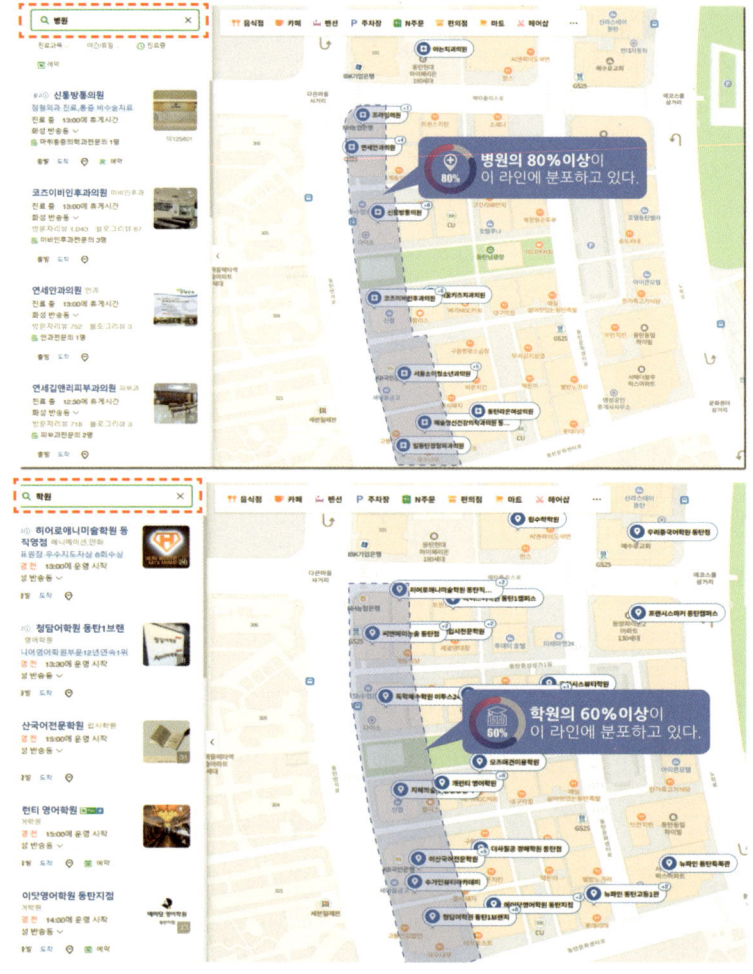

렵게 생각하는 경향이 있다. 하지만 절대 그럴 필요가 없다.

내가 처음 투자를 시작했던 10여 년 전에는 네이버는 물론이고

■ 주점의 입점 현황

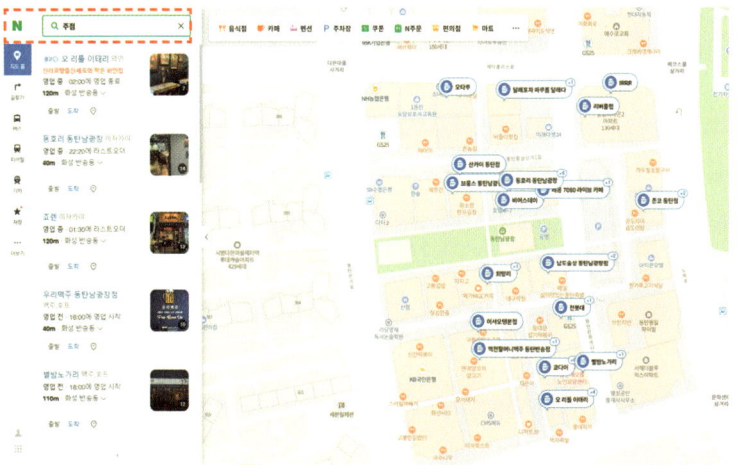

다른 온라인 플랫폼으로 알 수 있는 정보가 한정적이었기 때문에 하나하나 직접 뛰어다니면서 확인해야 했다. 그러나 지금은 책상 앞에 앉아 간단한 검색만으로도 임차인을 어느 정도 예측할 수 있다. 그만큼 초보자도 쉽게 접근할 수 있다는 것이다. 오프라인으로 임장을 가기 전 최대한 사전 조사를 하고, 현장에서 실수 없이 정확한 질문을 통해 원하는 답변을 얻길 바란다.

SECTION 3

공攻, 수익률을 바꾸는 실전 매물 공략법

01
실수를 줄이는
임장 체크리스트

아무리 준비를 많이 하고 분석을 꼼꼼이 했더라도, 현장에 처음 나간 초보자는 무언가 실수를 할 수밖에 없다. 임장할 때 실수를 조금이라도 줄이기 위해서는 각종 온라인 정보를 취합해서 미리 점검해야 할 내용을 체크리스트로 만든 뒤 현장에서는 이를 확인하는 방식으로 활용하면 좋다.

물건을 직접 조사하면서 염두에 둬야 할 부분은 이제부터 자세히 설명할 것이니, 겁먹지 말고 천천히 따라오기만 하면 문제없다.

주변 상권은 어떠한가

임장을 가서 가장 먼저 해야 할 일은 주변을 둘러보며 입점한 점포의 상황을 확인하는 것이다. 어떤 업종들이 있는지, 그중에 우리가 흔히 알고 있는 유명 프랜차이즈가 있는지를 현장에서 확인해야 한다. 우리가 아는 대형 프랜차이즈가 입점해 있다면 그 상권은 어느 정도 입증된 것이나 다름없다. 하지만 우리가 모르는 브랜드만 있다면 최소한의 상권도 형성되지 않은 약한 상권이므로 생각만큼의 임대료가 형성되어 있지 않을 확률이 높다.

유명 프랜차이즈가 입점했었지만 폐업했다면 또 한 번 그 상권의 건전성을 의심해야 한다. 프랜차이즈가 큰 비용을 들여 입점해 놓고

빠져나갔다는 것은 충분한 영업이익이 나오지 않았기 때문이라고 생각할 수 있다. 이런 식으로 해당 상권에 어떤 브랜드가 있느냐를 확인하는 것은 굉장히 중요하다.

상가 내부는 어떠한가

상가는 임차인이 인테리어를 하므로 내부 상태는 별로 중요하지 않다고 생각해 꼼꼼하게 확인하지 않는 사람들이 있다. 경매 물건이라면 매물의 내부를 직접 확인하는 데에 제약이 있지만, 만약 일반매매로 매입한다면 최대한 꼼꼼하게 확인하는 것이 좋다.

물론 상업용 부동산은 주거용 부동산과는 다르게 대부분 임차인이 직접 수선해서 사용하는 것이 사실이지만, 누수가 생겼을 경우는 다르다. 누수가 생기면 임차인이 아닌 임대인이 수선해줘야 할 책임이 있기 때문이다. 그런데 누수의 실질적인 문제는 어디서 누수가 생겼는지 알 수가 없는 경우가 많아서 공사를 할 때 많은 어려움이 생긴다. 또한 공사를 하느라 임차인이 영업을 하지 못했다면 이에 대한 손실까지 임대인이 부담해야 하는 경우가 종종 있다.

그러므로 상가 내부를 볼 기회가 있다면 각 모서리나 천장에 물자국이나 곰팡이가 없는지 확인하는 게 좋고, 가능하면 임차인에게 직접 문의하는 것도 좋다.

만약 임차인이 협조적이지 않거나 내부를 보기 어려운 상황이라면 그때는 관리사무소를 찾아가서 해당 호수에 문제가 있는지 문의하는 것도 방법이다. 과거에 누수가 있었거나 지금 현재 누수가 있다면 분명 관리사무소에 기록이 남아 있을 것이다.

> **누수에 대하여 임대인이 보상해야 한다는 판례**
>
> 민법 제623조는 "임대인은 목적물을 임차인에게 인도하고 계약 존속 중 그 사용, 수익에 필요한 상태를 유지하게 할 의무를 부담한다"라고 규정함으로써 임대인에게 수선의무를 지우고 있다. 형광등이나 변기처럼 임차인이 큰 비용을 들이지 않고 손쉽게 고칠 수 있거나 임차인의 사용·수익을 방해할 정도가 아니라면 임차인이 직접 수리하여야 하나, 설비 부분의 교체 등 대규모의 수선(벽 균열, 누수, 보일러 고장 등)이 필요할 때는 임대인이 비용을 부담하여야 한다.

주차 공간은 충분한가

주거용 부동산도 그렇지만 상가에서 주차장은 특히 중요한 요소다. 과거에는 자동차 보급량이 많지 않았기 때문에 주차장에 대한 인식이 매우 관대했다. 그래서 구도심에서는 아직도 한 건물에 차 한 대 주차하기 힘든 곳도 많지만, 현 시장은 그렇지 않다. 주차장이 넉

넉하냐 아니냐에 따라 입점하는 업종이 달라질 정도다.

예를 들어 주차 공간이 충분하지 못하면 병원의 입점 확률은 제로에 가까우며, 지하주차장에 엘리베이터가 연결되어 있지 않다면 대형 스크린골프장이 들어올 수 없다. 병원의 경우 방문객 대부분이 환자여서 주차 가능 여부가 중요하고, 스크린골프장은 방문객이 무거운 골프가방을 들고 다니기 때문에 주차 후 바로 엘리베이터를 탈 수 있는지가 중요한 고려 사항이 된다.

이렇게 주차가 불편하다는 것은 큰 약점이다. 그래서 나는 건물을 신축할 때 공사비가 조금 더 나오더라도 주차 공간에 신경을 많이 쓰는 편이다. 건물은 한번 신축하면 1~2년이 아니라 평생의 재산이 될 수 있기 때문이다. 주차 공간이 충분하지 않은 상가는 업종에 대한 제한이 생기게 되고 당연히 임대료와 매매가격에도 영향을 미치게 된다. 임장 시 눈앞의 수익률에 현혹되지 말고, 주차 공간이 충분한지 꼼꼼하게 조사하는 게 좋다. 정말 작고 디테일한 부분이다. 하지만 투자의 성패를 좌우하는 게 순간의 디테일이다. 투자를 잘하는 사람과 잘하지 못하는 사람은 디테일에서 나뉜다. 나는 그래서 그런 이야기를 자주한다.

"투자는 디테일이다."

관리비는 적정한가

다음은 관리비다. 건물주를 꿈꾸는 많은 사람이 의외로 이 부분을 간과하고 지나갔다가 일이 터지고 나서야 후회하고는 한다.

근린시설, 즉 꼬마빌딩의 경우 관리비를 얼마로 책정할 것인지는 건물주의 선택에 달렸다. 하지만 초보가 흔히 접하는 근린상가는 관리단이 따로 선임된 경우가 대부분이다. 관리단이 있다면 관리단에게 건물 관리와 유지·보수를 위한 관리비를 내야 한다.

그런데 이 관리비는 건물마다 천차만별이다. 어떤 곳은 분양평

수 기준으로 평당 3,000원을 받는가 하면, 어떤 곳은 평당 2만 5,000원 이상 받는 곳도 있다. 관리비는 대부분 임차인이 부담하는 것이지만, 높은 관리비는 임차인뿐만 아니라 임대인에게도 부담이 된다. 임차인은 매월 빠져나가는 고정비용이 늘어나니 부담이고, 임대인은 임차인을 들이려면 그만큼의 임대료를 양보해야 하기 때문이다.

예를 들어 상태와 입지가 비슷한 A상가와 B상가가 있는데, 50평을 기준으로 임대료는 250만 원이다. A상가의 관리비는 20만 원, B상가는 100만 원이 훌쩍 넘는다고 생각해보자. 임대료가 같은 가격이라면 임차인은 당연히 월세와 관리비의 합계가 더 저렴한 A상가를 선택할 것이다. B상가의 임대인이 A상가와 경쟁하려면 임차인에게 관리비를 지원해주거나 임대료를 250만 원보다 더 낮게 받음으로써 임차인을 설득할 수밖에 없다. 하지만 앞서 이야기한 것처럼 임대료는 수익률과 관련이 있고, 수익률은 매매가와 관련이 있다. 현장에 나가서는 관리비에 대한 변수를 꼭 체크해보면 좋다.

입점 제한 업종이 있는가

해당 건물의 전체적인 임차 상황을 살펴보면 추후에 입점할 수 있는 업종도 어느 정도 윤곽이 보인다. 주변 임차 상황에 따라 내가 생각했던 임차인을 들이지 못하는 경우가 생길 수 있으므로 잘 살펴봐야 한다.

예를 들어 어떤 상가 4층에 있는 매물을 매입했다고 하자. 이 상가는 건물 전면부에 자리 잡고 있어 학원이나 병원을 임차인으로 들이기에 적합하다고 생각했다. 하지만 조사할 때 미처 3층 구석에 안마시술소가 입점해 있다는 것을 확인하지 못했다면 어떨까? 이런 경우 기존에 생각했던 학원이나 병원의 입점이 매우 힘들어질 수 있다. 규정 때문에 어렵기도 하지만, 그렇지 않더라도 임차인이 꺼리는 경우가 많다.

또, 상가라고 해서 무조건 학원 임차가 가능한 것이 아니다. 한 건물 내에서 학원으로 사용되는 면적이 150평 미만인 경우 일반적인 근린생활시설(대부분의 상가)에도 학원 설립이 가능하지만, 같은 건물 내에 학원으로 사용되는 면적이 150평 이상일 경우 일반적인 근린생활시설이 아니라 '교육 및 연구시설'로 용도변경을 하여야 한다. 더 자세한 문의 사항은 아래의 그림처럼 해당 지역의 담당자에게 전화를 걸어 알아볼 수 있다.

입점 가능 업종을 확실하게 하기 위해서는 매입하기 전에 건물이 소재한 시·군·구청에 문의하는 것이 좋다. 우리가 원하는 업종이 입점 가능한지, 기타 규제는 없는지 확인한다면 더욱 정확하게 알 수 있다.

■ **학원 입점 여부를 확인할 수 있는 구별 연락처(서울시)**

동부	2210-1262~3	서부	3905-5625
남부	2165-0262~4	북부	3499-6862~4
중부	708-6552~4	강서	2600-0861
강동	3434-4362~5	동작	810-8362~3
강남	3015-3342~6	성북	944-9352~4
성동	2284-3652~4		

    법적인 문제가 없더라도 건물 내 입주민 관리규약에 의해 규제를 받는 업종도 있다. A씨는 경매로 1층 103호라는 좋은 위치의 대형 상가를 낙찰받았다. 건물 주변에는 학원이 많았지만 아이들을 기다리는 학부모들이 머물 만한 장소가 마땅치 않았다. 마침 주변에 카페가 없었기에 A씨는 그 자리가 카페로 굉장히 좋은 곳이라 생각해서 시세보다 조금 높은 가격에 낙찰을 받아냈다. 비록 투자금이 많이 들더라도 직접 카페를 운영하면 더 큰 돈을 벌 수 있다고 생각했기 때문이다. 기존 점유자와 명도 협의까지 잘 끝내고 나니 탄탄대로를 걷는 것만 같았다. 그렇게 모든 준비를 마치고, A씨는 본격적으로 카페를 위한 인테리어 공사를 시작했다.

    그런데 3일 뒤 갑자기 101호의 소유자인 B씨가 찾아왔다. B씨는 이 상가에서 카페가 입점할 수 있는 곳은 101호가 유일하다며, 103호에 카페를 오픈하면 소송을 하겠다며 으박질렀다. A씨가 놀라서 관리사무실에 물어보니 해당 상가는 분양 당시 호수마다 업종이 정해져 있었으며, 향후 입점을 하더라도 기존 업종과 겹치지 않는 업종만 입점할 수 있다고 관리규약에 적혀 있다는 것이다. A씨 입장에서는 마른 하늘에 날벼락 같은 이야기였다. 설상가상으로 임차가 아닌 높은 가격에 낙찰받은 상가이기 때문에 매도한 후 다른 곳에 가서 사업을 하기도 어려운 상황이 된 것이다.

이러한 일은 생각보다 많은 곳에서 생기고 있다. 최초 상가를 분양받는 사람들은 어떤 제약이 있는지, 주의할 점이 무엇인지를 충분히 듣고 분양을 받는다. 하지만 중간에 매입하는 사람들은 분양 당시 앞서 어떤 이야기가 나왔는지 알 수 없으며, 특히 경매나 공매로 낙찰받는 사람들은 이런 부분에 더욱 취약하다. 그렇기에 상가 매입 전에는 꼭 관리단에 들러 규약을 확인하고 매입을 진행해야 한다.

한 건물 두 커피숍 소송, 법원이 손 들어준 곳은?

[국민일보 2017. 10. 23.] A씨는 2010년 7월 서울 가산동의 한 지식산업센터 건물 1층 점포를 임차해 커피 전문점을 차렸다. 지상 15층 규모의 이 건물에서 커피숍은 A씨 매장 한 곳뿐이었다. (…) 그러나 2016년 2월 A씨 매장과 불과 10m 떨어진 곳에 프랜차이즈 커피 전문점이 문을 열면서 문제가 생겼다. A씨는 자신에게 점포를 임대해준 B씨와 함께 "이웃 매장의 커피판매를 금지해 달라"는 소송을 냈다. (…) 법원은 A씨 등의 손을 들어줬다. 서울고법 민사34부(부장판사 최규홍)는 A씨가 이웃 커피숍 주인 등을 상대로 낸 커피판매금지 청구 소송에서 1심과 마찬가지로 원고승소 판결했다고 22일 밝혔다. (…)

간판 확보가 가능한가

상가에서는 간판이 굉장히 중요하다. 점포가 1층에 있다면 입점한 상가 자체를 보고 손님이 들어온다. 하지만 상층부는 어떤 업종이 입점을 했는지 밖에서는 보이지 않기 때문에 대부분은 간판을 보고 방문하곤 한다. 그렇기 때문에 간판은 상층부 상가 임차인의 매출과 직접적인 관계가 있다.

그런데 만약 내 상가가 가장 노출이 잘되는 2층 코너 자리에 있는데, 그 장소에 다른 사람의 간판이 있다면 어떻게 될까? 상식적으로 생각하면 간판을 부착한 점유자에게 양해를 구하고 간판을 다른 곳으로 옮긴 뒤 그 자리에 우리가 원하는 간판을 설치하는 것이 타당하다. 하지만 현실에서는 그렇지 않다. 우리나라에서 간판 관련 법규가 강화된 것은 얼마 되지 않았으며, 자신의 상가라 생각하는 외벽이라도 이미 다른 사람의 간판이 있다면 임의로 철거할 수 없다. 그 이유는 상가 외벽이 공용부분이기 때문이다. 즉, 입주민 모두가 사용할 수 있는 것이다. 나 역시 2층 코너 상가를 낙찰받았는데 6층의 업주가 그 위치에 본인의 간판을 선점하고 있었는데 이런 이유를 몰라 낭패를 본 적이 있다.

■ 간판 위치 선점 전(좌)과 후(우)

　임장을 갔을 때도 내 상가가 있는 외벽은 당연히 우리 자리라 생각하고 실수하는 경우가 많다. 이런 실수를 막으려면 관리사무소에 문의하여 간판 자리를 확보할 수 있는지 확인하는 것이 매우 중요하다.

02
중개사와의 인터뷰로 가격 조사하기

부동산 중개사와의 인터뷰는 투자에서 굉장히 중요하다. 그런데 재미난 것은 초보자일수록 부동산 중개사와 대화하는 것이 양날의 검이란 점이다.

중개사의 역할은 임대인들이 내놓은 물건의 가격과 상태를 소개하고, 거래가 성사된다면 소개비를 받는 것이다. 그런데 간혹 중개사가 너무 열정이 넘치는 나머지 자신의 감정을 바탕으로 부동산을 판단할 때가 있다. 예를 들어 "경매로 나와 재수가 없다"라거나 "공실이 이상하게 오래 간다", "사람들이 다니지 않는다" 등의 말을 하는 것이다. 알고 보면 투자를 하는데 중요한 변수가 아님에도 불구하고 자신의 감정을 정답인 것마냥 이야기하는 중개사들이 종종 있는데, 이런 말에는 전혀 신경 쓸 필요가 없다. 책을 집필하면서 꾸준하게 말하는 것은, 투자는 좋은 상가를 찾는 것이 아니라 '투자금 대비 수익률이 좋은 상가를 찾는 게임'이라는 것이다.

투자에 정답은 없다. 투자는 생물과 같아서 물건에 따라 다르게 움직인다. 중개사가 긍정적으로 이야기한다고 무조건 매입하는 것은 올바른 투자가 아니지만, 중개사가 좋지 않게 이야기한다고 매입하지 않는 것도 올바른 투자는 아니다. 중개사 이야기에 절대 휘둘릴 필요가 없다. 투자자는 늘 냉철해야 하고, 내가 직접 움직여 모은 자료나 데이터를 근거로 투자 여부를 스스로 판단해야 한다.

그럼에도 불구하고 우리는 늘 누군가를 탓하고 싶고, 의지하기 위한 버팀목을 찾는다. 이게 얼마나 미련한 일인지는 이렇게 질문해 보면 쉽게 알 수 있다. 투자에 실패하면 중개사를 원망할 것인가? 반대로, 중개사의 말을 믿고 투자에 성공했다면 수익금의 일부를 중개사와 나눌 것인가?

투자의 결과는 스스로 책임지는 것이다. 혹여나 잘못된 투자로 실패를 맛보더라도 반드시 자신의 선택으로 인한 실패여야 한다. 초보 시절의 실패는 결코 실패가 아니라 성공을 위한 디딤돌이라 생각한다. 자신이 조사한 대로 실행에 옮겼는데도 결과가 좋지 않은 것이라면 다음번에는 더욱 성공적인 투자를 할 수 있다. 하지만 남의 말에 휘둘려 투자했다면 설령 그 결과가 좋더라도 결코 실력은 늘지 않는다.

중개사의 말에 휘둘리지 않으려면 임장을 가기 전 내가 중개사로부터 어떤 것을 얻어야 하는지 명확하게 준비해야 한다. 특히 중요한 것은 두 가지가 있다. 첫 번째는 임대료를 확인하는 것이고, 두 번째는 팔리는 가격을 알아보는 것이다.

임대료 확인하기

임장을 가기 전 온라인 분석을 통해 중개사에게서 알아내야 할 정보가 무엇인지 정했으리라 생각한다. 중개사무소에 들러서 가장 먼저 할 일은 주변 임대료 체크다. 임대료는 수익률로, 수익률은 매매가로 직결되며 매도 시의 매매가는 투자의 최종 수익률과 연결된다. 때문에 주변의 임대료를 확인한 뒤 상가의 가치를 따져보는 일은 매우 중요하다. 이때 우리는 아래의 두 가지의 기준을 가지고 있어야 한다.

임대료를 꼼꼼히 확인해야 하는 이유

"최대한 많은 임대료를 조사해 오세요!"

강의하며 자주 하는 말 중 하나다. 초보자들이 가장 실수를 많이 하는 상권이 신도시 상가다. 신도시 상가는 높은 분양가 때문에 초기 임대료가 높게 측정되어 있는데, 첫 조사를 하는 초보자는 대부분 가장 높은 임대료를 조사해 온다. 공실이거나 임대료가 높은 상가일수록 임대가 잘 나가지 않기 때문에 중개사도 부담없이 이야기 해주는 경향이 있다.

여기서 신도시 상권의 특성을 알아야 한다. 신도시 상권은 분양부터 5년가량 지나야 정상적인 가치를 파악할 수 있다. 초기의 높은 임대료 때문에 개점과 폐업을 반복하게 되고, 점점 임대료가 내려가서 5년 정도는 지나야 안정적인 임대료가 형성되기 때문이다.

문제는 그중에도 영업력이 좋아 높은 임대료를 내고 영업하는 임차인이 있다는 것이다. 모든 임차인이 바뀌면 문제가 없겠으나, 5년간 비싼 임대료를 내면서 꿋꿋하게 자리를 지킨 임차인이 있다는 것을 처음 가는 우리는 알지 못한다. 초보자일수록 이런 상황을 모르기 때문에 실제 주변 시세는 200만 원 수준임에도 불구하고 장사를 잘하며 버틴 상가의 임대료인 300만 원으로 조사를 해오는 경우가 종종 있다.

두세 곳만 더 조사해도 이런 착각을 피할 수 있다. 최대한 많은 임대료를 조사하라는 이유가 바로 여기에 있다. 임장의 포인트는 최대한 많은 조사를 하는 것이고, 초보자일수록 한 번 임장을 갔을 때 최대한 많은 정보를 얻어 오는 것이 중요하다.

매물로 나온 점포의 임대료

이번에는 지금 매물로 나와 있는 상가의 임대료를 확인해볼 필요가 있다. 입점한 상가의 임대료와 매물로 나온 상가의 임대료가 다를 때도 있기 때문이다. 새로운 임차 매물이 나왔다면 우리는 두 가지 경우의 수를 생각해 볼 필요가 있다.

첫 번째는 해당 업종이 현재 상권에 맞지 않는 경우다. 상가의 경우 다음 임차인을 구할 때 기존의 시설이나 인테리어 등을 다음 사람이 인수해주길 원한다. 다음 임차인으로 같은 업종이 들어오면 시설에 대한 권리금을 받을 수 있기 때문이다. 하지만 시설에 대한 권리금 없이 매물로 나와있다는 것은 해당 임차 업종이 현 상권에 맞지 않아 포기하는 경우일 수 있다.

두 번째 또한 비슷한 맥락인데, 임대료를 감당하지 못해 나오는 경우다. 처음에는 분양가에 따라 높은 임대료로 입점했지만, 과도한 임대료를 내느라 손실만 보고 사업을 포기하는 경우도 많다. 그래서 기존 임대료뿐만 아니라 현재 시장에 나와 있는 임대료를 꼼꼼하게 비교해 볼 필요가 있다.

팔리는 가격 알아보기

'팔리는 가격'은 투자자가 아니라면 절대로 쓰지 않는 단어다. 대부분의 초보자는 매입가격만 생각하지만, 투자자는 팔리는 가격을 먼저 알아보고 역으로 매입하는 가격을 정한다. 이렇게 하면 우리가 가져갈 수익까지도 예상할 수 있다.

■ 시장 가격과 실제 거래가의 차이

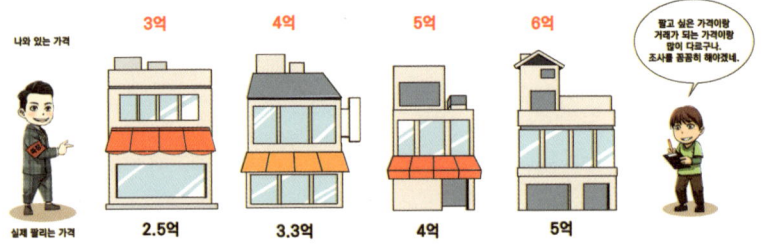

수익형 부동산에 관심이 있는 사람이라면 대부분은 아파트를 비롯한 주택 구매에도 관심이 있을 것이다. 우리가 아파트를 매입하고 투자했던 과정을 다시 한번 떠올려보자. 대부분 아래와 같은 순으로 알아볼 것이다.

① 부동산 매물 조사
② 주변 아파트 매물 조사
③ 가격 비교
④ 실거래가 확인

가장 먼저 네이버부동산 등을 이용해 매물을 조사하고, 비슷한 주변 아파트를 둘러본 뒤, 다양하게 가격을 비교한다. 현장에 가기 전에는 KB시세와 실거래가격이 얼만지도 꼼꼼하게 확인하고, 중개사가 가지고 있는 매물의 호가와 실거래가격을 확인하면서 가장 합리적인 가격을 찾은 뒤 현장에 나가 아파트를 매입한다. 이렇게 구매하는 방식은 거의 정해져 있다.

상업용 부동산도 크게 다르지 않다. 대략 다음과 같은 과정으로 요약해볼 수 있다.

① 매물 조사(네이버부동산, 경·공매 사이트 활용)
② 주변 상가의 평당 매매가 조사(윈맵, 부동산디스코, 밸류맵 등 활용)
③ 시장에 나온 매물과 실제 거래되는 가격 비교하기

먼저 네이버부동산이나 경·공매 사이트를 이용해서 나와 있는 상가 매물을 확인하자. 이때 꿀팁은 가장 좋은 매물을 기준으로 삼는 것이다. 1층 상가 기준으로 한 지역에서 가장 좋은 상가의 보증금이 2,000만 원, 월세가 80만 원이라고 가정해보자. 그리고 그 상가가 매매가격 2억1,000만 원(수익률 5%)으로 나왔다고 하자. 그렇다면 이곳에서 가장 좋은 상가의 수익률은 대략 5%라는 것을 알 수 있다.

그다음은 최근 거래된 상가를 찾아보는 것이다. 매매 실거래가 플랫폼을 통해 최근 매매된 주변 상가들을 추려보고, 이를 바탕으로 내가 찾아낸 상가의 예상 수익률과 평당 매매가격을 조사하는 것이다. 단, 이것은 앞서 설명한 임대료 조사 등의 과정이 끝났다는 것을 전제로 한다.

그리고 마지막으로 가장 중요한 것은 지금 눈여겨보는 매물이 주변 상황에 비추어 적정한 가격인지 검토하는 것이다. 아파트를 거래할 때 흔히 '호가'라는 말을 들어보았을 것이다. 소유자가 받고 싶어 하는 가격을 말하는데, 실제로 이 가격에 거래되는 것은 아니다. 매수자가 너무 비싸다고 생각하면 호가보다 어느 정도 낮춰서 거래를 할 수도 있기 때문이다.

대부분 부동산의 경우 지금 나와 있는 매물의 가격은 실제로 거래되는 금액이라기보다 소유자가 받고 싶은 금액이기에 높게 책정되었을 확률이 높다. 그래서 앞서 조사했던 주변 평당 매매가와 비교해서 해당 상가의 적정한 매매가격을 예상한 뒤 중개사와 대화할 필요가 있다.

중개사 인터뷰를 위한 질문 리스트

다음은 내가 초보자들에게 권하는 질문 리스트다. 1층 물건을 조사할 때와 상층부 물건을 조사할 때 체크해야 할 점이 조금 다르기 때문에 각각 만들었다. 중개사를 찾았을 때 이 정도에 대한 답변만 얻어내도 충분히 좋은 상가를 골라낼 수 있지만, 더 공부를 하다 보면 자신만의 질문 리스트를 만들어볼 수도 있을 것이다. 이를 바탕으로 중개사에게 질문해보자. 더욱 정확한 정보를 얻을 수 있어 투자에 큰 도움이 될 것이다.

■ 중개사 인터뷰를 위한 질문 리스트

1층 물건을 조사할 때
- ☐ 최근 상가를 찾는 임차인들의 업종은 무엇인가?
- ☐ 임차인이 많이 찾는 평형은 어느 정도인가?
- ☐ 임차인이 원하는 임대료는 어느 정도인가?
- ☐ 주변 상가에 바닥권리금이 있는가?
- ☐ 해당 상가 주변의 임대료는 어느 정도인가?
- ☐ 최근에 나온 임대 매물이 있는가?
- ☐ 최근 거래된 임대 매물이 있는가?
- ☐ 주변에 거래된 상가의 수익률은 어느 정도인가?

3층 물건을 조사할 때
- ☐ 학원 자리를 찾는 임차 수요가 있는가?
- ☐ 최근 입점한 학원은 어느 정도의 임대료를 냈는가?
- ☐ 스터디카페 자리를 찾는 임차 수요가 있는가?
- ☐ 학원 자리로 적당한 임대 매물이 많은가?
- ☐ 학원 자리를 찾는 임차인들은 어느 정도의 임대료를 원하는가?
- ☐ 매물이 나오기를 기다리는 대기 수요가 있는가?
- ☐ 주변 상가의 임대료는 얼마인가?
- ☐ 최근 임차가 맞추어진 학원 상가가 있는가?
- ☐ 현재 나온 매물의 매매가격은 얼마인가?
- ☐ 비슷한 상가의 최근 매매가격과 임대료는 어느 정도인가?

03

적정한 매입가를
산정하는 방법

모든 조사가 끝났으면 이제는 매입을 시도할 시간이다. 많은 초보자들이 바로 이 단계에서 망설이다가 좋은 물건을 놓치곤 한다. 첫 투자는 굉장히 떨리고, 내가 잘하고 있는지 늘 의심하게 되기 때문에 어쩔 수 없다는 점은 충분히 이해한다.

스스로의 결정을 의심하는 이유는 자신이 매입하려는 상가에 확신이 없기 때문이다. 그 이유를 물어보면 자신이 산정한 매입가격이 적정한지, 혹시나 높은 가격에 사는 건 아닌지 알 수 없다고 말한다. 왜 그렇게 열심히 시간과 노력을 들여 조사했음에도 확신하지 못하는 것일까? 그리고 적정한 가격을 산정하기 위해서는 어떻게 해야 할까?

어떤 목표를 세우든 목적이 맞아야 한다. 그래야 나아갈 방향을 잡을 수 있고, 그 방향으로 꾸준히 나아가다 보면 결국은 해낼 수 있다. 초보자들이 흔들리는 이유 역시 방향성의 문제라 생각한다. 투자의 방향을 정확하게 잡기 위한 두 가지 방법을 이야기해주겠다.

먼저 방향을 잡기 위한 목적, 즉 상가를 매입하는 목적이 2년 미만의 단기투자인지, 2년을 넘어가는 장기투자인지를 명확하게 정해야 한다. 단기간에 매각하는 것과 오랫동안 임대료를 받으면서 보유하는 것은 추구해야 할 방향이 완전히 다르기 때문이다.

단기투자를 할 때의 매입가

단기투자의 목적은 시세차익이다. 보유 기간이 1~2년으로 짧은 만큼 향후 임대료 상승의 여지가 적지만, 안정적인 상권 혹은 개발 계획이 없더라도 저렴하게 매입했을 때 차익을 얻을 수 있다면 시도할 법하다. 단기투자에서는 절대 욕심을 부려서는 안 된다. 시세보다 20%가량 저렴하게 매입하고, 그중 약 10%가량의 순수익을 목표로 접근하는 것을 추천한다.

매입 후 1~2년 안에 빠르게 매각을 생각한다면 시세보다 약 20% 이상 저렴한 가격에 매입해야 한다. 예를 들어 매매 시세 5억 원짜리 상가라면 못해도 4억 원 이하로 매입해야만 수익을 볼 수 있다.

20%는 매입에 들어가는 여러 가지 비용과 나의 시세차익을 고

려한 최소한의 마진이다. 상가 매입 후 반드시 내야 하는 취·등록세(4.6%)와 필요경비(부동산을 매입하며 지출하는 모든 비용)만으로도 약 3,000만 원 가량이 추가로 필요하며, 기타 비용(관리비나 공실에 따른 대출이자, 부동산 중개수수료 등)을 합하면 비용이 만만치 않기 때문이다. 초보자들은 매입가격만 생각하고 그 외에 어떤 비용이 들어가는지 몰라서 실수하는 경우가 종종 있는데, 이런 비용들까지 고려하여 단기투자를 계획해야 낭패를 보지 않는다.

이때 알아두면 좋은 것은 법인을 설립하여 투자하는 전략이다. 내가 지분을 투자하여 법인 회사를 만들고, 그 회사 명의로 부동산을 매입하는 것이다. 개인이 부동산을 매도할 때는 양도소득세를 내지만 법인이 부동산을 매도할 때는 법인세를 낸다. 그런데 법인세를 계산할 때는 개인과 달리 지출한 경비의 대부분을 비용으로 공제받을 수 있다. 똑같은 부동산을 매도하더라도 세금을 적게 낼 수 있는 것이다. 그래서 단기투자를 할 때 법인 설립은 필수다. 세금에 관한 내용은 뒤쪽에서 자세하게 다루도록 하겠다.

장기투자를 할 때의 매입가

2년 이상의 장기투자는 짧은 시간에 큰 이익을 거둘 수는 없지만, 안정적인 월세와 꾸준한 현금흐름을 추구하는 경우에 적합하다. 장기투자에서 가장 중요한 포인트는 개발계획이 있거나 인구가 유입되고 있어 임대료 상승 가능성이 있는 지역을 선택하는 것이다. 임대료가 상승해야 나중에 매도할 때의 가격도 함께 상승하기 때문이다.

또한 장기투자를 계획했더라도 시세보다 최소 5~7%가량 저렴하게 매입하는 것을 추천한다. 단기투자와 마찬가지로 장기투자에도 취·등록세와 필요경비 등이 들어가기 때문이다.

7% 수익률로 거래되는 매매 시세 5억 원짜리 상가가 소유자의 급한 사정으로 인해 시세보다 조금 낮은 가격인 4억 6,500만 원에 매물로 나왔다고 하자. 해당 매물은 임대료가 보증금 4,000만 원에 월세 268만 원으로 월세 수익도 괜찮은 물건이다. 그래서 바로 매수하였고, 취·등록세(4.6%)와 기타 세금으로 2,300만 원가량 추가로 지출하여 총 매입금액은 4억 8,800만 원이 되었다.

시세보다 낮은 금액에 매입하면서 매입금액의 80%를 대출받았고, 4.5%의 금리(월 이자 140만 원)를 적용받았다. 이로써 7,600만 원의 실투자금으로 268만 원의 월세를 만들었고, 140만 원의 대출이자를 제외해도 매달 128만 원의 월세가 따박따박 들어오게 되었다.

2년 뒤 예상했던 대로 상권도 더 좋아졌고, 인근 상가의 임대료도 상승했다. 덕분에 임차인과 협의 후 월세를 5% 인상하여 281만 원으로 재계약할 수 있었다. 임대료가 오른 덕분에 이후 5억 2,000

만 원으로 매각할 수 있다. 정리해보면 2년 동안 받은 월세를 통한 수익은 총 3,072만 원이며 매도를 통해 5,500만 원의 시세차익을 거뒀으니 투자금 7,600만 원으로 2년 뒤 8,572만 원의 수익을 올린 것이라 할 수 있다.

■ 장기투자 사례 정리

구 분	투자 시	⇨ (2년 후)	매도 시
매입가격		4억 6,500만 원	
취·등록세 등		2,300만 원	
대출금		3억 7,200만 원	
임차 보증금		4,000만 원	
실투자금		7,600만 원	
월세	268만 원	⇨ (2년 후) 임대료 5% 상승	281만 원
대출이자(월)	140만 원		140만 원
월세 순이익	128만 원		141만 원
예상 매매가격			5억 2,000만 원
총 수익		8,572만 원 (월세를 통한 수익 3,072만 원 + 매도수익 5,500만 원)	

이처럼 투자는 어떤 방향을 정해 나아가느냐에 따라 계획에 큰 차이가 있다. 그래서 무턱대고 상가를 매입하기 전에 먼저 나의 자금 사정과 내가 추구하는 투자 방향성을 분명하게 정립한 뒤 투자하는 것을 추천한다. 무조건 매입한다고 돈을 버는 것은 아니다. 정확한 방향과 계획을 가지고 접근해야만 큰 수익을 거둘 수 있다.

04
매입 전에 꼭 알아야 할
대출 비법

이 책을 읽는 독자 중에는 대출을 어떻게 받는지는커녕 자신의 인감도장이 어디 있는지조차 모르는 사람들이 꽤 있을 것이다. 한 번도 해보지 않았기 때문에 겁도 나고 과연 내가 대출을 받아도 될지 혼란스럽겠지만, 부동산 투자와 대출은 서로 떼어 놓을 수 없기에 피할 것만은 아니다.

특히나 부동산처럼 큰돈을 투자하는 투자처일수록 대출을 얼마만큼 잘 이용하느냐에 따라 투자의 성패가 갈리게 된다. 따라서 대출이 어렵고 무섭다는 생각보다, 그 두려움을 깨고 똑똑하게 대출을 받아 투자 수익을 높일 방법을 생각한다면 큰 도움이 될 것이다.

재미난 것은 사람들 대부분이 아파트담보대출은 쉽게 생각하는 반면 상가대출은 어렵게 생각하는 경향이 있다는 것이다. 하지만 의외로 아파트담보대출보다는 상가대출이 때론 더욱 안전하다. 그 이유를 알아보겠다.

대출을 겁내지 않아도 되는 이유

아파트를 매입하는 목적은 크게 실거주와 투자, 두 가지로 나뉠 것이다. 실거주라 하더라도 대부분은 담보대출을 받아 아파트를 매입하고 그 상환 기간은 대부분 30년가량으로 설정한다. 이자와 원금을 오랜 기간 분할 상환하는 것이다 보니 매달 적은 돈을 내는 것 같지만, 무려 30년 동안 은행에 납부한다는 걸 생각하면 가볍게 여길 금액은 아니다.

아파트에 투자하는 방법은 크게 두 가지다. 첫째는 임차인을 들이기 전에 선순위대출을 받은 뒤 임차를 주는 것이다. 선순위대출의 경우 담보대출을 받은 뒤 임대차계약의 보증금을 합한 총 레버리지 금액이 KB시세 이하로 들어오는 수준에서 전세 계약을 하는 것이다. 이럴 경우 임차인의 전세 보증금이 위험해 보일 수 있지만 담보대출과 전세 보증금을 합한 금액이 KB시세보다 낮은 금액이기 때문에 전세보증보험 가입이 가능하다.

둘째는 대출 없이 전세를 먼저 주어서 임차인 보증금을 매입가에 보태고, 나머지 매입가와의 차액은 내 돈으로 해결하는 식이다. 이른

바 '갭투자'로 알려진 방법이다.

첫 번째 방법의 경우, 대출 금액에 따른 이자가 나가게 된다. 요즘처럼 고금리 시대에는 이자 부담이 커서 현금흐름을 잘 체크해야 한다. 두 번째 방법의 경우 대출을 받지 않았으니 이자는 나가지 않겠지만, 매매가 대비 전세가 비율이 낮은 경우에는 돈이 많이 묶이는 문제가 생긴다. 매매가 3억 원인 아파트에 2억 원으로 전세를 들이면 나의 기회비용 1억 원을 투자한 것이다. 임대차보호법이 강화되면서 임차인이 원할 경우 4년 동안 그 집에 전세로 살 수 있게 되었고, 그동안 소유자가 마음대로 전세가를 올릴 수도 없게 되었다. 투자자에 있어 1억 원이라는 돈은 2~3년 뒤에 몇억 원의 수익이 될 수 있는데 4년간 그냥 넣어둘 수밖에 없다는 것은 더 큰 기회비용을 감수해야 한다는 뜻이다.

아파트 투자의 경우 월세가 이자비용을 넘어서지 못한다면 노동소득을 통해 이자를 충당해야 한다. 하지만 상가는 월세가 높은 편이기 때문에 충분히 이자를 충당할 수 있으며, 대부분은 이자를 내고도 남아서 매달 나에게 들어오는 현금흐름도 생기게 된다. 담보대출을 통한 아파트 투자가 매달 '나가는 투자'라면 대출을 통한 상가 투자는 매달 '들어오는 투자'이다.

또한 상가는 아파트에 비해 대출규제가 적기 때문에 한도가 높은 편이다. 많게는 매매가의 90%까지 대출을 받을 수 있어 남은 차액인

10%만 내가 투자하면 되고, 여기에 임차인의 보증금이 더해지면 나의 실투자금은 더욱 줄어든다. 이 책에 등장하는 여러 사례를 보면 실투자금이 마이너스(-), 즉 투자금이 오히려 남게 되는 이유도 바로 이 때문이다. 이처럼 주거용과 상가 투자는 접근방식이 완전히 달라서 대출에 대한 두려움을 내려놓아도 된다.

은행이 인정해주는 소득의 종류

대출 정보는 공개적으로 노출되는 경우가 별로 없기도 하고, 적극적으로 알아보지 않으면 대부분 어떻게 받는지, 누가 받을 수 있는지, 나는 해당이 되는지 안 되는지조차 알기가 어렵다. 결론부터 말

하자면 상가 대출(사업자대출)은 대한민국 국민이라면 직장인부터 프리랜서, 주부까지 누구나 대출을 받을 수 있다. 그렇다면 은행에서는 어떤 사람들에게 대출을 가장 많이 해줄까? 이것에 대한 답을 찾는다면 내가 얼마만큼의 대출이 가능할지, 어떤 이유로 대출이 안 되는지, 대출의 최대 한도는 얼마나 되는지 등을 알 수 있게 된다.

    은행이 대출을 내어줄 때는 대출받는 사람의 소득을 가장 중요하게 본다. 그 이유는 은행 시스템의 핵심이 대출을 통한 이자수익이기 때문이다. 소득이 높고 안정적인 사람은 큰돈을 빌려주더라도 이자 상환이 원활할 가능성이 높고, 소득이 낮거나 불안정하면 이자 상환에 어려움을 겪을 수 있기 때문이다. 은행이 인정해주는 소득은 대출의 특성에 따라 증빙소득, 인정소득, 신고소득의 세 가지로 나눌 수 있다.

■ 소득의 종류 및 계산 방법

은행이 가장 먼저 고려하는 것은 채무자의 증빙소득이다. 증빙소득은 직장에서 발급해주는 근로소득원천징수영수증이나 소득금액증명원으로 쉽게 확인되는 소득을 말한다. 회사에 요청하면 쉽게 발급받을 수 있다. 참고로, 육아휴직자의 경우 재직증명서에 휴직기간이 명시되어 있거나 휴직증명서 제출이 가능하다면 휴직 직전의 소득을 인정해준다.

하지만 대한민국 모든 사람이 직장인은 아니다. 프리랜서나 개인사업자라면 정기적인 소득이 아니라 자신이 일하는 만큼 수입이 발생할 것이고 근로소득원천징수 영수증 등을 발급받을 수 없을 것이다. 이럴 때는 인정소득이라고 해서 납부한 국민연금이나 건강보험료(의료보험료)를 가지고 소득을 추정한다. 다만 가족이 직장의료보험 가입자라서 피부양자로 등록되어 있는 경우는 어렵고, 지역가입자로서 건강보험료를 직접 납부하는 경우에만 가능하다. 피부양자로 등록되었다는 것 자체가 소득이 없음을 인정하는 것이기 때문이다. 대략적인 소득 추산 방법은 다음과 같다.

① 연소득 추정액 = (국민연금 납부금액 ÷ 9%) × 12
② 연소득 추정액 = (건강보험 납부금액 ÷ 3.545%) × 12

주부이거나 전업투자자의 경우 소득을 증빙하기 힘들 수가 있다.

상담을 요청하는 분 중에서도 본인은 직장인도 아니고 프리랜서도 아니므로 대출을 받을 수 없다는 생각에 불안해하는 분들이 많았다. 하지만 이런 경우에도 신고소득을 통해 소득을 인정받을 수 있다. 신고소득은 신용카드 또는 체크카드의 사용금액을 가지고 소득을 추산하는 방법이다. 대략적인 소득 추산 방법은 다음과 같다.

연소득 추정액 = 1년간 카드 사용금액 ÷ 42%

그렇다고 인정소득과 신고소득을 무한대로 인정해주지는 않는다. 증빙소득이 1억 원이라면 모든 소득을 대출에 반영할 수 있지만, 인정소득이나 신고소득이라면 아무리 국민연금이나 건강보험료가 높고 신용카드를 많이 사용하더라도 최고 5,000만 원까지만 인정된다. 이런 부분은 대출을 준비하기 전 미리 알아두어야 한다.

대출은 얼마까지 가능할까

많은 사람이 착각하는 것이 있는데, 상가 대출의 기준은 매매가격이 아닌 감정가격이라는 점이다. 아파트를 구매할 때를 생각하면 쉽다. 매매가격이 아니라 KB부동산 시세를 기준으로 대출 금액이 산출되는 것과 비슷하다.

따라서 일반매매로 상가를 매입하는 경우 가장 먼저 할 일은 계약금의 입금이 아니다. 자신의 주거래은행이나 부동산 중개사들과 협력하는 은행에 탁상감정을 의뢰하여 대략적인 감정가격을 알아보는 것이 중요하다. 탁상감정은 간단한 서류만 가지고 임시로 받아 보는 감정가지만, 정식감정과의 가격 차이는 보통 10% 내외로 큰 차이가 없다. 탁상감정으로 대략적인 감정가를 알아야 자금계획을 세울 수 있다.

일반매매 시 수도권의 경우는 감정가의 75~80%까지도 대출이 가능하나, 지역별로 LTV의 한도는 차이가 있다. 지방의 경우 60%의 대출을 받을 수도 있다. 그러므로 계약금을 입금하기 전에 대출 한도를 알아보는 것은 매우 중요하다.

일반매매 대출 포인트

- 가장 먼저 알아보는 것은 해당 부동산 감정가격이다. 은행에 탁상감정을 의뢰해야 한다.
- 수도권에 있는 경우 감정가의 75~80%까지도 가능하다.
- 지역별로 LTV가 다르기 때문에 지방의 경우는 60%로 낮아질 수 있다.

일반매매가 아닌 경매를 통한 매입은 다를 수밖에 없다. 일반매매는 매물이 감정되지 않은 상태라서 탁상감정이 필요하지만, 경매는 이미 정식으로 감정평가를 한 후에 매물이 나오기 때문에 현재 감정가를 기준으로 대출이 나오게 된다. 예를 들어 감정가 5억 원의 상가를 4억 원에 낙찰받았을 경우, 감정가의 80% 또는 낙찰가의 90% 중에서 더 낮은 금액으로 대출이 진행된다. 매물로 나올 때부터 감정평가 금액이 공개되기 때문에 대출금액의 규모를 어느 정도 예상할 수 있다.

경매(경락잔금) 대출 포인트

- 감정가의 80%, 낙찰가의 90% 중 적은 금액 기준으로 대출 가능 금액이 산정된다.
- 감정 기준 산출금액이 높을 경우 방공제(방의 개수에 따라 대출금액을 차감)를 한다.
- 감정가의 80%보다 낮은 금액으로 낙찰 시 대출을 받을 경우 방공제를 하지 않는다.

90% 대출의 비밀

많은 사람이 상가 투자에서 어떻게 90%가 넘는 대출을 받을 수 있는지 궁금해한다. 제1금융권의 담보대출 최대한도는 80%까지인데, 어떻게 가능한 것일까?

■ 1금융권의 대출한도 계산 방법

그 비밀은 바로 신용대출이다. 제1금융권(일반적인 은행)의 대출 구조에서는 80%는 담보대출로, 추가로 필요한 10%의 대출은 사업자등록증을 통한 신용대출로 진행할 수 있다.

상대적으로 이자가 저렴한 제1금융권에서 대출을 받고 싶지만 여의치 않아 제2금융권(저축은행, 카드사, 증권사, 보험사 등)으로 넘어오는 경우도 많다. 제1금융권의 경우 담보대출 80%에 10%의 신용대출을 더해 매물의 90%까지 대출해주는 경우가 많지만, 제2금융권에서 이런 식으로 대출해주는 경우는 드물다.

그런데 경매에서는 감정가보다 20% 이상 저렴하게 낙찰받았다면 담당자의 재량으로 대출 한도가 정해지기도 한다. 원칙적으로는 감정가의 80%와 낙찰가의 90% 중 낮은 금액으로 대출이 나오지만, 저렴하게 낙찰받았다면 좀 더 한도를 높여주기도 하는 것이다. 즉 얼마만큼 낮은 가격으로 낙찰받느냐에 따라 적게는 75%에서 많게는 90%까지 대출할 수 있다.

반드시 담보대출만을 고집할 이유는 없으니 내가 활용할 수 있는 다양한 대출 방식을 알아두면 좋다. 대출은 크게 세 가지의 종류가 있는데, 가장 일반적인 것이 지금까지 주로 설명한 아파트담보대출이나 신용대출과 같은 가계대출이다. 가계대출의 경우 DSR(총부채원리금상환비율)과 DTI(총부채상환비율)를 적용받게 된다. 그중에서 DSR의 경우

■ 대출의 종류 및 주의사항

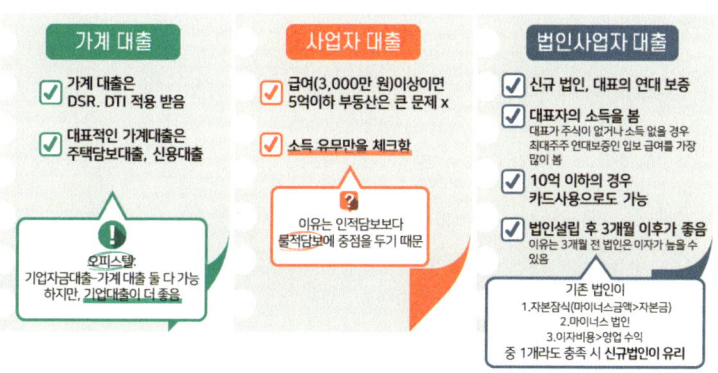

신용대출에도 영향을 미치기 때문에 아파트담보대출이나 신용대출을 받을 시 DSR을 잘 확인해야 한다.

개인사업자라면 사업자등록증을 가지고 기업대출을 받을 수도 있다. 보통 사업자대출이라고 말하는데, 사업자대출의 경우 DSR을 적용하지 않는 것이 특징이다. 즉, 5억 원 이하 부동산을 위해 대출받을 때 연봉이 3,000만 원만 넘는다면 대출에 큰 문제가 없다. 사업자대출이 DSR을 적용하지 않는 이유는 가계대출의 경우 인적담보를 우선시하는 반면 사업자대출은 물건담보에 중점을 두기 때문이다.

법인을 설립하여 법인대출을 받을 수도 있다. 법인대출도 기업대출의 일종이지만, 대표이사와 법인은 별개의 인격으로 보기 때문에 대출한도를 늘리는 효과가 있다. 법인대출은 기업의 전년도 실적을 보여주는 재무제표가 중요한 심사기준이다. 매출이 높고 실적이 좋을수록 대출도 잘 나오고, 반대로 적자가 심할 경우에는 대출이 쉽지 않다.

하지만 올해 새로 만들어진 신규 법인의 경우 기존 재무제표가 없기 때문에 대표의 연대보증이 들어간다. 즉, 대표자 또는 최대주주의 소득을 기준으로 대출을 해준다.

신용 관리는 필수다

대출은 투자에 매우 중요하지만 과도한 대출은 양날의 검과 같다는 것을 알았으면 한다. 대출을 통해 내 투자금을 아낄 수 있는 것은 맞지만, 반대로 이야기하면 매월 감당해야 하는 이자가 늘어나기 때문이다. 상환에 무리가 가지 않도록 포트폴리오를 잘 짜서 현명하게 대처해야 더 성공적인 투자를 이어나갈 수 있다.

대출을 잘 받기 위해서는 평소의 신용 관리가 매우 중요하다. 과

■ 신용관리 요령

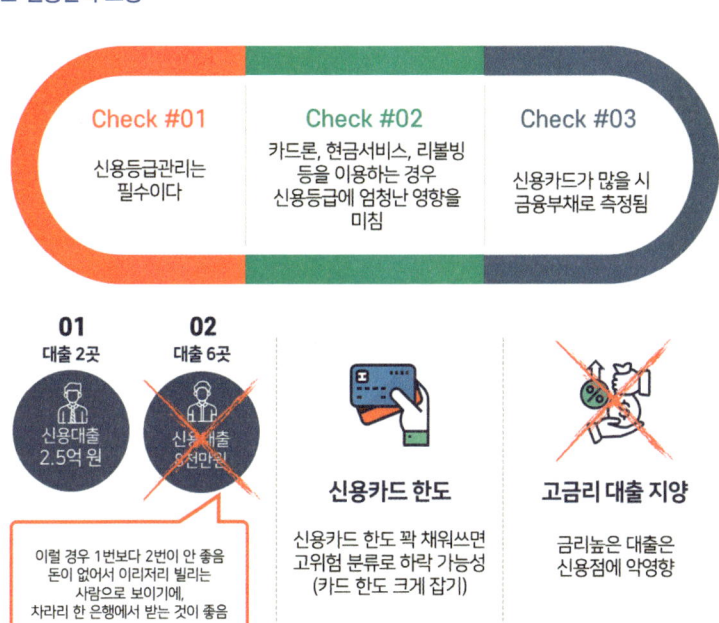

거에는 자신의 신용점수가 정확히 얼마인지 모르는 사람들도 많았다. 하지만 요즘은 카카오뱅크나 토스 등의 서비스를 이용하여 1분 만에 본인의 신용조회가 가능하다. 신용조회를 하면 신용점수가 떨어진다고 알고 있는 사람도 있지만, 자기가 자기 신용도를 조회하는 것은 영향을 미치지 않으니 안심해도 된다.

멀리 보는 투자를 위해서는 평소에 자신의 신용점수를 주기적으로 확인하면서, 점수가 낮다면 그 원인을 찾아 신용점수를 올릴 필요가 있다. 신용점수가 낮아지는 이유는 크게 두 가지가 있는데, 첫 번째는 카드론이나 현금서비스, 리볼빙 등을 이용하는 것이고, 두 번째는 신용카드를 많이 발급받는 것이다.

첫 번째는 잘 알려져 있지만, 두 번째는 조금 의아할 수 있다. 단기간에 여러 장의 신용카드를 발급받으면 신용점수가 내려가곤 한다. 따라서 가장 오래 사용한 한두 장의 카드를 제외하고는 정리하는 것이 좋다. 또한 신용카드 한도를 꽉 채워 사용하는 사람이 많은데, 그러면 카드사로부터 고위험군으로 분류되어 신용점수의 하락 가능성이 크므로 적당히 조절이 필요하다.

또, 고금리 대출을 사용하고 있다면 빠르게 다른 곳으로 갈아타는 것을 추천한다. 대출의 금리가 높다는 것은 은행이 돈을 돌려받지 못할 위험을 높게 평가하고 있다는 뜻이므로, 그런 대출을 많이 받은 사람 역시 고위험군으로 간주될 수 있다. 그래서 금리가 높은 대출은 역시 신용평가에 악영향을 준다.

너무 여러 곳에 대출 기록을 남기는 것도 좋지 않다. 예를 들어 투자자A와 투자자B가 있는데, 똑같이 1억 원의 신용대출을 받는다고 가정해보자. A는 한곳에서 1억 원을 다 받았지만, B는 세 곳에서 각각 4,000만 원, 3,000만 원, 3,000만 원의 대출을 받았다. 은행 입장에서 두 사람은 어떻게 다를까? 같은 1억 원이라도 은행은 A를 좀 더 신뢰할 것이다. B는 소득이나 신용이 좋지 않아서 이곳저곳에서 대출을 받았다고 생각할 수 있기 때문이다. 만약 자신의 부채가 B와 비슷한 상황이라면 나중을 위해 한곳으로 통합하는 것을 권장한다.

05
종잣돈만큼 중요한 임차인 모시기

대출의 과정이 끝났다면 잔금을 치렀을 것이다. 다음은 임차인 구하기다. 임차인은 상가에서 가장 중요하다. 상가는 매입·임차·매각 삼박자가 정확하게 맞아떨어져야 극대화된 수익을 낼 수 있기 때문이다. 좋은 위치에 있는 상가를 저렴한 금액에 잘 매입해야 하고, 좋은 임차인을 입점시킨 뒤, 저렴한 금액과 좋은 임차인을 앞세워 성공적인 매각을 이뤄야 한다. 그렇다면 우리는 어떻게 이 연결고리 속에서 임차를 잘 맞출 수 있을까?

좋은 결혼 상대를 만나기 위해서는 어떻게 하는가? 지인들에게 소개를 받거나 결혼정보업체에 의뢰하기도 한다. 결혼을 하고 싶다면 적극적으로 구애를 해야 기회를 잡을 수 있다. 가만히 있으면 내가 결혼을 했는지 안 했는지조차 알 수 없으며, 그 누구도 먼저 다가오지 않는다. 점포도 같은 맥락이라고 생각한다. 가만히 기다리고 있으면 좋은 임차인이 입점하지 않는다. 반대로 내 점포의 상태나 조건을 잘 어필한다면 충분히 좋은 임차인을 만날 수 있을 것이다. 여기에서는 임차인을 맞추기 위한 여러 방법을 준비했다.

중개사에 내놓을 땐 전단지를 만들자

먼저 전단지를 만들어서 주변 중개사에 내놓는 것이다. A4용지에 평수, 월세 금액, 상가의 장점(주차, 엘리베이터 여부, 지하철과의 거리 등), 연락처 등을 넣어 주변 중개사에 나눠주는 것이다. 이때의 전단지는 예쁘게 만들 필요가 없다. 제일 촌스러운 것이 제일 눈에 잘 띈다고 했던가? 최대한 직관적으로 보기 좋게 만들기만 하면 된다.

우리가 흔하게 봐왔던 전단지지만, 실제로 만들어 본 경험이 있는 사람은 많지 않을 것이다. 익숙하던 생김새도, 문구도 막상 만들려면 기억이 나지 않는다. 그렇지만 걱정하지 않아도 된다. 포털사이트에 '미리캔버스(www.miricanvas.com)'를 검색해보자. 다양한 디자인 샘플을 제공하는 초보자용 편집 사이트다. 이미 만들어져 있는 서식 중 내가 원하는 것을 선택해서 사진이나 문구 등을 손쉽게 넣을 수 있다.

■ 미리캔버스의 전단지 샘플(좌)과 실제 사용 화면(우)

　나는 이렇게 만든 전단지를 단순 인쇄로 끝내지 않고 코팅까지 해서 부동산에 가져간다. 전단지 하나에 유별나다고 생각할 수 있지만, 투자는 디테일이고 정성이다. 그냥 종이와 코팅의 차이는 받는 사람 입장에서는 꽤 크다. 일반적인 종이는 이면지로 쓰이다 버려질 확률이 높지만, 코팅해서 가져가면 일단은 꽂아두게 된다. 지금 당장 자세히 보지 않더라도 손님이 찾아왔을 때 생각이 날 수밖에 없다.

　전단지를 건네주고 나올 때는 꼭 명함을 받아오는 것이 좋다. 명함은 잘 챙겨두고 사장님의 인상도 함께 적어 정리해둔다. 나중에 다시 그 지역을 조사하거나 조언을 구할 때 도움을 얻을 수 있기 때문이다.

　한번 맺은 연을 계속 가져가는 것은 자신이 하기 나름이다. 투자를 잘하기 위해서는 나를 도와주는 사람들이 많아야 한다. 중개사 부동산 사장님들이 평소에 흘리는 이야기, 성향 등을 잘 파악하여 나와 맞는 사람을 찾는 것이 매우 중요하다.

프랜차이즈에 입점을 제안하자

누구나 우량 임차인, 월세를 잘 내는 임차인을 맞이하고 싶을 것이다. 마음에 두고 있던 임차인에게 연락하여 입점을 제안할 수도 있지만, 평소에 생각해둔 임차인이 없다면 '마이프차(myfranchise.kr)'라는 사이트를 이용해보자. 상단의 '브랜드 찾기'에 들어가면 내가 그동안 몰랐던 다양한 프랜차이즈를 알 수 있으며, 창업 비용이나 월평균 매출액 등도 확인할 수 있다.

■ 마이프차 활용 예시

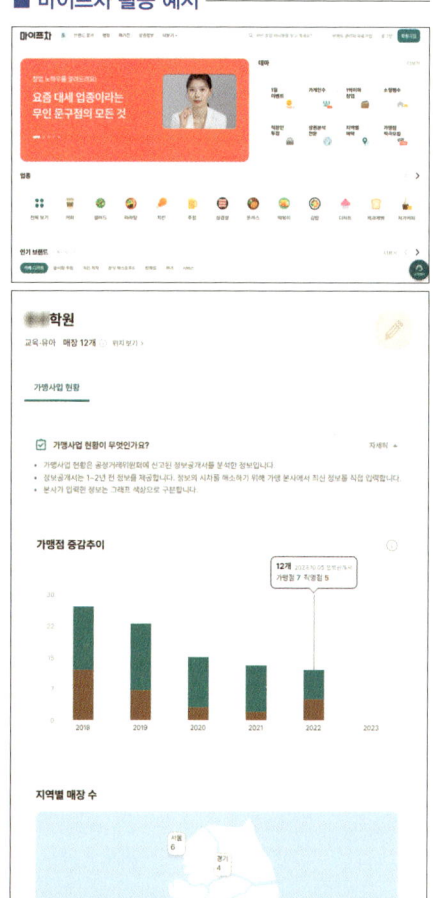

그중 마음에 드는 분야, 마음에 드는 브랜드의 담당자에게 입점 제안서를 넣어보자. 많은 사람이 간과하는 것이지만, 가맹 문의는 가맹점을 낼 사람만 할

수 있는 것이 아니다. 점포를 가진 사람도 문의를 통해서 프랜차이즈를 입점시킬 수 있다. 점포 소유주가 문의를 하면 가맹점에서 적합한 임차인을 소개시켜 줄 수 있으므로 적극 활용해보자.

창업박람회를 방문해보자

수많은 프랜차이즈를 검색해보고 홈페이지를 통해 입점 제안을 시도하였지만, 인터넷으로 보는 것은 여간 답답한 것이 아니다. 조금 더 자세하게 입점에 관한 이야기를 나누고 싶어도 온라인에는 한계가 있다. 그럴 때는 창업박람회에 가서 프랜차이즈 담당자에게 직접 상담 받아 보는 것도 방법이다.

서울에서만 1년에 서너 번의 창업박람회가 열린다. 200여 개의 프랜차이즈 업체가 신규 가맹점 유치를 위해 약 3일 동안 자신들의 장점을 관심 있는 분들에게 보여주는 행사다. 여기서 의문이 생길 수도 있다. 나는 창업을 할 것이 아니라 임차를 놓아야 하는데 왜 창업박람회를 갈까? 우리는 남들과 다르게 생각해야 한다.

먼저 창업박람회를 돌면서 각 프랜차이즈에서 원하는 평수, 가격, 상권 등을 자세하게 알아낼 수 있다. 지금 당장 임차하지 않더라도 괜찮은 프랜차이즈라면 잘 기록을 해둔 뒤 다음 상가를 매입할 때 입점을 제안해볼 수 있기 때문이다.

　두 번째로는 실제 창업하려는 임차인과 연결될 수 있기 때문이다. 창업을 원하는 사람에게 가장 중요한 것이 무엇인가? 바로 장사를 할 수 있는 점포다. 프랜차이즈 박람회에서 상담할 때 먼저 물어보는 것 역시 "점포는 있으신가요?" 또는 "생각해보신 지역은 있으신가요?"라는 질문이다. 적합한 업종이 있다면 그 자리에서 바로 자신의 점포를 말하고 상담을 받아도 좋고, 아니면 나중에 홈페이지를 통해 입점 제안서를 제출할 수도 있다.

　투자를 하면서 중요한 것은 남들보다 한 번 더 생각하고 움직이는 것이라고 생각한다. 좋은 임차인을 찾고 싶다면 다양한 기회를 적극적으로 활용해보자.

06
높은 가격에
잘 매각하는 방법

　매입부터 대출, 임차를 완료하고 월세까지 받았다면 마지막으로 남은 것은 매각이다. 그 어떤 자산보다 많은 정성을 쏟았기에 첫 부동산을 매각할 땐 정말 아쉽다는 생각이 든다. 하지만 부동산은 절대 정을 주면 안 된다. 더군다나 상가는 상권이 영원하지 않기에, 충분한 월세를 받았다면 매각해서 더 좋은 상급지로 가거나 새로운 우량 임차인을 맞는 것이 매우 중요하다.

　우리가 흔히 알고 있는 매각 방식은 중개사무소에 물건을 내놓고 임차인을 기다리는 것이다. 고전적이지만 가장 매각이 잘되는 방식이기도 하다. 하지만 약간의 기술을 겸비한다면 다른 사람보다 더욱 좋은 금액에 매각할 수 있을 것이다.

월세는 최소 1년 이상 남겨둘 것

매각을 잘하기 위해서는 어떻게 하면 좋을까? 부동산을 매각할 때 중요한 것은 매수할 사람 입장에서 생각하는 것이다. 상가를 매입하는 사람은 왜 매입을 하려 할까? 매입하는 사람들의 연령대는 어떻게 될까? 이런 부분을 잘 파고들어 고민하다 보면 정답이 보인다.

상가 매입을 원하는 사람 중 대다수는 40대 후반에서 50대 초반이었다. 이분들은 은퇴 후 노후 준비를 위해 상가를 매입하는 경우로, 대부분은 안정적인 임대 수익을 원한다. 이런 사람들에게 임차 기간이 약 6개월밖에 남지 않은 매물은 어떨까? 매입하려다가도 임차 기간이 얼마 남지 않았다는 생각에 계약을 꺼릴 것이다. 6개월 후에 임차인이 나갈 확률이 있으며, 그때 발생할지도 모를 공실이 매우 겁나기 때문이다. 그래서 남은 임차 기간이 짧은 물건은 만약 계약을 하더라도 매매가격 인하를 요구하는 때가 종종 있다. 여러분 입장이라면 다음 두 가지의 조건 중에서 어떤 것을 매입하겠는가?

① 월세 200만 원, 수익률 6%, 매매가격 4억 원, 남은 임대차 기간 1년
② 월세 200만 원, 수익률 6%, 매매가격 4억 원, 남은 임대차 기간 3개월

다른 조건은 동일한데 남은 임차 기간이 길다면 당연히 ①을 매

입할 것이다. ②는 언뜻 보더라도 불안해 보인다. 3개월 후에 공실이 생긴다면 다시 임차를 맞추는 기간이 필요한데 다음 임차인이 언제 들어올지 모르는 두려움, 임차를 놓을 때까지 이자와 관리비 부담, 임차 직후의 부동산 수수료 등을 따져볼 때 여러 가지로 복잡하다. 상가를 매수하는 사람이라면 당연히 ①을 고를 수밖에 없다. 그래도 어떻게든 ②를 매도하려면 현 시세보다 약 2,000만~3,000만 원가량 더 낮은 금액에 내놓아야 거래가 될까 말까 할 것이다. 그렇게 되면 투자 결과가 어떻게 달라질까?

계약 기간이 1년 남은 ①은 4억 원에 매각할 수 있다(월세 200만 원×12개월÷수익률 6%). 반면 ②는 그보다 가격을 낮춰 3억 7,000만~3억 8,000만 원 수준에서 매각할 수 있을 것이다. 물론 ②는 9개월분의 월세인 1,800만 원(200만 원×9개월)을 더 받았을 것이다. 그렇다고 해도 매도가에서 2,000만~3,000만 원을 깎아주고 나면 결과적으로 이득이 아니다. 기회비용까지 생각한다면 더 그렇다. 빠르게 매도해서 차익을 얻고, 그 돈으로 또 다른 곳에 투자했을 수도 있으니 말이다.

여러 경험을 바탕으로 생각할 때, 매수자는 최대한 길고 안정적인 월세 수입을 원하기 때문에 최소 1년 정도의 임차 기간을 남겨두는 것이 좋다. 그래야 매각이 쉽게 이뤄지고, 매매할 때 더 좋은 가격을 받을 수 있기 때문이다. 현명한 투자자가 되기 위해서는 보다 큰 그림을 그리고 접근해야 한다.

매도 전, 주변 시세를 다시 확인할 것

부동산을 매입하러 가면 중개사가 "주인이 지방에 있는데…"라며 주변 부동산보다 낮은 가격에 나와 있다고 추천하는 것을 종종 보게 된다. 그 말이 사실이라면 이런 일이 일어나는 이유는 주인이 자기 부동산에 관심이 없고 다른 사람 손에 맡겨 놓았기 때문이다. 관심을 갖지 않은 탓에 더 좋은 가격을 받을 수 있음에도 그러지 못하는 것이다.

제대로 된 가격에 매도하기 위해서는 주변에 매매로 나와 있는 상가들을 꼼꼼하게 따져볼 필요가 있다. 매수할 때도 그렇지만, 매도할 때도 부동산의 가치를 한 번 더 정확하게 확인해야 한다. 주변 상가 매물들의 수익률 등을 확인하고, 앞서 매수할 때 상가 가격을 따져봤던 내용을 바탕으로 내가 매수자라면 얼마에 이 상가를 살 것인지 생각하면서 적정한 가격을 책정하는 것이 중요하다.

임대차 재계약 직후 매각할 것

상가 임대차는 2년마다 재계약을 하는 경우가 많다. 상황에 따라 짧게는 1년, 길게는 3년까지도 계약 기간을 조정하는데, 대부분은 이때 임대료를 5%가량 높여 계약하곤 한다. 예를 들어 월세가 300만 원이었다면 5%인 15만 원가량을 높여 계약을 진행하는 것이다.

① (월세 300만 원 × 12개월) ÷ 수익률 5% = 7억 2,000만 원
② (월세 315만 원 × 12개월) ÷ 수익률 5% = 7억 5,600만 원

이처럼 재계약 직후 매각은 시세차익을 올려줄 뿐만 아니라, 남은 임대차계약 기간을 늘려주어 매수자에게 안정적인 임대수익에 대한 기대감을 줄 수 있다. 그만큼 좋은 가격으로 빨리 매각할 수 있는 것이다.

07
수익의 레벨을 바꾸는
세금 문제

　부동산은 취득, 보유(임대), 매도하는 전 과정에서 각종 세금을 납부해야 한다. 그중에서 굵직한 것들부터 알아보면 상가를 취득할 때 내는 취득세, 보유할 때 내는 재산세, 매도했을 때 내는 양도소득세(양도세), 월세를 받을 때 꼭 알아야 할 부가가치세, 마지막으로 소유자 개인에게 부과되는 종합소득세가 있다.

　벌써부터 골치 아파진다고 생각할 수 있지만, 모든 세금은 서류를 꼼꼼하게 챙기면 덜 내고, 서류를 챙기지 못하면 더 낸다. 다시 말해 세금을 알면 덜 내고, 모르면 더 낸다. 문제는 그 차이가 적게는 수십만 원이지만 크게는 수억 원까지도 날 수 있다는 점이다. 세금을 내고 난 후에 남는 돈이 진짜 내 돈임을 잊으면 안된다.

　세무대리인에게 모두 맡기면 안 되는가? 그래도 된다. 하지만 세무대리인은 어디까지나 대리인이다. 상담을 통해 꼼꼼하게 이야기를 해주지만 그들이 우리가 말하지도 않은 상황까지 먼저 알아내서 대처법을 찾아주기는 어렵다. 그렇기 때문에 투자자는 세금에 대한 기본지식 정도는 알아야 한다. 알아야 물어볼 수 있고, 물어봐야 해결점을 찾을 수 있다. 세무대리인은 우리가 의뢰한 것에 대한 대리인이지, 나의 재산을 책임져주는 사람은 아니기 때문이다.

단, 모든 것을 알지 않아도 된다. 이 책에서는 꼭 알아야 하는 부분을 알려줄 것이니, 여기서 알려주는 부분만이라도 제대로 숙지한 상태에서 세무대리인과 의논한다면 분명 효율적인 절세를 할 수 있을 것이다.

취득할 때 내는 취득세

상가의 세금은 주택에 비해 복잡하지 않다. 주택은 취득세만 해도 보유주택 수에 따라, 규제지역이냐 비규제지역이냐에 따라, 주택의 공시지가에 따라 세율이 모두 달라지지만 상가는 열 개든 스무 개든 중요하지 않다. 무조건 취득세 4%에 지방교육세 0.4%, 농특세 0.2%를 포함해서 총 4.6%로 고정되어 있다. 예를 들어 2억 원짜리 상가를 취득했다면 납부해야 할 취득세 총액은 920만 원이다. 이 돈은 소유권이전등기를 할 때 납부하면 된다.

취득세 총액 = 매입가격×(취득세 4.0%+교육세 0.4%+농특세 0.2%)

= 2억 원×4.6% = 920만 원

보유할 때 내는 재산세

재산세는 매년 6월 1일을 기준으로 해당 재산의 소유권을 가지고 있는 사람에게 부과되는 세금이다. 즉, 5월 31일에 부동산을 매도했다면 재산세가 부과되지 않는 것이다. 따라서 재산세 부과 시점을 고려하여 매도 계획을 짠다면 세금을 절약할 수 있을 것이다.

재산세는 건물에 대한 부분과 토지에 대한 부분이 따로 부과된다. 만약 상가의 시가표준액이 2억 원이고 그중 건물이 5,000만 원, 토지가 1억 5,000만 원이라면, 재산세의 과세표준은 건물과 토지의 시가표준액에 각각 공정시장가액비율(70%)을 곱하여 산정된다. 이렇게 산정된 각각의 과세표준에 다시 건물분 재산세율(0.25%)과 토지분 재산세율(2억 원 이하는 0.2%, 2억 원 초과 10억 원 이하는 0.3%, 10억 원 초과는 0.4%)을 곱하여 건물분 재산세와 토지분 재산세를 부과하는 것이다.

건물분 재산세

= 시가표준액(5,000만 원) × 공정시장가액비율(70%) × 재산세율(0.25%)

= 8만 7,500원

토지분 재산세

= 시가표준액(1억 5,000만 원)×공정시장가액비율(70%)×재산세율(0.2%)
= 21만 원

이때 건물분과 토지분의 재산세를 산정하는 기준일은 매년 6월 1일로 동일하지만, 부과되는 날짜는 다르다. 건물분의 경우 7월에, 토지분의 경우 9월에 부과되므로 1년에 두 번 납부를 해야 한다.

양도할 때 내는 양도소득세

양도소득세(양도세)는 양도, 즉 매각할 때 생긴 이익에 대한 세금이다. 간단하게 생각하면 매도한 금액에서 매입한 금액을 뺀 순이익에 붙는 세금이지만, 매입할 때 납부했던 취득세나 부동산에 들어간 유익비(부동산의 가치를 상승시키는 데에 들어간 비용) 등은 증빙자료를 제출할 경우 공제가 되기 때문에 이를 활용하면 세금이 매겨지는 순이익의 규모를 줄일 수 있다.

개인의 양도세율은 상가의 보유 기간에 따라서 차이가 있다. 1년 미만으로 보유하고 양도한다면 50%, 2년 미만으로 보유했다면 40%이며 2년 이상 보유했을 때는 과세표준(순수익)에 따라 6~45%가 차등 적용된다. 이때의 과세표준은 앞서 말한 것과 같이, 매도가격에서 매입가격을 빼고 여기에 취·등록세 및 각종 유익비를 뺌으로써 계산한다.

만약 매도가격이 2억 원이고 매입가격과 취·등록세 등이 1억 5,000만 원인 상가의 경우라면, 양도세의 과세표준은 5,000만 원(매도가격 2억 원 - 매입가격 및 취·등록세 등 1억 5,000만 원)이다. 여기에 각종 유익비를 공제하면 과세표준은 더 줄어들겠지만, 여기서는 편의상 계산에 포함하지 않겠다. 이렇게 나온 과세표준에 세율을 곱하면 양도세가 계산된다. 세율은 보유 기간에 따라 아래와 같이 달라질 수 있다.

■ 양도소득세율(2023년 기준)

보유기간	보유기간	금액	누진공제액
1년 미만	-	50%	-
1년 이상 2년 미만	-	40%	-
2년 이상	1,400만 원 이하	6%	-
	1,400만 원 초과 5,000만 원 이하	15%	126만 원
	5,000만 원 초과 8,800만 원 이하	24%	576만 원
	8,800만 원 초과 1억 5,000만 원 이하	35%	1,544만 원
	1억 5,000만 원 초과 3억 원 이하	38%	1,944만 원
	3억 원 초과 5억 원 이하	40%	2,594만 원
	5억 원 초과 10억 원 이하	42%	3,594만 원
	10억 원 초과	45%	6,594만 원

1년 미만 보유 시

= 과세표준 5,000만 원 × 세율 50% = 2,500만 원

1년 이상 2년 미만 보유 시

= 과세표준 5,000만 원 × 세율 40% = 2,000만 원

2년 이상 3년 미만 보유 시

= 과세표준 5,000만 원 × 15% − 누진공제 126만 원 = 624만 원

이게 끝이 아니다. 3년 이상 보유했다면 장기보유특별공제(장특공제)라고 해서 매년 2%씩 공제를 받을 수 있기 때문에, 보유기간이 길어질수록 양도세도 줄어든다. 장특공제는 최대 15년, 즉 30%까지 받을 수 있다. 또한 상가는 아파트 등의 주택과 달리, 규제지역 여부나 보유주택 수에 따라 계산이 달라지지 않고 일괄 적용된다.

■ 장기보유특별공제율(주택 외)

보유기간	공제율	보유기간	공제율
3년 미만	–	9년 이상 10년 미만	18%
3년 이상 4년 미만	6%	10년 이상 11년 미만	20%
4년 이상 5년 미만	8%	11년 이상 12년 미만	22%
5년 이상 6년 미만	10%	12년 이상 13년 미만	24%
6년 이상 7년 미만	12%	13년 이상 14년 미만	26%
7년 이상 8년 미만	14%	14년 이상 15년 미만	28%
8년 이상 9년 미만	16%	15년 이상	30%

다만 지금까지 설명한 내용은 개인에 해당하는 것으로, 개인이 아니라 법인이라면 계산이 더욱 간단하다. 법인은 양도세가 아니라 법인세를 적용하기 때문에 보유 기간에 상관없이 1년 동안 사고 판 내용을 합쳐서 일괄적으로 법인세의 세율을 적용받는다. 법인은 1년 동안의 순이익이 2억 원 이하라면 9%, 2억 원 초과부터 200억 원까지 19%가 적용된다. 법인에 대한 내용은 잠시 후에 자세히 알아보자.

월세와 매매가에 붙는 부가가치세

부동산 임대는 물론이고 사업을 한다면 부가가치세(부가세, VAT)에 대한 개념을 알아야 한다. 우리가 거래하는 모든 상품에는 상품가격의 10%가 부가세로 붙어 있다.

부가세는 원래 해당 상품을 유통하는 사업자가 아니라 최종적으로 사용하는 소비자가 부담해야 하지만, 물건을 살 때마다 그때그때 납부하는 게 현실적으로 쉽지 않다. 그 때문에 소비자는 10%의 부가세가 붙은 가격을 사업자에게 지불하고, 사업자는 그 금액을 보관하고 있다가 부가세 신고기간이 되면 한 번에 신고하고 납부한다.

월세에 붙는 부가세

부가세는 일부 면세품목으로 지정된 것들을 제외하고 모든 상품이나 서비스에 붙기 때문에, 상가를 사고팔 때는 물론이고 월세를 받을 때도 포함된다. 예를 들어 월세 200만 원의 임대차계약을 했다면 상가 소유주에게 실질적으로 입금되는 금액은 부가세 10%가 추가된 220만 원이 되어야 한다. 단, 월세 계약시 '부가세 별도'라는 문구를 기입해야 한다. 그러지 않으면 월세 200만 원 안에 부가세 약 18만 원이 포함되는 것으로 간주하여 실제 월세는 약 182만 원밖에 되지 않으므로 주의가 필요하다.

매매가에 붙는 부가세

상가를 사고 팔 때에도 부가세가 발생한다. 우리는 평소에 토지와 건물을 나누어 생각하지 않지만, 세법에서 모든 상가는 토지와 건물을 구분하여 계산한다. 이때 토지는 부가세 과세 대상이 아니기 때문에 부동산의 부가세는 건물분에 대해서만 납부하게 된다.

상가를 살 때 토지가 얼마, 건물이 얼마라는 식으로 나눠서 돈을 지급하지는 않기 때문에 상가의 매입가격 중에서 얼마가 건물분의 가격인지 알기는 어렵다. 그렇지만 이 부분은 의외로 해결이 쉽다. 토지와 건물의 비율은 거래하는 법무사에게 문의해도 되고, 세무대리인이 있다면 세무사에게 문의해도 된다.

만약 2억 원의 상가를 거래하는데 토지의 가치가 1억 5,000만 원, 건물의 가치가 5,000만 원이라고 하자. 그러면 1억 5,000만 원에 대해서는 부가세가 부과되지 않으며, 건물분에 대한 부가세는 10%인 500만 원이다. 이 500만 원은 매도하는 사람이 매수하는 사람으로부터 따로 받아 납부를 해야 하므로, 실제로 오가는 돈은 2억 500만 원이어야 한다.

토지분 부가세 = 0원
건물분 부가세 = 건물분 가격 5,000만 원 × 10% = 500만 원
부가세 포함 거래가격 = 매매가격 2억 원 + 부가세 500만 원 = 2억 500만 원

참고로, 모든 거래에는 부가세가 얼마인지를 표시하는 세금계산서가 발행되어야 하는데, 이때도 매도자가 매수자에게 건물분에 대한 세금계산서를 발행해야 한다. 매도자는 매수자로부터 부가세를 따로 받아서 납부하고, 매수자는 부가세 신고를 통해 부담했던 부가세를 환급을 받는다.

포괄양도양수

그런데 앞서 이야기했다시피 부가세는 최종소비자가 납부를 하는 것인데, 지금 거래를 하는 매도자와 매수자는 둘 다 임대사업을

하기 위한 사업자일 뿐 최종소비자가 아니다. 이렇게 사업자끼리의 거래는 형식적인 것일 뿐이다 보니 결과적으로 계산하면 납부했던 부가세를 그대로 다시 돌려받게 되는 경우가 많다.

세무당국에서는 이렇게 납부하고 돌려받는 불필요한 행위를 줄이고자 '포괄양도양수'를 할 수 있게 제도를 만들어 놓았다. 포괄양도양수란 사업의 물적·인적 설비 및 권리, 의무 등 사업체의 모든 내용을 일괄적으로 사고파는 거래를 말한다. 업종 변경 없이 대표자만 바뀐다는 개념이 핵심이다. 이렇게 포괄양도양수 계약을 체결했을 경우 별도로 부가세를 납부할 필요가 없다.

단, 포괄양도양수는 동일한 업종의 사업자만 가능한 것이기 때문에, 만약 매도자는 임대사업자고 매수자는 임대사업자가 아니라 다른 업종의 사업자라면 포괄양도양수가 불가하다. 또한 포괄양도양수는 대표자만 바뀌는 개념이기 때문에, 매수한 사업체에 세금이나 채무 문제가 있을 시 이것까지 떠안을 수 있기 때문에 특별한 주의가 필요하다.

월세 소득에 적용되는 종합소득세

종합소득세는 개인이 1년간 경제활동을 통해 얻은 모든 소득을

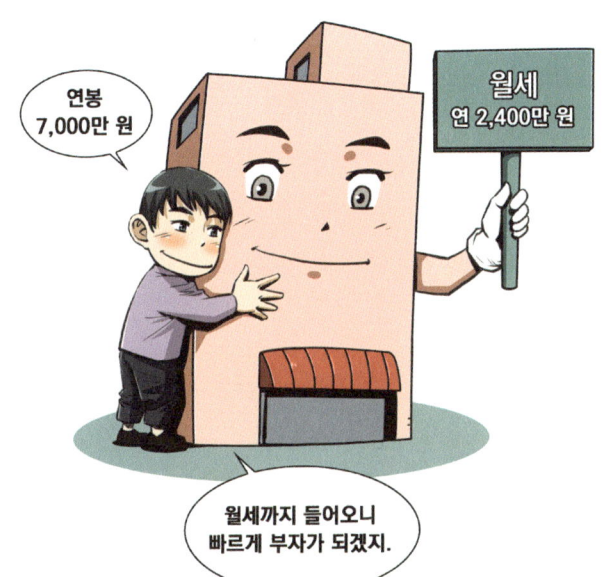

종합하여 납부하는 세금이다. 근로소득, 사업소득, 이자소득 등을 모두 합해서 부과되는데, 상가를 임대하고 받는 월세는 사업소득에 해당한다.

종합소득세가 까다로운 점은 다른 소득도 포함해 계산한다는 것이다. 종합소득세의 세율은 양도소득세와 마찬가지로 과세표준이 커질수록 적용되는 세율도 높아지는 누진세율 구조이기 때문에, 같은 임대료를 받더라도 다른 곳에서 버는 소득이 얼마냐에 따라 실제로 내는 세금은 다를 수 있다. 그래서 상가를 매입할 때는 자신의 소득과 임대소득을 종합적으로 고려하는 것이 중요하다.

어떤 직장인에게 급여소득과 임대소득이 모두 발생하고 있다면, 두 소득을 더해서 소득세율을 적용받게 된다. 예를 들어 두 소득의 합이 8,800만 원 이하라면 세율 24%의 구간에 들어가겠지만, 어설프게 월세 200만 원(한 달 약 17만 원)을 더 받아서 9,000만 원이 된다면 8,800만 원을 초과한 200만 원에 대해서는 소득세를 35%나 내야 하는 경우가 발생할 수 있다. 그렇기에 상가를 매입할 때는 내 급여소득과 향후 들어 올 임대소득을 생각하며 신중하게 매입해야 한다.

4대 보험에 가입된 직장인의 경우 연말정산을 할 것이다. 1년 동안 받은 급여소득에 공제 항목을 적용함으로써 최종적인 근로소득세를 확정하는 작업이다. 그런데 사업소득(임대사업 포함)이 있을 경우에는 5월에 종합소득세 신고를 해야 한다. 즉, 직장인 투자자라면 2월에는 연말정산, 5월에는 종합소득세 신고, 이렇게 두 번 신고를 해야 한다.

그럼 여기서 또 하나 궁금할 수 있는 것은 무직자의 경우다. 남편은 직장을 다니기 때문에 종합소득세율이 높게 적용되므로, 근로소득이 없는 전업주부나 부모님 명의로 상가를 매입하면 절세가 되지 않느냐는 생각을 가지게 된다. 실제로 다른 소득이 전혀 없는 무직자라면 다른 소득 금액에 대한 세율 상승 부담이 없으므로 종합소득세에서 조금은 자유로울 수 있다.

하지만 상가를 매입하는 순간 임대사업자가 되기 때문에, 만약 기존에 근로자인 남편 밑으로 건강보험 피부양자 등록이 되어 있었다면 그 자격을 잃고 자동으로 지역가입자로 바뀌게 된다. 지역가입자가 되면 그간 건강보험료 기준으로 잡히지 않았던 집이나 자동차, 보유 재산 등이 기준에 포함되면서 부과되지 않았던 보험료를 내게 된다.

이처럼 세금은 매우 다양한 변수가 작용하는 분야이므로 사업자등록을 신청하기 전 전문가와의 상담을 통해 나의 상황을 진단할 필요가 있다. 전문 세무사를 방문해서 유료로 상담을 받을 수도 있고, 각 지역 세무서에서 일주일에 한 번 운영하는 '마을세무사'라는 무료 상담 서비스를 이용할 수도 있다. 네이버에 검색하면 손쉽게 찾아볼 수 있다. 세금 문제 전문가들의 블로그를 참고하는 것도 도움이 된다. 내가 자주 참고하는 블로그는 '세후수익의 쉬운 세금 이야기(blog.naver.com/haroo59)이다.

08

절세에 유리한 법인 설립

　상가를 매입했다면 사업자로 등록하는 것이 필수적이다. 주택은 임대사업자 등록이 필수가 아닌데, 상가는 왜 사업자등록증이 필요한지 묻는 분이 많은데, 주택이 예외적인 것일 뿐이다. 임대사업은 나의 공간을 다른 사람에 빌려주는 하나의 '사업'이기 때문에 월세를 받으면 임차인에게 세금계산서를 발급해주고 국세청에 부가세도 신고해야 하므로, 상가에서 월세를 받는다면 무조건 임대사업자 등록을 해야 한다.

　사업자등록증은 매매계약서(낙찰을 받았을 경우 낙찰영수증)와 신분증을 지참하여 세무서에 찾아가면 발급해준다. 세무서에 따라 잔금을 모두 치르고 난 뒤 방문을 해야 하는 곳도 있다.

　어차피 사업자등록을 해야 한다면 법인을 설립하는 것도 충분히 고민할 필요가 있다. 법인을 만든다고 하면 너무 어렵게 느껴질 수 있지만 절대 어렵지 않으며, 향후 오랫동안 부동산 투자를 하기 위해서도 진지하게 고려해봐야 할 내용이다. 이렇게 이야기하는 이유가 뭘까? 이제부터는 법인 설립의 장단점과 많은 분들께서 궁금해하는 대표적인 내용 몇 가지를 나열해보고자 한다.

법인의 세금은 어떻게 다를까

법인은 세금 측면에서 굉장히 유리하다. 개인이 상가에 투자하면 종합소득세나 양도소득세 등 다양하고 복잡한 계산이 문제가 되지만, 법인은 법인세 하나로 납부가 끝난다. 법인세는 1년간 합산한 수익이 2억 원 이하일 때 9%, 2억 원 초과일 때 19%의 세율이 적용된다.

■ 법인세율

과세표준	세율	누진공제
2억 원 이하	9%	–
2억 원 초과 200억 원 이하	19%	2,000만 원
200억 원 초과 3,000억 원 이하	21%	4억 2,000만 원
3,000억 원 초과	24%	94억 2,000만 원

또한 개인사업자와 달리 법인은 법인세를 계산할 때 비용으로 공제받을 수 있는 항목이 많아서 절세에 유용하다. 부동산을 매입할 때 들어가는 취·등록세와 유익비는 물론이고 사무실 임대료, 활동비, 차량유지비 등 거의 대부분의 비용을 사업에 필요한 지출로 인정받을 수 있다. 물론 개인 임대사업자도 비용 처리를 할 수 있지만, 공제 항목이 많다는 점에서 개인보다 법인이 유리한 측면이 많다.

법인과 상속 문제

자녀를 가진 부모가 한 번씩은 생각하는 것이 상속이다. 대한민국은 특히 상속세를 많이 내는 나라로 유명한데, 그 때문에 애써 모은 재산이 세금으로 새나가지 않도록 상속세를 줄이기 위한 다양한 방법을 모색하는 부모가 많다.

그중 하나가 법인을 설립할 때부터 자녀들을 법인의 주주로 참여하게 하여 주식을 나누어 주는 경우다. 처음에는 보잘것없는 법인일지라도 투자를 지속적으로 한다면 상가를 넘어 빌딩까지 매입하면서 법인의 규모가 커질 것이다. 자본금 1,000만 원짜리 법인이었지만 매출이 늘어남에 따라 나중에는 10억 원, 20억 원, 100억 원짜리 법인이 될 수 있다.

이렇게 법인의 가치가 점점 늘어나며 아이들에게 나누어 준 주식의 가치 또한 함께 상승하기 때문에, 자산가들 중에는 새로 법인을 설립하면서 자녀들에게 주식을 나누어 주는 사람도 있다. 다만 자녀가 미성년자인 경우 세무당국의 불필요한 주목을 받을 수 있으니 사전에 전문가와 상담하여 꼼꼼한 준비가 필요하다.

직장인과 공무원의 겸직 문제

상가를 매입할 때 사업자 등록이 필수적이라고 하면 많은 직장인들, 특히 공무원이나 공기업 직원들은 한번 움찔하게 된다. 입사할 때 겸업이 금지라는 것을 알고 입사를 했는데, 상가에서 월세 좀 받아 보겠다고 직장에서 문제가 생기면 곤란하기 때문이다.

하지만 공무원을 포함한 대부분의 직장에서 임대사업자는 특별한 경우가 아니면 겸직 허가를 받는 데에 큰 문제가 없다. 예를 들어 부모님이 상가를 가지고 계시다가 돌아가셨다. 자연스럽게 내게 상속될 텐데, 겸업 금지 조항에 의해서 나는 무조건 재산을 매각해야 하는가? 그렇지 않다. 겸업 금지는 본업 이외의 활동으로 막대한 시간을 뺏기거나 일에 지장을 줄 때 큰 문제가 되는 것이지, 한두 개의 상가를 소유하고 있다고 해서 큰 문제가 되진 않는다. 물론 소유한 상가의 개수가 대여섯 개 정도로 많거나, 관리하느라 업무에 지장이 있을 법하다면 이야기는 달라지므로, 공직자의 경우 매입 전 다시 한번 확인해보는 것이 좋다.

직접 임대사업자로 등록하는 것이 부담스러운 직장인들에게도 법인은 괜찮은 방법이다. 겸업 금지 조항 때문에 임대사업자도 꺼려지는 마당에 다른 법인의 대표가 되라는 거냐며 의아할 것이다. 하지만 결론부터 말하면, 법인 대표가 되지 못 하는 것은 맞지만 다른 사람이 대표를 맡은 법인에 주주로 참여해서 투자할 수는 있다. 즉, 대표이사는 부모님 중 한 분이 맡을 수도 있으며, 나는 주주로만 참여하면 겸업 금지에 해당하지 않는다. 직장인도 주식을 사고팔 수 있는 것과 같은 원리다.

대표이사는 주식이 없는 사람도 누구나 될 수 있으니 전혀 걱정하지 않아도 된다. 또한 대표이사의 소득을 적게 잡거나, 아예 잡지 않는 것도 가능하다. 그렇게 되면 부모님은 소득이 없으니 법인 대출에 연대보증을 설 때 문제가 생길 수 있다고 생각하는 분들이 많지만, 내가 주식의 반 이상을 가지고 있다면 대주주로서 연대보증을 설 수 있으므로 대출 문제도 어느 정도 해결할 수 있다. 단, 공무원의 경우 법인 설립 초기부터 발기인으로 참여하는 것은 불가하므로, 법인이 설립된 후의 주식을 매수하는 형식으로 참여하는 게 좋다.

법인이 무조건 좋은 것은 아니다

위의 장점들만 보면 개인사업자보다 법인이 무조건 유리하게만 보인다. 하지만 어떤 것이든 좋은 것만 있는 것은 아니다. 법인이란 법(法)적으로 인정되는 인격(人)이다. 지금의 내가 아닌 하나의 인격체를 하나 더 만든다고 생각하면 된다.

그렇지만 사람이 직접 자녀를 낳았더라도, 부모라는 자격으로 자녀를 마음대로 이래라 저래라할 수는 없다. 법인도 이와 같다. 차원희라는 사람은 법인의 대표이지만, 그 법인을 마음대로 다룰 수 있는 것은 아니다. 법인과 법인대표 개인은 따로 분류된다. 마찬가지로 법인 돈은 법인 것이고, 개인 돈은 개인 것이다. 내가 100%의 지분을 가진 대표이사라고 해도 법인의 돈을 마음대로 가져다 쓰면 배임이나 횡령이 되기 때문에 반드시 정해진 방식과 절차에 따라야 한다.

또한 법인에서 자본금을 포함해 각종 금융 업무를 처리할 때는 개인사업자에 비해 복잡한 세금 업무가 필요할 때도 있다. 특히 법인은 회계장부를 복식부기로 기록하는 것이 의무이기 때문에 세무대리인을 두고 기장을 맡기는 것이 좋다. 이럴 경우 매달 기장료를 줘야 하고, 1년에 한 번은 법인세 신고에 따른 조정료 등을 지급해야 한다.

마지막으로, 법인을 설립하고 1년 동안 사용하지 않거나, 법인에 수익이 없고 손실만 있는 마이너스 법인이라면 향후 대출에 나쁜 영향을 미칠 수도 있다. 적절한 매출 관리가 필요한 것이다. 따라서 다양한 장단점을 비교해보고, 심사숙고한 뒤 만드는 것을 추천한다.

SECTION 4

략略,
진짜 경험담 속 매도의 기술

01
다른 이의 경험담을 나의 노하우로 만들자

책은 독자가 어떤 생각을 가지고 어떻게 읽느냐에 따라 배움을 얻어가는 것이 매우 다르며, 저자의 생각을 알고 보는 것과 모르고 보는 것은 엄청난 차이가 있다. 이제부터 이야기할 4부는 실전 투자 노하우다. 규칙과 기본기 중심으로 서술된 앞의 내용과 달리 4부의 경험담은 소설처럼 부드럽게 읽을 수 있을 것이다.

하지만 쉽고 재미있게 읽더라도 이 안에 있는 노하우는 절대로 그냥 넘기면 안 된다. 4부에 나올 경험담에 담긴 투자 비결은 어디 가서 돈을 주고도 살 수 없는 값진 것들이다. 상가 투자에 대한 무수한 경험담들이 있지만, 여기 정리된 것처럼 지하상가부터 1층 상가, 상층부 상가 그리고 저가부터 고가의 상가까지 다양한 경험 속에서 수익을 만든 투자자는 많지 않다.

다른 사람의 경험담을 읽는 가장 큰 이유는 내가 애써 시간과 노력을 들여 경험을 하지 않아도 비슷한 노하우를 얻을 수 있기 때문이다. 따라서 4부를 읽을 때의 가장 중요한 포인트는 바로 이것이다.

'왜 그렇게 했을까?'

단순히 성과에 놀라거나 부러워할 것이 아니라, 상대방의 처지에서 한 번 더 생각해보고 끈질기게 물음표를 던져야 한다. 저 사람은 왜 지하에 투자했을까? 그런데도 대체 임차가 잘 맞춰진 이유가 뭘까? 단순하게 운이 좋아서 성공한 것일까? 상층부에 투자할 때의 포인트는 무엇일까? 만약 내게 같은 상황이 온다면 어떻게 할까? 더 좋은 수익률을 내기 위해서 나는 어떻게 해야 하는 걸까? 이렇게 읽는 내내 궁금증을 가졌으면 한다. 이 모든 궁금증은 결국 하나로 모아질 것이다.

'나였다면 어떻게 했을까?'

나의 경험담이 여러분의 노하우가 될 수 있도록, 독자에게 가장 도움이 될 만한 사례를 엄선하여 4부에 담았다. 그냥 읽고 지나치기보다 최대한 많은 노하우를 가져가셨으면 한다.

오로지 수익성만 바라보자

하나 더 말해두고 싶은 것은, 남들이 잘 보지 않는 곳에 더 큰 기회가 있다는 것이다. 부자가 되기 위해서 가장 중요한 것은 지금까지 가져왔던 시야에서 벗어나, 투자자의 시선을 갖는 것이다. 초보는 오늘만 보지만, 고수는 미래를 본다. 현시점에서 매입하는 부동산 대부분은 종잣돈을 불리기 위한, 또는 당분간의 현금흐름을 만들기 위한 징검다리 역할을 할 것이다. 최종 목표인 매달 1,000만 원 이상의 임대수익에 도달하기 전까지 우리가 매입하는 모든 부동산은 거쳐 가는 하나의 정류장이라 생각하면 된다. 매입한 부동산을 평생 가져가리라는 생각을 버리고, 그 부동산이 내게 안겨줄 월세와 매매차익만 생각하면 한결 부담이 덜하다.

누군가와 연애할 때마다 결혼을 전제로 만난다고 생각해보자. 나는 아직 스무 살인데 이성과의 첫 만남부터 결혼을 생각하고 진지하게 임한다면 과연 그 만남이 아름다울 수 있을까? 그렇지 않을 것이다. 처음에는 가볍게 연애를 하면서 그 사람을 알아가고, 잘 맞지 않는다는 걸 깨달으면 헤어질 것이며 잘 맞는다면 자연스럽게 결혼으로 이어질 것이다.

투자를 할 때도 물건과 너무 깊은 사랑에 빠질 필요도, 너무 많은 정을 줄 필요도 없다. 부동산 투자는 수익을 위해서 하는 것이고, 어떻게 수익을 낼 수 있을까만 집요하게 고민하는 것이 투자자로서 성공하는 가장 빠른 길이 될 것이다.

02

지하상가 투자로
6개월 만에 1억 벌기

여러분들의 머릿속에 지하상가는 어떤 이미지인가? 어두움? 답답함? 지하상가라고 하면 우리가 생각했던 멋진 상가와 조금은 먼 이야기처럼 여겨질 수 있다. 만약 누군가 싸게 임차를 준다고 해도 케케묵은 지하에 들어가고 싶다는 생각은 잘 하지 않는다.

하지만 다시 한번 되짚어 볼 것이 있다. 우리가 원하는 것은 무엇인가? 다시 말해, 투자의 본질은 무엇인가? 가장 중요한 것은 수익이다. 평생 가져갈 상가라면 조금 다르겠지만, 우리의 목표는 당장의 임대수익과 차후의 시세차익이다. 그러므로 아늑함이나 쾌적함이 아니라 수익을 안겨줄 것인지만 바라보고 접근해야 한다.

첫 번째로 소개할 물건은 공매에서 낙찰받은 상가다. 앞에서도 설명했지만 경매나 공매라고 하면 많은 사람이 일단 벽을 치고 바라본다. 일반매매와 다르게 경·공매에서 자주 발생하는 점유자와의 분쟁이나 명도소송이 부담되기 때문이다. 그럼 이런 복잡한 과정이 없다면 어떨까?

앞의 내용을 꼼꼼히 봤다면 기억하고 있을 것이다. 공매에는 위험하고 어려운 부동산만 나온다고 생각하는데 실상은 그렇지 않다. 세금 체납 때문에 진행되는 공매 외에도, 공공기관이나 지자체가 소유하고 있던 부동산을 온비드에서 수시로 매도한다. 이렇게 매도하는 것들을 수탁자산이라고 부른다. 수탁자산 공매의 장점은 일반매매와 비슷한 방식으로 매각한다는 것, 그리고 일반적으로 부동산을 매입할 때 확인하기 어려운 감정평가서 등을 열람할 기회가 있다는 것이다. 이런 장점을 활용하면 매입에 굉장히 유리하다. 이제 내가 진행했던 투자 과정을 따라오면서 어떤 일이 있었고, 그 문제를 어떻게 헤쳐나갔는지 알아보자.

2년 동안 아무도 찾지 않았던 상가

해당 상가는 은행 소유의 물건으로, 온비드에서 매각하는 수탁자산이었다. 원소유자가 은행이기에 명도나 권리관계가 복잡하지 않으며, 상가의 위치 또한 나쁘지 않았다.

다만 지하상가임에도 불구하고 3억 원이라는 최저입찰가격이 조금 아쉬웠다. 지하상가는 아무래도 지상에 비해 임차와 매각에 대한 위험 부담이 있어 시세보다 저렴하게 매입해야 하며, 향후 매각까지 고려했을 때 3억 원이라는 가격은 조금 비싸 보였다. 그래서 처음에는 이 물건을 외면한 다른 사람들과 같이 나 또한 관심을 거뒀고, 점점 내 머릿속에서 잊혔다.

■ 해당 매물의 공고문

그리고 2개월 뒤, 하루 루틴의 시작인 새벽에 공매 물건을 검색하는 와중에 익숙한 매물이 보였다. 바로 그 상가였다! 그런데 최저 입찰가격이 같았다. 일반적인 압류 공매(세금을 내지 않아서 나오는 부동산)의 경우는 입찰자가 없을 경우 강제로 가격을 내려 매각을 진행하지만, 수탁자산의 가격을 결정하는 것은 오로지 수탁자의 선택이다. 수탁자산은 일반매매와 마찬가지로 매각을 원하는 기관에서 매매 희망 가격을 직접 결정하기 때문이다.

등록과 유찰이 2년간 반복됐지만, 그 누구도 눈길조차 주지 않았다. 그리고 드디어 2년 만에 최초 가격보다 약 1억 원 이상 낮아진 가격으로 시장에 나왔다. 수탁자인 은행도 많이 지쳤나 보다.

■ **해당 매물의 유찰 기록**

물건	금액	상태	일시
인천광역시 연수구 송도동 [상가용벽업무용건물/근린생활시설] [토지 100.2㎡] [건물 293.54㎡]	201,000,000	낙찰	2016-11-25 10:30
2014- 인천광역시 연수구 송도동 [상가용벽업무용건물/근린생활시설] [토지 100.2㎡] [건물 293.54㎡]	201,000,000	유찰	2016-08-26 10:30
2014- 인천 연수구 송도동 [상가용벽업무용건물/근린생활시설] [토지 100.2㎡] [건물 293.54㎡]	313,391,439	유찰	2016-05-27 10:30
2014- 인천 연수구 송도동 [상가용벽업무용건물/근린생활시설] [토지 100.2㎡] [건물 293.54㎡]	313,391,439	유찰	2016-02-19 10:30
2014- 인천 연수구 송도동 [상가용벽업무용건물/근린생활시설] [토지 100.2㎡] [건물 293.54㎡]	313,391,439	유찰	2015-11-27 10:30
2014- 인천 연수구 송도동 [상가용벽업무용건물/근린생활시설] [토지 100.2㎡] [건물 293.54㎡]	313,391,439	유찰	2015-08-26 10:30
2014- 인천 연수구 송도동 [상가용벽업무용건물/근린생활시설] [토지 100.2㎡] [건물 293.54㎡]	313,391,439	유찰	2015-05-29 10:30
2014- 인천 연수구 송도동 [상가용벽업무용건물/근린생활시설] [토지 100.2㎡] [건물 293.54㎡]	313,391,439	유찰	2015-02-27 11:00
2014- 인천 연수구 송도동 [상가용벽업무용건물/근린생활시설] [토지 100.2㎡] [건물 293.54㎡]	313,391,439	유찰	2014-12-26 11:00

'이번에는 낙찰되겠지. 과연 얼마에 될까? 2억 5,000만 원? 아니면 2억 7,000만 원? 나도 한번 입찰해볼까?'

그러면서도 한편으로는 입찰을 해도 낙찰을 받지는 못할 거라는 생각을 했다. 가격이 높지 않은 2억 원대의 공매 상가는 많은 사람들이 눈독 들이기 때문이다. 입찰을 해볼까 하다가 '어차피 안 될 것'이라는 부정적인 생각과 귀차니즘 때문에 결국 이번 입찰에도 참여하지 않았다.

하지만 반전이 일어났다. 1억이나 낮아진 금액에도 불구하고 아무도 입찰에 참여하지 않았다. 대체 왜 아무도 안 가져가는 거지? 지하라서 그럴까? 무슨 큰 하자가 있는 부동산인가? 아무런 문제가 없다면 당연히 매입해야 하는 부동산임에도 불구하고 끝내 낙찰이 안 됐다는 것에 상당히 의아했다. 자세한 사정을 알아보기 위해 해당 물건지로 향했다.

2년간 아무도 찾지 않았던 상가라니, 대체 어떤 상태이기에 아무도 관심을 가지지 않는 것일까? 별다른 기대를 품지 않고 임장을 시작했다. 현장에 가보니 역시나 들어가는 중개사무소마다 고개를 저었다.

중개사 : 지겨워, 정말…. 또 왔어요? 저기 지하 맞죠? 아니, 저기는 몇 년째 팔리지도 않고 왜 그러나 몰라.

중개사무소를 방문할 때마다 짜증스러운 사장님의 목소리가 뒤따랐다. 그도 그럴 것이 몇 년이나 공매를 진행하면서 얼마나 많은 투자자가 물어보러 왔겠는가. 왜 공실이 생겼는지를 물어봐도 돌아오는 대답은 "모른다"뿐이었다.

> **중개사** : 뭐 또 싸웠나 보지. 지하는 사업을 조금만 잘못해도 장사가 안돼서 소유자랑 임차인이 싸우는 경우가 많아요. 누수다 뭐다 그러면서…. 머리 아프니까 오지 마요. 대체 몇 년을 오는 거야?

방문하는 중개사마다 긍정적으로 이야기하는 곳이 단 한 곳도 없었다. 그나마 말이 좀 통할 것 같은 중개사를 어르고 달래가며 슬쩍 다른 것을 물어봤다.

> **족 장** : 사장님. 그런데 여기 주변 지하 임대료는 얼마나 받고 있어요?
> **중개사** : 응? 임대료? 원래는 한 150만 원에서 200만 원은 받는데, 거기 공매 나온 곳은 공실도 오래됐으니 한 100만 원 받으려나?

주변 지하상가의 적정 월세 시세가 150만~200만 원가량으로 매겨져 있다는 것은 일단 확인이 된 셈이다. 한 번 이야기가 나오기 시작하자 다른 정보도 조금씩 나오기 시작한다.

> **중개사** : 그리고 뭐 월세는 천차만별이에요. 지하는 상태에 따라 너무 다르니까 직접 봐야 알지…. 근데 그 상가를 3억 원에 받으면 뭐가 남겠어. 안 그래요? 철거하고 뭐하고 하면 5,000만 원은 들어갈 거고, 그럼 최소 4억에는 팔아야 할 텐데. 난 그렇게는 못 팔아요. 무슨 지하가 4

억 원이나 해. 그럴 거면 돈 좀 더 보태서 상층부를 사지.

잠깐만, 뭐지? 3억 원은 뭐고 철거는 무슨 말인가? 분명 내가 확인한 최저가격은 2억 원이었는데 왜 3억 원이라고 말하고 있을까? 곰곰이 생각해보니 중개사들은 공매가 어떻게 진행되고 있는지 전혀 알지 못하는 눈치였다. 오랫동안 이어진 공매였기에 관심에서 멀어졌고, 최저가격이 2억 원으로 떨어졌다는 것을 아직 알지 못한다. 만약 최저가격인 2억 원에 낙찰받는다면, 중개사가 말한 대로 보증금 3,000만 원에 월세 150만 원, 수익률이 10% 이상 나오는 상황이었다. 충분히 경쟁력이 있다는 직감이 들었다.

엉망진창 상가 내부에서 희망을 발견하다

일단은 아무 말도 하지 않고 슬며시 중개사무소를 나온 뒤, 온비드 담당자에게 전화를 걸었다. 혹시 내부를 볼 수 있느냐는 내 요청에 담당자는 굉장히 호의적으로 응대해줬다. 수탁자산은 일반매매와 똑같아서 담당자에게 문의하면 약속을 잡은 후 확인이 가능하다.

드디어 해당 지하상가에 들어서게 되었다. 문을 여는 순간 케케묵은 냄새가 코를 찌르기 시작했다. 불이 전혀 들어오지 않아 휴대폰

손전등을 켠 순간, 눈앞에 놓인 광경에 경악을 금치 못했다. 철거하고 치우지 않은 자재들은 여기저기 널브러져 있고, 오랜 시간 사용하지 않은 탓에 관리도 전혀 안 되어있었다. 특히 천장은 상상을 초월했다. 뻥 뚫려 배관이 드러난 천장을 가리키며 담당자에게 물어봤다.

족 장: 여기 천장에서는 누수가 있었나 봅니다?
담당자: 네, 일전에 누수가 있어 공사했고 지금은 괜찮은 것 같습니다. 걱정하지 않으셔도 됩니다.

혹시나 이것 때문에 내가 입찰을 안 할까봐 걱정이 됐는지, 그는 몇 번이나 괜찮다고 강조를 했다. 나중에 들어보니 누수에 대한 질문을 한 사람은 내가 처음이라고 했다. 내부를 보러 온 사람은 많았지만 대부분은 문을 열자마자 가버렸고, 보지도 않고 나간 사람들도 많다고 한다.

원하는 정보를 얻으려면 매물을 훑어보고 최대한 자세하게 질문해야 한다. 대다수는 엉망인 입구와 천장의 곰팡이만 보고 포기했다. 누수가 된 것을 어떻게 매입하냐며 고개를 흔들었을지도 모른다. 하지만 나는 오히려 천장이 뚫려 있는 것을 보고는 긍정적으

로 생각이 되었다. 천장은 뚫려 있지만 곰팡이가 더 번져나가진 않았고, 아래 바닥을 확인해보니 오랫동안 사용하지 않았음에도 물기가 없었다. 즉 담당자 말대로 처음의 공사로 누수는 잘 해결됐고, 3년 동안 사용하지 않았다는 것을 고려한다면 큰 문제 없는 꽤 괜찮은 상가였다.

다음으로 지하상가를 위한 체크리스트를 꺼내 하나하나 대입해보았다. 나는 현장에 가기 전 층별로 된 체크리스트를 지참하고, 매물을 하나씩 따져본다.

① 지하 출입문이 두 개 이상인가?
② 내부 화장실이 있는가?
③ 실평수가 70평 이상인가?
④ 층높이가 3m 이상인가?
⑤ 주위에 지하상가가 많은가?

지하 출입문이 두 개 이상 필요한 이유는 입점을 하는 임차인의 쾌적함 때문이다. 일반음식점 등은 입점하려면 허가를 받아야 하는데, 만약 문이 하나라면 비상구 마련이나 기타 사유로 인해 허가를 받기 어려울 수 있다. 또 두 개 이상의 출입구가 있어야지만 지하여도 최소한의 쾌적함을 느낄 수 있다.

화장실의 경우는 고객의 재방문 의사와 관련이 있다. 남자 고객들은 공용화장실도 무난하게 사용하지만, 여자 고객들은 공용화장실 이용을 굉장히 꺼린다. 사소한 화장실 하나가 상가의 이용 고객층에 영향을 미치는 것이다.

또한 지하로 들어오는 임차인은 넓은 평수를 원하지만 자금이 부족해서 어쩔 수 없이 지하를 택하는 경우가 대부분이다. 따라서 작은 평수보다 넓은 평수를 찾는 임차 수요가 월등하다. 층높이는 3m 이상 되어야 업종에 제한이 없으며, 주변에 지하상가가 많다면 향후 임대료를 높게 받지 못할 수 있다.

이처럼 모든 사항을 확인하고 담당자와 헤어진 뒤 중개사무소 몇 군데를 더 둘러보았다. 예상했던 것처럼 관심이 없는 중개사들은 아직도 3억 원, 4억 원이라고 외치고 있었다. 또한 임대료는 최소 150만 원에서 200만 원까지 받을 수 있겠다는 것을 다시 한 번 확인했다.

추가비용과 리스크를 고려한 입찰가 산정

임대료, 매각되는 가격, 그리고 부동산의 현재 상태를 확인했다면 입찰가격을 정해야 한다. 이때는 나의 사심을 최대한 배제하는 것이 가장 중요하다. 사람도 자주 보면 정이 드는 것처럼, 상가도 자주 임장을 가고 정성을 쏟을수록 소유하고 싶다는 욕구가 커지곤 한다. 하지만 우리는 소유하기 위해서가 아니라 수익을 보기 위해 부동산을 매입하는 것이다. 즉 부동산을 매입한 뒤 수익을 볼 수 있느냐 없느냐가 가장 중요하다.

입찰가격을 산정할 때는 임대료와 수익률, 매도가격을 어느 정도 예상하고, 매입할 때 들어가는 비용, 리스크 등을 정리해서 확인해야 한다. 일단 임장을 다녀와서 알아낸 것을 정리해보았다. 먼저 수익률에 대한 내용은 이렇다.

① 매입 후 보증금 3,000만 원에 월세 150만 원을 받는다면, 3억 원에 매매할 경우 수익률은 6.6%이다(월세 150만 원 × 12개월) ÷ (매매가격 3억 원 - 보증금 3,000만 원).

② 보증금은 똑같이 3,000만 원이지만 월세를 높여서 200만 원으로 받는다면, 3억 원에 매매할 경우 수익률은 8.8%이다(월세 200만 원 × 12개월) ÷ (매매가격 3억 원 - 보증금 3,000만 원).

③ 이 정도 수익률이라면 3억 원에 내놓을 경우 어렵지 않게 매도할 수 있다.

그다음은 대출과 비용에 대한 부분이다.

① 상가를 감정가보다 낮게 매입한다면 매입가격의 80%까지 대출이 가능하므로, 2억 원에 매입한다면 대출은 약 1억 6,000만 원까지 가능하다.
② 2억 원에 매입한다면 나의 투자금은 약 4,000만 원이 들어간다.
③ 2억 원에 매입할 경우 취·등록세는 약 1,000만 원, 기타 비용은 약 500만 원이 추가로 필요하다.

이번에는 공실과 리스크에 대한 부분이다.

① 공실 기간을 6개월로 가정할 경우 부담해야 할 이자는 약 420만 원이다.(금리 5.25%, 월 70만 원 × 6개월).
② 현재 공실 상태이므로 명도비는 0원이다.
③ 철거 업체에 견적을 확인한 결과 매입 후 철거 비용은 500만 원이다.

정리해 보니, 입찰가격 외에 추가로 들어가는 비용과 리스크 대비 비용을 합쳐 총 2,420만 원가량이 되었다. 최소한의 예상 매도가격인 3억 원에서 2,420만 원을 빼면 나머지 금액은 2억 7,580만 원. 이 물건을 2억 원에 매입한다면 예상할 수 있는 시세차익은 최소 7,580만 원.

마지막으로, 이 물건에 들인 나의 노력과 투자금을 생각하며 입찰가를 고민했다. 고민 끝에 나온 최종 입찰가격은 2억 2,000만 원. 낙찰이 된다면 약 6,420만 원을 투자해서 안전마진 약 5,580만 원과 최소 월세 150만 원을 받게 된다. 지하상가의 특성상 최대한 리스크를 고려하더라도 충분히 이기고 가는 게임이라는 생각이 들었다. 원하는 대로 임차인 세팅이 된다면 월세 수익도 매달 100만 원 이상 가능하니 말이다. 게다가 지금의 월세는 굉장히 보수적으로 예측한 것이기 때문에, 월세를 더 올려받을 수 있다면 매도가격의 추가 상승도 기대할 수 있었다.

온비드는 입찰을 할 때 직접 참석하지 않고 인터넷을 통해 입찰을 한다. 입찰이 마감된 다음날 오전, 낙찰자 발표를 기다렸다. 결과는 단독 입찰, 단독낙찰. 아무도 입찰하지 않은 채 나 혼자 입찰했고, 당연히 낙찰받을 수 있었다.

단독낙찰을 받으면 굉장히 불안해하는 사람이 많다. 나는 좋은 물건인 것 같아 입찰했는데 다른 사람들은 관심이 없다니 괜히 불안한 것이다. 하지만 이것은 사실 전혀 중요하지 않다. 생각해보면 일반매매도 단독으로 낙찰받는 것과 마찬가지다. 많은 사람이 지켜봤지만 누구도 매입하지 않은 부동산을 매입하는 것이기 때문이다. 결국 몇 명이 입찰했는지는 투자에 전혀 중요하지 않다. 낙찰의 기쁨을 뒤로하고, 다음으로 할 것들을 정리하기 시작했다.

잔금납부일 전까지 해야 할 일들

낙찰받은 매물 근처의 중개사무소에 들러 여러 가지 확인을 하기로 했다. 혹시나 생각하지 못한 변수가 있는지, 변수가 있다면 무엇인지, 감당할 수 있는 것인지 확인한다. 이렇게 확인하는 가장 중요한 이유는 부동산 경매나 공매의 경우 잔금납부를 하기 전까지 건물의 하자 등이 있으면 낙찰 무효(매각불허가) 신청을 할 수 있기 때문이다. 일단 지난번에 가장 말이 잘 통했던 중개사를 방문했다.

족   장: 사장님, 저 그 지하상가 낙찰받았어요.
중개사: 잉? 얼마에? 3억 원이면 높다니까 그러네.
족   장: 아니에요. 2억 2,000만 원에 낙찰받았어요.

그간 그렇게 까칠하던 사장님의 목소리 톤이 달라지셨다. 어느 정도에 임대를 놓아주면 좋겠느냐고 상냥하게 묻는다. 보증금 3,000만 원에 월세 200만 원으로 부탁한 뒤 다른 중개사 몇 곳을 더 들러 이야기를 나누었다.

이제 잔금납부 계획과 함께 앞으로 어떻게 할지 계획을 세운다. 일반매매는 매도자와 잔금일을 협의할 수 있지만 경·공매는 잔금일이 지정되어 있다. 빠르면 낙찰 후 30일, 길면 약 60~90일까지 천차만별인데, 이번 부동산의 잔금일은 30일 뒤였다. 낙찰자는 이 시간을 최대한 이용해서 미리 대출이나 인테리어 견적 등을 알아보아야 한다.

생각하지도 못한 대출의 위기

초보자들이 가장 궁금한 것 중 하나가 대출이다. 초보자들에게는 생소하겠지만 대출에도 전문가가 있다. 변호사도 교통사고 전문, 이혼 전문, 기업 전문 등으로 분야가 나뉘고 세무사도 부동산 전문, 기업 전문 등 분야별로 나뉘어있다. 대출도 비슷하다. 그렇기에 대출을 잘 받기 위해서는 세부 전문가를 찾아가는 게 좋다.

일반적인 아파트담보대출이나 전세자금대출 등은 일반 은행에서도 많이 다루지만 경매 낙찰 금액에 대한 대출인 경락자금대출의 경우 집 앞 은행에서는 취급하지 않는 곳이 대부분이고, 찾아가서 물어보더라도 아마 원론적인 이야기만을 해줄 것이다. 경락자금대출이나 공매자금대출 등을 알아보기 위해서는 법원으로 가보자. 경매법정 앞에 가면 대출을 중개해주는 아주머니들이 명함을 나눠주고 계신다. 그분들의 명함을 건네받고 연락을 해서 내가 필요한 금액을 말하면 금리나 금액의 한도를 조율하여 대출 가능한 금액을 알려주기도 한다.

다시 지하상가 이야기로 돌아가서, 나는 이 상가의 대출이 낙찰가의 80%까지 나올 거라 예상하고 입찰을 진행했다. 그래서 자신 있게 대출을 문의했지만, 생각만큼 대출이 많이 나오지 않는다는 답변을 들었다. 낙찰가의 80%는커녕 70% 이상은 나오지 않는다는 것이다.

대출이 나오지 않는 가장 큰 이유는 잔금일 때문이었다. 이번 건의 잔금일은 12월인데 대부분의 은행은 11월까지 대출계약을 진행하고, 11월 중순이 넘으면 회계적 리스크를 줄이기 위해서 대출을 보수적으로 검토한다는 것이다. 실제로 낙찰뿐만 아니라 일반매매의 잔금을 치를 때도 11월, 12월을 피하는 것이 좋다.

어떻게 할지 고민하다가 매도자인 은행 담당자에게 잔금기한을 연장해줄 수 있는지 검토해 달라고 부탁했다. 다행히 이야기가 잘 되어 납부기한을 30일 정도 연장하기로 합의를 보았다. 그렇게 힘들었던 12월이 지나고 1월이 찾아왔다. 갑자기 온 중개사의 전화 한 통.

중개사 : 사장님, 혹시 임대료를 200만 원에서 조금 내려주실 수 있나요?

갑자기 걸려온 전화라 당황했지만, 섣부르게 먼저 답하는 것은 금물이다. 임대차 거래에는 항상 임대료에 대한 줄다리기가 있다. 하지만 절대로 금액을 먼저 언급하지 않는 것이 좋다. 상대는 이미 내가 원하는 임대료가 200만 원임을 알고 있음에도 문의해온 것이다. 만약 여기서 내가 먼저 "180만 원도 가능합니다"라고 말을 꺼내면, 상대는 그 가격보다 한참 낮은 가격에 재협상 들어올 가능성이 크다.

나는 얼마를 원하느냐고 역질문을 했다. 중개사 역시 말을 돌리며 좀처럼 금액을 이야기하지 않더니, 결국 170만 원을 원하는 임차인이 있다고 털어놓는다. 30만 원이나 저렴하게 임대를 하라니, 도저히 받아들일 수 없는 가격이다. 나는 정중히 거절 의사를 밝혔다.

족　장 : 죄송합니다. 30만 원이나 저렴한 가격은 안 될 것 같습니다. 차라리 월세 없이 공사 기간을 두 달 드리도록 하겠습니다.

중개사 : 그럼 혹시 임대료는 얼마까지 가능하실까요? 이번 임차인이 하시려는 게 만화카페인데, 잘 아시겠지만 만화카페는 인테리어를 많이 하잖아요. 그 비용만 1억 5,000만 원은 넘게 든다고, 사정을 좀 봐달라고 이야기하시네요.

만화카페라… 업종을 듣는 순간 마음이 살짝 움직였다. 만화카페는 술이나 유흥과는 거리가 먼 클린 업종이기 때문에 향후 매각할 때도 당구장이나 노래방, 피시방보다 좋은 가격에 빠르게 매각할 수 있겠다는 생각이 들었다.

족　장 : 그럼 임차인에게 190만 원으로 하시죠. 한번 물어보고 이야기해주세요.

나는 넌지시 한발 물러서주었다. 10분쯤 지났을 때 중개사로부터 다시 전화가 왔다.

중개사 : 정말 죄송한데 180만 원은 안 될까요? 인테리어 비용도 그렇고, 임차인이 너무 사정을 하시네요. 부탁 좀 드리겠습니다.

초보자들은 여기서 바로 '하겠다'라고 말하지만, 경험이 있는 사람은 절대 그렇게 이야기하지 않는다. 말이라는 것은 한번 뱉고 나면 다시 주워 담을 수 없으니 말이다. 원하는 가격에 근접했더라도 다시 한번 확인해야 한다.

게다가 중요한 것은 내가 아직 이 상가에 대한 낙찰 잔금을 치르지 않았다는 사실이다. 일단 생각을 좀 해보겠다며 전화를 끊은 뒤, 기존에 70% 대출을 해준다는 곳으로 연락했다.

족 장 : 지난번에 말씀하신 1억 5,600만 원(낙찰가의 70%) 대출은 언제 가능한가요?

담당자 : 오셔서 서류에 서명만 하시면 바로 돈이 나갈 수 있습니다. 대출 도중에 잠시 중단한 것이라서 큰 문제는 없습니다.

좀 더 기다려서 더 많은 대출을 받을 생각이었지만, 프랜차이즈 만화카페 임차인이 기다리고 있다는 생각에 투자금이 조금 더 들더라도 그냥 잔금을 치르기로 마음을 먹었다. 바로 다음 날 방문하여 자서(자필서명)를 하기로 약속하고, 중개사에서 다시 전화가 오기를 기다렸다. 다시 전화벨이 울렸다.

중개사 : 안녕하세요, 생각을 좀 해보셨을까요?

족 장 : 음… 임차인은 계약금 준비가 끝나셨을까요? 혹시 계약한다고 흥정만 했다가 안 들어오시는 건 아니죠?

중개사 : 그럴 일 절대 없어요. 임차인도 지금 충분히 고민하고 제안하신 거예요.

족 장 : 그럼 하나 말씀드릴 것이 있습니다. 사실은 제가 아직 소유권이전 등기를 안 했습니다. 물론 매매계약서는 작성했습니다. 그래도 문제가 없다고 생각하시면 오늘 안에 계약금 입금하시는 조건으로 월세를 180만 원까지 낮춰드리겠습니다. 소유권이전은 일주일 안으로 문제 없이 하겠습니다.

중개사는 흔쾌히 그렇게 하도록 하겠다며 감사를 전했다. 얼마

후 계약금이 입금되면서 잔금 납부도 하기 전에 계약금을 무사히(?) 받을 수 있었다. 나 역시 일주일 안에 소유권이전을 마쳤고, 결과적으로 프랜차이즈 만화카페와 보증금 3,000만 원에 월세 180만 원으로 계약을 할 수 있게 되었다.

6개월 만에 1억 원 벌기

임차인의 인테리어가 끝나고 정상적으로 영업을 시작하자, 3개월쯤 지났을 때 매도를 준비했다. 좋은 수익률에 탄탄한 임차인까지 있으니 정말 매력적인 상가였지만, 원하는 만큼의 대출을 받지 못했기 때문에 투자금을 회수하고 더 좋은 상가로 갈아타기로 마음먹었다.

그리고 시간이 흐르면 흐를수록 문제가 발생할 수 있다는 리스크도 매도를 결정한 이유 중 하나였다. 지하상가의 경우 처음에는 큰 문제가 없지만 나중이 되면 몇 가지 문제가 발생할 수 있다.

첫 번째로 생각한 문제는 누수였다. 과거에 있었던 누수는 완벽히 수리가 되었지만, 지하이기 때문에 또다른 누수가 발생할 수도 있다. 그로 인해서 인테리어가 손상이 되거나 서적에 물이 떨어진다면 여간 난감한 상황이 아니다. 이럴 경우 상가 소유주가 임차인에게 배상해야 하는 리스크가 있다.

두 번째 문제는 공급에 대한 우려였다. 상가가 위치한 송도국제도시는 당시에는 상가가 많지 않았지만, 앞으로 개발이 이뤄지면서 상가 공급이 점점 많아질 곳이었다. 비록 상가도 인구밀도에 맞게 계획되었다고 하지만 상층부 상가가 많아진다는 것은 지하층을 가진 소유자로서 그렇게 반가운 소식이 아니었다.

세 번째로, 확률은 높지 않지만 만약 경영악화로 인해 임차인이 영업을 그만두고 나간다면 그 또한 문제가 된다. 물론 보증금이 있어서 몇 달 동안은 큰 문제가 없지만 굳이 감내할 필요는 없었다. 위와 같이 생각하며 매도를 내놓았다.

앞서 잠시 설명했지만, 나는 중개사들에게 물건을 내놓을 때 무조건 전단지를 만들어서 가져간다. 대부분은 중개사를 방문해서 자신의 매물 주소만 말하고 나오지만 정말 좋은 상가가 아니라면 중개사들의 머릿속에서 금방 사라지는 것이 다반사다. 그저 수많은 상가 중 하나가 되어버리는 리스크를 조금이라도 줄여보고자 전단지를 만들어서 나눠주는 것이다. 전단지를 만들 때는 우리 상가의 장점을 최대한 부각해서 예비 매수자들이 직접 가보지 않아도 장점을 한눈에 파악할 수 있게 하는 것이 포인트다.

이렇게 상가를 내놓은 지 3주가 채 되지 않았을 때 매수 의향자가 나타났다. 매수자는 빠르게 월세를 받고 싶었는지 매매가를 조금만 조정해준다면 한 달 안에 잔금을 치르겠다는 이야기를 꺼내왔다.

이럴 때 초보자들은 고민에 빠지게 된다. 가격을 조절해서 빨리 파는 게 나을까, 아니면 원하는 가격을 받을 때까지 기다릴 것인가? 이 고민에 정답은 없다. 다만 매수를 희망하는 사람 또한 향후 매도 시 어느 정도 수익이 그려지지 않는다면 내 상가를 매입해줄 이유가 없다고 생각한다. 완전한 최고 가격으로 매도하는 것은 욕심일 수 있다는 뜻이다.

따라서 나는 원하는 수익에 근접했다면 조금 양보하더라도 협의 후 빠르게 매각하고, 다음 부동산으로 갈아타는 방식을 선택한다. 이번 계약도 그랬다. 2억 2,000만 원으로 상가를 매입해서 6개월 만에 월세 수익과 매매차익으로 1억 원가량의 수익이 생겼다면 원했던 수익은 모두 채워진 것이다. 이럴 때 나는 누구보다 쿨하고 빠르게 거래를 성사시킨다.

투자하면서 나는 무관심 속에서 해답을 얻곤 한다. 단순히 돈이 많다고 6개월 만에 1억 원을 버는 것이 아니다. 이번 물건은 2년 동안 사람들의 무관심 속에서 잊혔고, 심지어 중개사도 가격이 내려갔다는 것을 알지 못하고 있었다. 나는 그런 물건을 찾아내어 기회를 잡은 것이다.

 돈을 벌기 위해 특별한 기술이 필요하냐 묻는다면 나는 단호하게 'NO'라고 말한다. 기술이 필요한 게 아니라 관심과 꾸준함이 필요한 것이 진짜 투자다. 그래서 나는 부동산 투자를 좋아한다. 고수나 하수의 구분이 무의미하며, 지금이라도 좋은 부동산 찾아내기에 관심을 가진다면 누구나 그 안에서 큰 수익을 올릴 수 있기 때문이다.

■ 투자 내용 정리

족장 매입

목록번호	2017-289			
거래가액	금223,509,000원			
일련번호	부동산의 표시	순위번호	예 비 란	
			등기원인	경정원인
1	[건물] 인천광역시 연수구 송도동 3-26 세진프라자 제지1층 제비 01호	4	2016년11월29일 매매	

↓

족장 매도

목록번호	2017-289			
거래가액	금330,000,000원			
일련번호	부동산의 표시	순위번호	예 비 란	
			등기원인	경정원인
1	[건물] 인천광역시 연수구 송도동 3-26 세진프라자 제지1층 제비 01호	4	2017년5월27일 매매	

↓

이후 한번 더 매도

목록번호	2017-289			
거래가액	금380,000,000원			
일련번호	부동산의 표시	순위번호	예 비 란	
			등기원인	경정원인
1	[건물] 인천광역시 연수구 송도동 3-26 세진프라자 제지1층 제비 01호	4	2020년9월24일 매매	

	구 분	금 액	계산방법
Ⓐ	매입가	2억 2,300만 원	
Ⓑ	취·등록세 및 비용	1,500만 원	취득세 및 철거비용
Ⓒ	대출	1억 5,600만 원	Ⓐ의 70%
Ⓓ	임차인 보증금	3,000만 원	
Ⓔ	실투자금	5,200만 원	(Ⓐ + Ⓑ) - (Ⓒ + Ⓓ)
Ⓕ	월세 합계	1,080만 원	180만 원 × 6개월
Ⓖ	대출이자 합계	420만 원	월 이자 70만 원 × 6개월
Ⓗ	매도가	3억 3,000만 원	
Ⓘ	단기수익	약 1억 원	(Ⓕ + Ⓗ) - (Ⓐ + Ⓑ + Ⓖ)
총정리		실투자금 5,200만 원	
		수익(6개월) 약 1억 원	

03

지방 상층부 상가로 월세 250만 원 세팅하기

이번 상가는 서른두 살 청년이 매달 250만 원의 현금흐름과 2억 원 이상의 시세차익을 거둔 사례다. 이 사례에서는 감정가 11억 원의 상가를 7억 원대로 낙찰받았다.

서른두 살이 무슨 돈이 있다고? 그만큼 벌려면 돈이 많이 필요한 것이 아닌가? 절대 그렇지 않다. 처음 들어간 돈은 1억 원 내외였고, 임차인을 세팅한 후에 최종적으로 들어간 돈은 5,000만 원 이내였다. 부동산 투자에는 몇 억 원씩 필요하다는 일반적인 생각과 다르지 않은가? 부동산 투자는 나이도, 성별도, 적은 투자금도 문제가 되지 않는다.

"나는 아직 어려서 괜찮아."

"나는 늦어서 안 돼."

"나는 돈이 없어."

우리가 늘어놓는 수많은 핑계들이다. 당신도 지금 그런 핑계를 대고 있지는 않은가?

또 다른 핑곗거리도 있다. 부동산 경매라고 하면 늘 따라오는 말, '부동산 경매 과열'이 그것이다. 대한민국 사람들에게 부동산은 특별하다. 가파른 상승 탓에 하루라도 빨리 부동산 하나쯤은 소유해야 한다고 생각한다.

그렇다 보니 당연히 많은 사람이 시세보다 저렴하게 매입할 수 있는 경매에 관심을 가지고 눈을 돌리게 된다. 그리고 그럴 때마다 어김없이 올라오는 기사가 있다.

너무 뜨거워진, 부동산 경매

[아시아경제, 2015.05.11.] 부동산 경매가 과열되고 있다. 물건 하나에 수십 명이 몰리고, 감정가를 웃도는 가격에 낙찰되는 것은 이제 흔해졌다. 여기에 '다음 기회는 없을 수 있다'는 조바심까지 더해져 첫 경매 낙찰률이 8년 만에 최고치를 기록했다. 경매 전문업체인 지지옥션에 따르면 지난 4월 서울 지역 아파트(주상복합 포함)의 낙찰가율(감정가 대비 낙찰가 비율)은 91.6%를 기록하며 두 달 연속 90%를 웃돌았다. (…)

> **부동산 경매 막차 탔다 '쪽박' 찬다**
>
> [머니위크, 2015.09.16.] '빚내서 집 사라'는 정부정책 탓에 주택시장에 돈이 몰리고 있다. 이런 현상은 부동산시장의 한축인 경매시장에도 영향을 미쳤다. 최근 경매에 나온 물건 수는 줄어들었지만 가격상승 기대감에 뒤늦게 뛰어든 후발주자가 늘면서 입찰 경쟁이 과열되고 있다. 문제는 부동산 상승장이 꺾일 경우 경매 후발주자들이 자칫 희생자로 전락할 수 있다는 점이다.

투자를 하며 대한민국의 경제가 좋다는 기사를 본 적이 없다. 앞으로도 없을 것이다. 그렇기 때문에 오히려 부동산 공부를 해야 한다고 생각한다. 부모님 세대는 부동산을 매입하면 무조건 오르는 시기였다. 하지만 이제 그런 시기는 지났다. 그만큼 가치 있는 부동산을 알아보는 눈을 기르는 것이 중요하다.

경제가 좋지 않더라도 결국 부동산과 사람은 떼어놓을 수가 없고, 선택이 아니라 필수적으로 알아야 한다. 앞으로 나아가려면 그 어떤 이야기가 들려온다고 해도 해야 할 것을 묵묵하게 해나가며 준비해야 한다. 주변의 말에 흔들릴 필요도 없고, 흔들려서도 안 된다. 확고한 믿음으로 꾸준하게 공부를 하는 사람만이 원하는 목표에 도달할 수 있다.

지방의 입지 좋은 병원, 그런데 왜?

지방에 살고 계신 분들이 자주 하는 이야기가 있다. 좋은 부동산은 수도권에 몰려 있으니 지방에 투자해서는 안 될 것 같다는 말이다. 그 말은 맞을 수도, 틀릴 수도 있다. 수도권은 사람이 많이 살고 그만큼 물건이 많다.

하지만 다른 관점에서 보면 관심을 많이 받는 꽃일수록 빠르게 꺾이기 마련이고, 관심을 많이 받지 않는 꽃은 쉽게 꺾이지 않고 오랜 시간 예쁜 모습을 유지할 수 있다. 많은 사람이 관심을 가지는 지역의 상가는 비교적 높은 가격에 낙찰과 매입이 이루어진다. 반대로 위치나 상권이 괜찮음에도 불구하고 지방에 있다는 이유만으로 두세 번 유찰되는 부동산도 있다.

우리는 투자자로서 어떻게 하면 돈을 벌 수 있을지만 생각하면 된다. 수도권이든 수도권이 아니든, 투자로 돈을 버는 것에는 문제가 되지 않는다. 어쩌면 많은 인파가 모이는 수도권보다 상대적으로 경쟁이 덜한 지방에서 더 많은 기회를 찾을 수 있을지 모른다.

이번에 소개할 사례 역시 지방에 위치한 상가다. 지방 물건을 이리저리 찾아보던 중, 한 신도시 중심거리의 상가가 눈에 들어왔다. 감정가만 11억 8,000만 원 가까이 되는 상가가 두 번 유찰되어 8억 원도 안 되는 금액에 나온 것이다. 지도를 보니 꽤 좋은 위치에 있었다. 전형적인 '항아리 상권'이라 불릴 정도로 아파트 배후단지에 둘러싸여 있었고, 사거리 코너에 자리 잡고 있었다. 또 현재 임차인의 업종이 병원이라는 것도 매력적이었다. 병원은 월세를 잘 연체하지 않는 업종이고 향후 매각시 매수자들도 관심이 높기 때문에 많은 임대인이 선호하는 임차인이다. 현황조사서를 살펴보니 영업도 굉장히 잘되고 있다는 것을 알 수 있었다.

그런데 문득 그런 생각이 들었다. 중심거리에 있는, 누가 봐도 좋아 보이는 상가가 왜 두 번이나 유찰되었을까? 감정가 11억 8,000만 원인 물건이 8억 원에 나왔다면, 단순하게 생각해도 시세차익이 약 3

■ 해당 물건의 매각 정보

억 8,000만 원인데 왜 아무도 입찰을 안 했을까? 더군다나 임차인이 병원이라니 궁금함을 떨쳐 낼 수 없었다.

한편으로는 직감적으로 기회라는 생각이 들었다. 왜 상가의 가격이 이렇게 내려갈 동안 아무도 입찰을 하지 않았는지 확인해 볼 필요가 있었다.

수도권에 사는 사람들이 지방으로 임장을 떠나는 것은 여간 부담스러운 것이 아니다. 그래서 나는 지방 물건을 살펴볼 때 다음 두 가지 원칙에 부합하는 물건만 임장을 간다.

① KTX 역사로부터 이동 시간이 대중교통으로 30~40분 이내일 것
② 공항으로부터 이동 시간이 대중교통으로 30~40분 이내일 것

교통편을 생각하는 이유는 두 가지다. 첫 번째는 교통과 호재의 관계 때문이다. 최근에는 전국의 모든 권역을 하루 만에 이동할 수 있어 지방으로 내려가는 것에 대한 부담감이 적어졌다. 하지만 이것은 KTX나 고속버스, 비행기 등 굵직한 교통망이 연결되는 곳에만 국한되는 이야기고, 지방 중에서도 아직 교통이 좋지 않은 곳은 여전히 이동이 부담스럽다.

접근성이 떨어지는 곳은 개발호재도 적을 수밖에 없다. 이런 단점은 부동산의 지가 상승에도 영향을 미친다. 만약 계획된 개발호재

가 있더라도 다른 지역보다 순서가 밀릴 수밖에 없다.

두 번째는 투자의 효율성 때문이다. 부동산을 낙찰받으면 생각보다 자주 가봐야 한다. 그런데 교통이 불편해서 대중교통을 이용할 수도 없고 자차로도 서너 시간 이상 걸린다면 방문 자체가 부담스럽다. 아무리 좋은 가격에 매입했어도 거리가 너무 멀면 지치게 되고 차라리 그럴 시간에 다른 물건을 찾아보는 게 좋았겠다는 생각이 들기도 한다.

실제로 서울에 살 때 경남 창원에 있는 상가를 매입한 적이 있었는데, 당시 주변에 KTX나 공항이 없었으며 버스로 5시간 30분 이상 소요되는 거리에 있었다. 월세 수익률이 10% 이상 나오는 곳임에도 불구하고 세입자의 빈번한 수리 요청 때문에 여러 번 방문하느라 무척 힘들었던 경험이 있다. 차라리 상가를 받지 말았어야 한다는 생각도 한 적이 있다. 결국에는 빨리 처분해버리려고 시세보다 저렴한 금액으로 매도할 수밖에 없었던 아픈 경험이 되었다. 다행히 이번 매물은 공항에서 약 30분 정도면 도착할 수 있었다.

공실 천국, 임차 지옥

현장에 도착해 매물이 위치한 곳까지 걷기 시작했다. 이곳은 상업지역이라고는 하지만 주거용 부동산으로 둘러싸여 있었고, 주거용 부동산에 따라붙은 학원과 병원들도 즐비했다. 신도시 특성상 거리도 깨끗하고 유흥업종도 없었기 때문에 건물들이나 점포들이 굉장히 깔끔했다. 곳곳에 공실이나 임대로 나와 있는 물건이 있었지만 지나칠 정도는 아니었고 상권도 어느 정도 무르익었기 때문에 큰 문제로 보이지 않았다.

해당 매물이 위치한 곳에 도착하고 보니 매물은 중심거리에 있어 입지도 좋은 편이었다. 그렇지만 뒤를 돌아본 순간 경악할 수밖에 없었다.

"이게 뭐야!"

그곳에는 경매에 나온 상가의 건물보다 몇 배는 커 보이는 신축

상가가 있었는데, 얼핏 봐도 90% 이상이 전부 공실이었다. 신축이니까 당연히 공실이 있는 것 아니냐고 생각할 수 있지만, 그렇게 만만하게 볼 문제가 아니었다. 상가의 크기도 어마어마하게 컸으며, 완공된 지 6개월이 지났어도 공실이 많다는 게 문제였다. 보통 이런 상가는 임차를 맞추기 위해 본격적으로 분양을 시작하기 최소 1년 6개월 전부터 노력했을 것이다. 그렇다면 이곳은 6개월 동안 공실인 것이 아니라 2년 가까이 임자를 찾지 못한 것이다.

내 물건이 직접 속한 건물이 아니니 문제가 없지 않느냐고 생각하는 분들도 있을 수 있다. 하지만 생각해보자. 내가 사는 아파트의 세대수는 1,000세대다. 그런데 만약 바로 앞에 1,500세대가 새로 입주하는데 90%가 미분양으로 남아 있다면 어떨까? 가장 먼저 전·월세 가격이 요동칠 것이며, 다음은 매매가격도 무너질 것이다.

물론 극단적인 예시지만 주변 공실은 반드시 고려해야 할 문제다. 경기가 회복되고 임대수요가 늘어나도, 우리는 상가임대차보호법 상 월세를 매년 5% 이내로만 올릴 수 있다. 월세가 한 번 내려가면 최초 예상했던 금액으로 되돌리기 위해서는 긴 인고의 시간을 버텨야 하는 셈이다. 원래 월세로 250만 원을 받아야 하는 상가였는데 공실을 참지 못하고 180만 원에 임차를 맞추게 되면 다시 250만 원으로 오기까지 6~7년의 시간이 걸린다.

처음엔 공실 상가를 분양받은 사람들도 이런 점을 알기 때문에 임대료를 내리지 않겠지만, 시간이 계속 흐르면 공실의 두려움을 이기지 못할 것이고, 한 사람이 임대료를 내리는 순간 모두가 자신의 매물을 시장에 싸게 던지게 될 것이다. 내 매물 주위에 대규모 공실은 신도시에서 조심해야 할 최악의 상황인 것이다. 모든 정황을 살핀 뒤 무거운 마음으로 인근 중개사무소로 향했다.

족 장 : 사장님. 앞에 경매 나온 상가 어때요?
중개사 : 그 앞에 공실 상가 안 보여요? 상권이랑 상가 좀 공부하고 오세요. 여기 아주 난리야. 경매 나와도 사갈 사람도 없고, 더 떨어져야 할 거야.
족 장 : 지도로 봤을 때는 정말 좋아보여서 서울에서 왔는데 너무 아쉬워요.
중개사 : 부동산이 다 그렇죠, 뭐. 그러게 가까운 데서 찾지, 뭐 이렇게 멀리까지 와요. 여기 사람들도 먹고 살아야지.

중개사에게 반드시 물어봐야 할 3가지

이후 세 곳 정도 더 방문하면서 인터뷰한 결과, 중개사들의 반응은 한결같았다. 마치 낙찰을 받으면 망할 것처럼 너무나 부정적으로 이야기를 한다. 그래도 어쨌든 왔으니 조사할 것은 해야 한다.

족 장 : 그런데 사장님. 여기 신축 분양가격이 얼마였나요? 최저가로 거래된

것은 얼마나 할까요?

중개사 : 신축은 분양면적 기준 평당 500만 원 이상은 하겠죠. 최저가라도 평당 420만 원 정도여야 거래가 될 거예요.

초보자는 중개사들의 평가가 부정적이면 포기하는 경우가 많다. 하지만 부동산 경매는 부정적인 소문 덕분에 가격이 하락하기 때문에 조사를 꼼꼼히 하여 얼마의 가격이 적당할지 결론을 짓고 오는 것이 매우 중요하다. 이 부분은 나중에 투자를 복기할 때도 큰 도움이 된다. 나는 중개사 인터뷰를 할 때 가장 중요하다고 생각하는 공통 질문 세 가지는 꼭 물어보고 나온다.

최저 분양가격

임장을 해본 결과 분양면적을 기준으로 평당 400만 원 이하의 매물은 찾기 힘들었으며 전용면적 기준 평당 550만 원 이하는 찾아볼 수 없었다. 따라서 하한선 역시 이 정도로 잡을 수 있을 것이다.

임대료의 하한선

임대료는 가장 저렴한 것이 평당 3만 원이었으며, 가장 높은 것도 평당 4만 원대였다. 최악의 상황에서도 문제없는 임대료인 평당 3만 원을 기준으로 잡는다면 이번 매물은 162평짜리이므로 월 486만 원가량의 임대료는 가능하다. 최저가를 기준으로 8%가 넘는 수익률이다. 물론 이것은 상가의 상태가 정말 최악일 때를 가정한 보수적인 가격이며, 조금 더 받는다면 수익률을 10%까지도 볼 수 있다. 월세 수익으로는 굉장히 매력적인 상가였다.

매도가격의 하한선

중개사들의 말에 따르면 급매로 거래할 수 있는 가격은 평당 420만 원 정도이다.

그럼에도 입찰하기로 결정하다

인터뷰 도중 솔깃한 소식이 들려왔다. 현재 임차인이 병원인데 이 자리에서 영업을 계속 하고 싶어 한다고 했다. 만약 병원이 재계약을 한다면 초대박 이벤트가 터지는 것이었다.

처음 들어갈 때 그토록 무겁게 느껴지던 발걸음이 중개사무소를 나오면서 한결 가볍게 느껴졌다. 분명 이 물건의 경매 시작가는 아무도 가져가지 않을 만한 가격이었다. 하지만 3분의 2 가격으로 떨어졌음에도 중개사들은 모두 부정적으로만 생각했다. 그렇다면 오히려 승산이 있다.

앞에서도 말했지만, 초보자일수록 모든 정답을 중개사에게 얻으려 하는 경향이 있는데, 이것은 반드시 주의해야 한다. 중개사는 그 지역을 누구보다 잘 아는 사람이긴 하지만, 중개사는 중개하는 사람이지 가격을 판단하는 사람이 아니다. 중개와 투자는 엄격히 다르다. 운동을 잘했던 사람이 감독도 잘하는 것은 아니고, 서울대 출신이라고 해서 반드시 잘 가르치는 선생님은 아닌 것처럼, 중개사는 많은 정보를 알고 있지만 투자자는 아니다.

실제로 급등한 지역의 중개사들에게 가장 많이 듣는 것이 '미쳤다'라는 말이다. 왜 오르는지 이해가 안 간다든지 지금 가격은 미친 가격이라는 이야기를 하면서 손사래를 친다. 이 지역의 과거를 너무 잘 알기 때문에 나타나는 부작용이다. 지금의 가격을 인정하지 않으려 하며, 급락했을 때 많은 공실과 손실이 나는 것을 봐왔기 때문에 선입견이라는 까만 선글라스를 끼고 바라본다. 그 선글라스를 끼는 순간부터 모든 세상은 까만색이 되어 버린다.

투자자는 냉철해야 한다. 그 전에 공실이 아무리 많았어도 이후에 좋아지는 것은 또 다른 문제다. 지금 이 상황에서 냉정하게 저렴한 물건을 판단하고, 투자의 득실을 따지는 것이 가장 중요하다.

이번 물건은 하나의 사건번호 뒤에 1번과 2번이라는 물건번호가 각각 추가로 붙어서 매각하는 물건이었다. 채무자 소유의 부동산이 동시에 여러 개 매각될 경우 번호를 부여하여 각각 매각을 진행하는 것이다. 이중에서 나는 1번 물건을, 수강생이었던 스터디 반장님이

2번 물건을 입찰하기로 결정했다. 반장님도 처음 현장을 봤을 때는 굉장히 부정적이었다.

반장님 : 족장 님, 저는 다녀왔는데 입찰은 못 하겠습니다. 주변에 공실이 너무 많아서 저는 엄두가 안 나네요.
족 장 : 공실이 많은 이유가 뭐라고 생각하세요? 임차 수요가 없는 걸까요?
반장님 : 아닙니다. 수요는 많지만, 임대료가 비싼 것 같습니다.
족 장 : 그럼 수요는 있는 것이니, 임대료만 맞으면 임차에는 문제가 없겠네요. 저는 그래서 입찰을 준비하고 있습니다.
반장님 : 손해를 보지는 않을까요?
족 장 : 최저가격이 워낙 저렴하니까, 그보다 조금만 더 높은 금액에 낙찰받는다면 충분히 승산이 있다고 생각합니다.
반장님 : 그렇긴 하네요. 그런데 그 가격에 입찰하면 떨어지지 않을까요?
족 장 : 한 번쯤 도전해볼 만하지 않을까요? 떨어지면 그만인 것이고, 잘 된다면 한 번 입찰에 1억 원 이상 벌 수 있을 겁니다.
반장님 : 음… 그럼 저도 같이하면 안 될까요?
족 장 : 안 되긴요. 원하는 대로 하시면 됩니다.
반장님 : 족장님 물건인데 제가 괜히 끼어드는 것 같아서요.
족 장 : 물건은 늘 나오기 마련입니다. 걱정하지 마시고 좋은 이익 거두시지요.

그렇게 수강생이었던 반장님도 이 물건에 입찰하기로 한 후 반장님은 작은 평수의 위층을 골랐다. 나는 아래층 큰 평수에 입찰하기로 했다.

두근두근 입찰 당일

입찰 당일, 거리가 멀다 보니 아침 일찍 집에서 나섰다. 비행기를 타고 부산공항으로 간 뒤 법원으로 향했다. 반장님을 만나서 함께 입찰 보증금을 찾기 위해 은행으로 향했다. 부동산 경매는 입찰할 때 보증금으로 최저가의 10%를 함께 제출해야 한다. 큰돈이다 보니 직접 가지고 다니기 부담스러워서 대부분 아침 일찍 법원에 있는 신한은행을 방문해서 수표 한 장으로 끊어 입찰에 참여하는 게 보통이다.

그런데 아무리 찾아도 신한은행이 보이지 않는 것이었다. 알고 보니 서울과 수도권 법원에는 모두 신한은행이 입점하고 있지만, 창원법원은 경남은행, 농협, 우체국만 입점해 있었다. 입찰 마감 시간까지 30분 정도밖에 안 남았는데 큰일이었다. 영화를 찍듯 뛰어다닌 결과 은행 직원의 도움을 받아 5분가량 남기고 무사히 입찰보증금을 찾을 수 있었다. 여러분도 같은 실수를 하지 않으려면 익숙하지 않은 지방에서 입찰하는 경우 법원 내 또는 근처에 주거래은행이 있는지 미리 확인하기 바란다.

시간이 얼마 남지 않아 조급해진 우리는 빠르게 경매법정에 들어갔다. 그런데 반장님이 입찰봉투 두 개를 들고 나를 바라보는 것 아닌가? 왜 봉투가 두 개냐고 물으니, 하나는 최저가격을 적은 입찰표이고 다른 하나는 그보다 조금 더 높은 가격을 적은 입찰표라고 했다.

반장님 : 아직 입찰가 결정을 못 해서 족장님의 입찰가격을 듣고 결정하려고요. 족장님은 얼마를 생각하시나요?

족 장 : 전 최저가격 7억 5,900만 원에 5,000만 원을 높여서 입찰하려고 합니다. 그렇게 해도 분양가보다 훨씬 저렴한 가격이기 때문에 충분히 경쟁력이 있어 보여서요. 반장님은 생각하신 금액이 있으신가요?

반장님 : 저도 그런 생각을 하긴 했는데 긴가민가해서요. 혹시나 단독낙찰이라도 되면 높여쓴 금액은 그냥 버리는 셈이 돼버려서…. 그래도 족장님이 받으실 때 저도 같이 받아서 함께 처리해야죠. 따라갈 테니 잘 부탁드립니다.

그러고는 최저가격보다 가격을 높여 쓴 입찰봉투를 제출하셨다. 우여곡절 끝에 꾸역꾸역 서류를 제출하고 나니 정말 진땀이 났다. 한숨 돌릴 겸 반장님께 담배라도 한 대 피우시겠느냐고 물었다. 나는 담배를 피우지 않지만 긴장되실까 싶어 건넨 말이다. 하지만 반장님은 웃으며 얼마 전에 끊었다고 하신다. 서류 제출 후 개봉하고 낙찰자를 발표하기까지 약 한 시간 동안 딱히 할 말도 없이 남자 둘이서 멀뚱멀뚱 기다렸다.

드디어 개찰이 시작되었다. 한 사람, 한 사람 낙찰이 되는 것을 보면서 슬슬 가슴이 요동치기 시작했다. 법원경매를 몇 년이나 했지만, 이 순간은 여전히 설레고 기대된다. 드디어 우리의 물건번호를 부르기 시작했다. "2014타경○○○○○번, 1번 물건입니다. 입찰자는…"이라는 집행관의 말에 심장이 터질 듯이 요동쳤다. 그리고….

집행관 : 입찰자는 한 명, 단독입찰입니다. 인천에서 오신 차원희 님 앞으로 나오세요.

순간, 낙찰이 됐다는 기쁨보다 '아… 안돼…' 라며 속으로 외쳤다. 설마 2번 물건도 단독입찰인가? 안돼, 2번 물건은 꼭 입찰이 더 들어와야 해! 그렇지만….

집행관 : … 2번 물건의 입찰자는 한 명, 단독입찰입니다.

고개를 돌려 반장님의 표정을 보았다. 반장님과 눈이 마주쳤고, 갑자기 두 사람의 사이에 정적이 흘렀다. 반장님은 묵묵히 낙찰영수증을 받고 발걸음을 옮겼다. 아직도 그 발걸음을 잊을 수 없다. 나는 어린아이가 잘못을 한 뒤 엄마에게 끌려가는 것처럼 반장님 뒤를 졸졸 따라갔다.

발걸음이 멈춘 곳은 편의점 앞이었다. 반장님은 조용히 담배를 한 갑 사더니 연달아 두 대나 피우셨다. 분명히 끊으셨다고 했는데…. 물론 내가 죄를 지은 것도 아니고, 단독낙찰이 나쁜 것도 아니다. 하지만 이상하게도 나는 그 장면을 지켜만 보고 있을 수밖에 없었다. 반장님은 "이놈의 경매 때문에 담배를 끊을 수가 없다"라는 말을 남겼다.

최저가보다 5,000만 원 이상 더 써냈는데 단독입찰이라면 속이 매우 쓰리긴 하다. 안 내도 되었을 5,000만 원을 낭비했다는 생각이 들기 때문이다. 하지만 수익률이 충분하다면 단독이냐 아니냐는 사실 중요한 문제가 아니다. 나중에 더 큰 수익이 생기면 된다. 그리고 만약 병원까지 재계약을 한다면 5,000만 원쯤은 아깝지도 않다. 그렇게 부푼 꿈으로 단독낙찰의 쓸쓸함을 털어내며 우리는 현장으로 향했다.

병원 임차인의 배신

기존 임차인은 병원이었다. 상상해보자. 내 임차인이 병원이라면 어떨까? 모든 임대인의 꿈의 임차인 병원. 낙찰받고 내심 기대도 컸다. 현재 점유자인 병원이 임대차계약을 연장하거나, 나가더라도 다른 의사에게 권리금을 받으며 넘겨줄 것이라고 생각했기 때문이다.

이렇게 생각한 것은 기존 병원 영업이 굉장히 잘 되었고, 위치도 동네 1등이었기 때문이다. 주변에는 이렇게 큰 소아청소년과가 없었으며 4층은 입원실, 5층은 진료실로 분양면적 약 400평이 넘는 큰 평수를 유지하는 병원이었다. 바닥에는 어린아이들이 넘어지더라도 다치지 않도록 폭신폭신한 에폭시를 깔아 두어 인테리어 비용도 만만치 않았다. 그만큼 낙찰받은 곳은 병원으로서의 인테리어가 매력적이었으므로 다른 병원이 재입점할 확률도 높았다.

게다가 4층과 5층을 전부 우리 쪽⑦에서 낙찰받은 덕분에 마지막 퍼즐까지 맞춰졌다. 층별로 소유자가 다르지만 서로 신뢰가 있는 사이이므로 마찰이 생겨 크게 잘못될 부분도 없이 완벽했다.

그러나 이게 웬일인가. 기존 임차인과 이야기를 나누었으나 조율에 실패했고, 결국 기존 임차인은 이사를 나갔다. 이후 입점을 원하는 병원장들과 미팅을 시작했다. 계약조건을 조율하면서 임차 직전까지 간 적이 여러 번이지만, 결국은 우리가 원하는 조건을 만족하지 못하거나 예비 임차인이 무리한 조건을 제시하면서 계약이 무산되곤 했다.

그렇게 약 6개월이라는 시간이 흘렀다. 물론 공실은 길어질 수도, 운 좋게 짧게 지나갈 수도 있다. 하지만 계속 비용이 나간다는 것은 매우 부담스러운 일이다. 언제나 결정을 해야 하는 시기는 온다. 정말 많은 고민을 했다. 병원들과 조금 더 조율해 볼 것인가? 아니면 기존의 인테리어를 과감하게 철거하고 다른 임차인을 받을 것인가?

결론은 철거였다. 의사들과 좀 더 조율해볼 수도 있었지만, 주변 상가의 임차가 하나둘 채워지는 것을 보며 이렇게 시간만 흐르다가는 정작 들어오길 원하는 임차인들도 전부 뺏길 수 있다는 생각이 들었다. 더는 끌려가지 않을 것이라 다짐하며 과감하게 병원 인테리어를 모두 철거했다.

인테리어를 걷어 내니 생각했던 것보다 공간이 훨씬 더 커 보였다. 전용면적만 해도 162평이니 어쩌면 당연하다. 자, 이제 어떻게 할까? 어떤 업종의 임차가 좋을까? 고민을 시작했지만 이 정도 규모를 한꺼번에 사용할 만한 업종이 쉽게 생각나지 않았다. 최소한 패밀리 레스토랑, 볼링장, 스크린골프 등은 되어야 하지 않을까.

그런데 때마침 볼링장 프랜차이즈의 연락이 왔다. 내가 원하는 임대료를 제시했고, 프랜차이즈 담당자도 그 정도면 충분히 가능하다는 답변을 했다. 세상이 아직 나를 버리지 않았다는 생각에 그간의 고생이 씻겨 내려가는 듯했다. 그런데 계약금을 보내니 마니 하는 찰나에 갑자기 연락이 왔다.

담당자 : 대표님, 오류가 좀 있었네요. 상가 면적이 162평이어서 계약을 진행하긴 했는데, 가장 중요한 레인 길이가 안 나오네요? 직선거리가 최소 15m는 나와야 하는데, 대표님 상가는 13m입니다. 건물이 좀 더 길었으면 좋겠는데 'ㄴ'자 모양이라서 아무리 해도 레인이 안 나옵니다. 죄송합니다.

당연히 계약이 성사되리라 생각했는데 불발됐고, 그것도 계약 직전에 파기되다 보니 엄청나게 힘이 빠졌다. 하지만 그대로 실의에 빠져 있을 수는 없다. 다시 곰곰이 생각했다. 어떻게 해야 임차가 들어올 수 있을까? 어떻게 하면 약 162평의 상가에 빠짐없이 임차를 맞출 수 있을까?

계속 고민하다가 주변에 임대가 진행된 곳과 진행되지 않은 곳을 확인하기 시작했다. 그리고 중개사무소에 들러 최근 임차인들이 많이 찾는 수요를 물어보기 시작했다. 여기서 주의할 점은 그냥 무작정 문을 열고 들어가 "사장님, 요즘 임차인들이 많이 찾는 상가는 몇 평인가요?"라며 추상적으로 질문하지 않는 것이다. 이렇게 물어보면정확한 답변을 얻을 수 없다. 다시 한 번 말하지만, 정확한 답을 위해서는 질문 또한 명확해야 한다.

조사해보니 해당 지역은 유동인구 중에 학생이 많았으며, 주변 상가 업종 대부분이 학생들을 상대하는 학원이나 스터디카페, 병원의 수요가 많다는 것을 알 수 있었다. 스터디카페는 최소 50평 이상, 병원은 최소 40평 이상, 학원은 최소 30평 이상이 필요하다는 이야기를 들었다.

하나의 상가를 4개로 쪼갠 이유

그때부터 상가의 큰 도면을 가지고 이리저리 나누기 시작했다. 162평을 두 개, 세 개, 네 개 등으로 나눠보며 중개사분들께 조언을 구했다. 어떤 임차인이든 원하는 만큼 공간을 나누어 주겠다면서 말이다. 상가의 공간을 나눌 때는 무작정 나누는 것이 아니라, 예상 도면 몇 가지를 준비하여 중개사들에게 보여주며 의견을 묻는 것이 좋다. 중개사는 아무래도 임차인들이 원하는 평수나 구조를 많이 알고 있기 때문이다. 또한 임차인이 원하는 평수대로 나누어줄 수 있다는 것을 확실히 어필해야 한다.

이런 방법은 큰 평형대의 가장 큰 장점이면서, 동시에 공실 리스크와 이자 부담을 줄이는 가장 확실한 방법 중 하나이다. 만약 160평의 상가가 통째로 임차되지 않는다면 대출이자를 오롯이 소유자가 부담해야 한다. 그러나 상가를 80평씩 두 개로 나누었다고 생각해보자. 그중 하나라도 원하는 만큼의 임차가 맞추어진다면 당장의 이자 부담이 줄어들며, 임차인이 원하는 만큼 공간을 사용하기 때문에 빠르게 임차를 맞출 확률도 높아진다. 투자에서는 내가 원하는 평수를 고집하기보다 수요자들이 원하는 평수를 반영하는 유연함이 필요하다.

얼마 뒤 중개사를 통해서 스터디카페를 하고 싶은데 50평가량이 필요하다는 연락이 왔다. 임차인은 가장 좋은 위치를 원했고, 스터디카페는 고급스러운 인테리어를 뽐낼 수 있는 업종이기 때문에 가장 좋은 자리를 흔쾌히 내주었다.

첫 번째 임차로 조용한 스터디카페가 들어 온다면 다음 임차인은 학원이 들어올 것을 어느 정도 예상할 수 있었다. 그래서 남은 공간을 학원이 원하는 평형대로 최대한 나누기 시작했다. 스터디카페가 입점할 401호(54평)를 기준으로 402호(35평), 403호(31평), 404호(40평)까지 칸막이를 설치하기 시작했다.

다음 임차인도 구하지 않았는데 미리 나누는 것이 설레발 아니냐고 생각할 수 있지만, 나는 가장 큰 평형의 임차가 끝나면 다음은 유동적으로 칸막이를 만든다. 그 이유는 나누기 전에 도면으로 아무리 설명해도 임차인에게는 그 모습이 잘 그려지지 않아 계약 성

■ 해당 물건의 공간 분할

사가 어려웠던 적이 몇 번 있었기 때문이다. 또한 큰 평형을 찾는 입점 문의가 들어오면 호수를 나눈 벽을 철거하여 두 개 호수 또는 세 개 호수를 사용하도록 합치는 작업은 크게 어렵지 않기 때문이기도 하다.

이렇게 공간을 나눠두자 예상대로 학원에서 입점 의뢰가 왔다. 402호에는 영어학원, 404호에는 수학학원이 입점하게 되었다. 네 곳 중 세 곳에 임차인이 입점하였고, 이 세 곳의 임대료로 495만 원이 매달 따박따박 들어오게 되었다. 나머지 403호는 실사용자가 매입을 하였다.

향후 이 상가는 나에게 충분한 월세 수익과 더불어 시세차익 2억 원 이상을 안겨주는 효자가 되었다.

편견을 벗어던져야 성공할 수 있다

사람들은 지방에 있는 상가라고 하면 할 수 있는 게 많지 않다고 생각한다. 하지만 그렇게 생각한다면 이미 마음속에 까만 선글라스를 쓴 것과 같다. '지방은 안된다'는 까만 선글라스를 끼고 세상을 바라본다면 세상은 아무것도 할 수 없는 까만색일 뿐이다. 무엇을 보더라도 있는 그대로를 보고 판단해야지, 이미 선글라스를 끼고 바라보는데 어떻게 좋은 상가가 내 눈에 들어올 수 있겠는가.

우리는 정보화 시대에서 살아간다. 많은 것을 얻고 들을 수 있지만 정작 그것이 좋은지 나쁜지 판단하기 힘들다. 정답을 모르는 처지로서는 스스로 판단하는 것 자체가 너무나 힘든 일이다. 그러면서 많은 사람들이 나쁜 것과 좋은 것을 제대로 구분하기 보다는 내가 듣고 싶은 것은 좋은 것이고, 듣기 싫은 것은 나쁜 것으로 간주하게 되었다. 이것이 크고 작은 문제를 일으킨다.

내가 유튜브 채널 '돈금술사 족장TV'를 통해 90% 대출을 이용하라고 말할 때도 사람들로부터 사기꾼이라는 이야기를 많이 들었다. 본인들은 60%밖에 못 받았는데 왜 90%가 나온다는 이야기를 하냐며 항의하는 사람도 있었다. 자신이 아는 세상이 전부가 아닐 텐데, 자기가 아는 것만이 정답이라 주장하는 것을 보면 참 안타깝다. 이 책을 보는 독자분들은 그러지 않았으면 좋겠다.

투자에는 완벽한 정답도, 완전한 오답도 존재하지 않는다. 마음의 선글라스를 벗어 던지고 부동산의 가치를 있는 그대로 바라본다면 더욱 빠르게 성공할 수 있을 것이다.

04

적극적인 관심이 만든 단지내상가의 기적

따스한 바람이 부는 4월 어느 날, 아파트 임장을 하고 돌아오는 길에 유독 하나의 상가가 눈에 띄었다. 꽤 커 보이는 아파트의 단지내상가였는데, 1층과 2층을 합해 열 개 남짓한 상가가 절반 넘게 비어 있었다. 대체 무슨 일이 있었던 걸까?

투자자는 언제나 물음표를 가지고 있어야 한다. 공실이 많다면 그냥 '입지가 안 좋은가보다' 하고 넘어가기보다는 입지가 왜 안 좋은지, 어떤 이유로 공실일지를 생각해야 한다. 그렇게 하는 사람만이 하나의 기회라도 더 잡을 수 있다.

본능적으로 단지에 몇 개 없는 중개사무소에 들어가서 이 단지내상가에 어떤 문제가 있어 이렇게 공실이 많은지, 지금 분위기는 어떤지 문의하였다. 중개사가 하는 말을 들으니 가관이었다. 예전 상가 분양팀이 분양을 맡았을 때, 주변 시세를 참고하지도 않고 높은 가격에 분양했다는 것이다. 당시 열 개 호실 분양가 합이 총 31억 1,000만 원이었다고 한다. 당연히 그러면서 몇 개를 제외한 나머지 상가는 분양에 실패했다. 그 이후로 몇 번 임차나 매매 문의가 있었지만 실제 계약으론 이어지지 않았다.

■ 해당 상가의 현황도

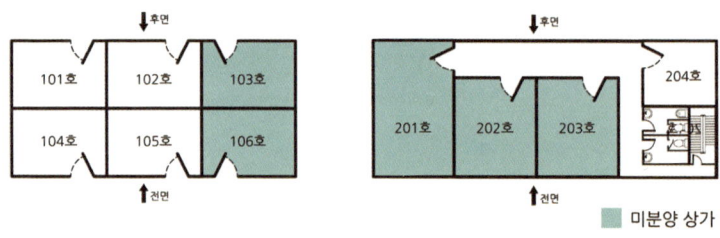

매매가 안 된 건 그렇다 쳐도 임대는 가능하지 않았을까 하는 생각이 들어 물어보니, 임대를 진행하려고 해도 분양팀은 상부에 보고한다는 소리만 한 채 더는 회신이 없었다고 했다. 이에 중개사도 자연스럽게 거래하지 않고 있었다는 것이다.

남의 물건이지만 참 아까웠다. 약 1,000세대를 품고 있는 아파트의 단지내상가라는 장점도 있지만, 그 배후세대가 딱히 다른 곳으로 빠져나갈 곳이 없는 일명 '항아리 상권'이라 불리는 곳이었다. 세대수도 좋고, 위치도 좋고, 안정적으로 가져가기에 참 좋은 상가였는데, 모든 부동산이 다 그렇겠지만 높은 분양가가 굉장히 아쉬웠다.

검색하는 자에게 기회가 온다

며칠 후 부동산 공매 사이트인 온비드에서 이리저리 물건을 찾던 중 눈에 익은 상가가 하나 보였다. 그날 본 단지내상가였다. 내가 둘러보고 온 상가가 온비드에 올라온 것이다.

■ 해당 매물의 공고문

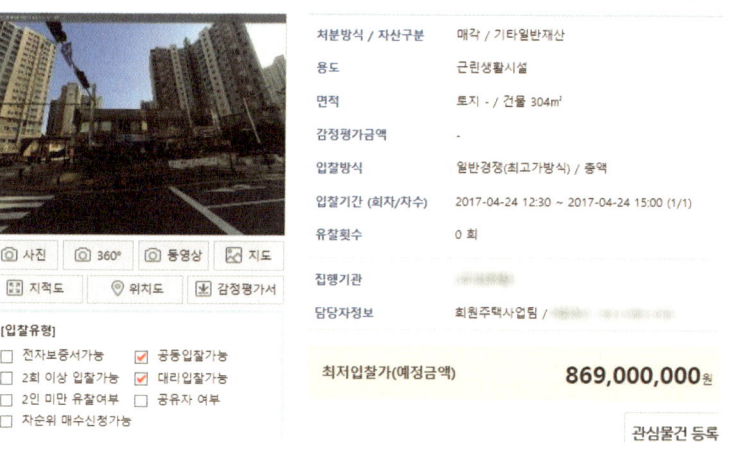

진행되는 물건은 기타 일반재산이었다. 온비드에서 가장 중요한 것은 집행기관인데, 이번 건의 집행기관은 군인공제회였다. 즉, 공실이었던 상가는 군인공제회 소유였고, 그것을 매도하려고 내놓은 것이다. 이런 경우 대부분 권리상 큰 문제가 없는데, 이 물건 역시 별다른 문제가 없음을 확인할 수 있었다.

다음으로 살펴본 것은 가격이었다. 얼마 전 임장을 통해서 분양가를 미리 확인했던 나는 눈을 의심할 수밖에 없었다. 다섯 개 호실을 모두 합한 최저매각가격이 8억 6,900만 원? 7년 전 분양가에 비해 약 50%나 낮은 가격이었다. 이건 기회라는 것을 직감적으로 알 수 있었다.

부푼 마음으로 다시 현장을 찾았다. 그런데 현장에 도착하자마자 동공이 크게 흔들렸다. 지난번에는 없었던 굉장히 큰 현수막에 '단지 내상가 잔여 5실 입찰'이라는 대문짝만한 글자가 박혀 있었다. 동네방네 소문을 내려는 건가…. 물론 수탁자인 군인공제회 입장에서는 매도에 최선을 다해야 하기에 그럴 수 있는 일이지만, 이 물건을 나만 알고 싶은 입찰자로서 기분이 좋지만은 않았다

온비드 공매나 부동산 경매는 대부분 경·공매에 관심이 있는 사람들만의 리그로 진행이 된다. 일반 사람들은 경·공매를 잘 모르기도 하며, 무섭다고 생각해서 잘 찾아보지도 않기 때문이다. 사람들의 관심이 적을수록 투자자에게는 기회가 더 많

■ 현장에 걸린 현수막

다. 그런데 저렇게 현수막이 크게 보인다면 관심이 없던 사람도 찾아볼 판이었다. 그래도 어떻게 하겠는가, 조사는 해야 하니 지난번에 들렀던 중개사무소로 향하였다.

중개사 사장님과 몇 마디를 나누는데, 이상하게도 예전에 왔을 때보다 엄청 불친절하다는 것을 느꼈다. 순간 아차 싶었다. 자기가 가지고 싶어서 경계하는 거구나…. 실제로 투자를 겸하는 중개사에게 물건을 뺏긴 적이 몇 번 있던 나는 황급히 부동산을 빠져나왔다.

투덜거리며 바로 옆 편의점에 들어갔다. 앉아서 바나나 우유라도 하나 마시면서 차분히 생각을 정리할 참이었다. 하지만 편의점의 크기는 고작 13평 남짓으로 너무 좁아서 차분히 앉아 있을 분위기가 아니었다. 1,000세대를 대상으로 장사하는 편의점이 고작 13평이라니…. 좁은 공간에 1,000세대를 위한 판매 물품을 진열해두니 성인 남성 한 사람이 움직이기도 힘들 정도였다.

결국 바나나 우유를 들고 밖으로 나와 곰곰이 오늘 일을 정리했다. 대략적인 임대료나 매매가격, 임차 수요자들을 알아야 입찰가를 산정할 수 있을 텐데, 중개사의 협조를 얻기 어렵다면 어떻게 해야 할지 난감했다. 그렇다고 정확한 조사가 이루어지지 않은 채 입찰하기에는 너무 위험한 물건이었다. 감으로 입찰한다? 그럴 수는 없다. 아무리 좋아 보이는 물건이라도 감으로 입찰을 한다는 것은 '운'이라는 불확실한 변수에 내 돈을 맡기는 바보 같은 짓이다. 9억 원 가까운 돈을 감으로 던질 수는 없었다. 그렇지만 중개사들이 이렇게 까칠하게 나오면, 과연 나는 이걸 어떻게 낙찰받아야 하나 혼란스러웠다. 그렇다고 해서 다른 해결책은 나오지 않았다.

결국 정면승부를 하기로 했다. 중개사에게 내 사정을 그대로 말하고, 입찰할 것인지 물어보기로 했다. 만약 입찰한다고 하면 쿨하게 "그럼 사장님이 가져가세요"라고 말하자고 결심하며 다시 문을 박차고 들어갔다. 그 사람이 입찰하면 나도 같이 입찰하는 것이고, 어쨌든 물어볼 것은 물어봐야 하지 않겠는가.

족　장 : 사장님. 다시 왔습니다. 혹시 사장님이 이 물건에 입찰하실 건가요?
중개사 : 제가 그걸 왜 입찰해요? 안 해요.
족　장 : 그럼 저한테 왜 이렇게 까칠하세요. 저번에는 잘 해주시더니….
중개사 : 아, 몰라서 물어요? 생각해보세요. 이 상가들이 팔리고 나면 저기 뭐가 들어올 것 같아요?
족　장 : 네? 아…. 혹시 다른 부동산 말씀이세요?
중개사 : 그렇죠. 뻔하잖아요. 부동산 아니면 커피숍 뭐 그런 거지. 지금은 부동산이 두 개라서 딱 좋은데. 더 들어오면 어떻게 해요.

그제야 이해가 되었다. 내가 투자자이다 보니 사장님도 이 물건에 관심이 있어서 그럴 거라고 생각했지만, 사장님은 다른 중개사가 들어와서 누군가 밥그릇을 뺏으리라 생각한 것이었다. 그러니 입찰하려는 사람에게도 고운 말이 나올 리 없었다. 내심 다행이라는 생각이 들었다.

족　장 : 사장님, 제가 낙찰받으면 부동산은 임차인으로 안 받을게요. 그러니까 여기 주변 시세랑 분위기랑 매매가격 좀 알려주세요.
중개사 : 진짜 안 받으실 거예요?
족　장 : 그럼요. 대신 1년 이상 공실이 나면 저도 감당하기가 힘드니까, 그때는 사장님께서 좀 이해해 주세요.
중개사 : 그 정도면 당연히 어쩔 수 없죠.

그렇게 해당 물건에 대한 많은 정보를 얻고 돌아왔다. 1층 전면 기준 평당 임대료는 20만 원이 훌쩍 넘었으며, 후면 기준으로는 약 10만 원 정도였다. 2층은 모두 공실이었기 때문에 정확하게 알 수는 없었으나, 평당 임대료가 약 5만 원에서 6만 원으로 매겨질 것이라는 이야기를 들었다.

단지내상가를 조사하는 방법

중개사로부터 정보를 얻어 오긴 했지만, 그 정보가 모두 정답일 수는 없다. 중개사는 중개를 하는 사람이지 물건의 가치를 판단하는 사람이 아니고, 자칫 잘못되었을 때 책임을 지는 것도 아니기 때문이다.

현장방문을 무사히 마치고 나서 집에 들어와 손품을 팔았다. 중개사로부터 얻은 정보를 객관적으로 확인하기 위해서다. 해당 상가와 비교할 만한 다른 상가를 찾아서, 중개사가 이야기해준 시세와 잘 맞는지 크로스체크가 필요하다.

상가 중에서도 단지내상가는 조사가 가장 쉬운 편에 속한다. 그 이유는 뭘까? 다른 상가에 비해 변수가 현저히 적기 때문이다. 변수가 적은 이유는 인구 유입의 특성 때문이다. 대부분의 상권은 만들어지는 과정이 있다. 상권이 단번에 생기는 것이 아니라 핫플레이스 역할을 하는 상가가 하나하나 입점하면서 유동인구가 많아지고, 점점 상권이 형성된다. 하지만 단지내상가의 경우는 그렇지 않다. 아파트 입주민이 입주하는 시점부터 시작된다.

예를 들어 1,000세대의 아파트가 지어지고 분양이 제대로 되었다면, 짧은 시간 내에 1,000세대의 인구가 입주하게 된다. 그리고 그 순간부터 단지내상가는 입주자들에게 편의를 제공하게 된다. 상권의 성숙기 따위는 필요가 없는 것이다. 1,000세대 안에서만 판매를 하고, 1,000세대를 위해 상품을 준비한다.

상가 투자를 할 때 비교 대상이 명확하면 어떤 부분에서 더 좋은지 혹은 안 좋은지만 따지면 되므로 굉장히 단순하고 쉬울 것이다. 하지만 상가는 위치도, 상권도, 수요도 모두 다르기 때문에 비교 대상을 찾기가 어렵고, 스스로 판단해야 하는 부분이 많아서 대부분 어려워한다. 공부를 하다 보면 그것도 익숙해지겠지만, 그래도 초보자에게는 단지내상가 투자만큼 비교가 쉽고 간단한 투자는 없다고 생각한다.

다시 본론으로 들어와서, 그렇다면 비교 대상을 어떻게 찾으면 될까? 단지내상가의 경우 소비하는 사람들이 정해져 있고, 입점하는 업종 또한 정해져 있다. 그렇다면 우리는 조사하려는 상가와 비슷한 조건의 다른 단지내상가를 찾아서 비교하면 된다. 세대수와 상가 점포수가 비슷한 인근 단지 몇 곳을 찾은 후, 중개사가 이야기했던 임대료와 매매가격을 비교해봄으로써 보다 명확하게 정답을 찾을 수 있다.

비교 대상을 찾기 위해서는 아래의 조건들이 비슷한 단지를 골라야 한다.

아파트 매매가

아파트 투자를 할 것도 아닌데 아파트의 가격이 비슷한 단지를 알아보는 이유는 두 가지다. 첫 번째로, 아파트 매매가격에 따라 거주자들의 소비 여력과 소비 성향이 달라지기 때문이다. 가격이 높은 아파트일수록 소비 여력도 뛰어나다. 아무래도 가격이 높은 아파트 거주민일수록 소득 수준이 높은 경우가 대부분이기 때문이다.

두 번째로, 단지내상가에서 임대료를 잘 받을 수 있는 업종과 관련이 있다. 단지내상가의 대표적인 우량 업종은 편의점과 부동산 중개사무소다. 그중에서 편의점의 경우 기존에 다른 편의점이 없었다면 입주하는 데에 문제가 없다. 하지만 대부분의 단지내상가에는 입주와 동시에 편의점도 입점하기 때문에, 경·공매를 통해서 단지내상가의 편의점 자리를 차지하긴 힘들다.

그렇다면 부동산 중개사무소가 입점하는 것이 최선인데, 이들의 주요 수입원은 중개수수료이며 이는 계약 규모에 비례한다. 당연히 1억 원짜리보다 8억 원짜리, 10억 원짜리를 중개하는 중개사가 수입도 높을 것이다. 부동산 중개사무소의 임대료를 알고 싶다면 배후단지의 매매가격이 가장 비슷한 곳을 찾아보는 것이 좋다.

세대수

단지내상가의 주 소비층은 해당 아파트에 사는 세대원으로 한정되기 때문에 최대한 비슷한 세대수의 단지를 놓고 찾아보면 비교 대상으로 삼기에 좋다.

입주 연차

입주 연차는 크게 중요한 것은 아니지만, 구축단지의 경우 인테리어 업체를 고려해볼 수 있다. 신축단지와 10년 이상 된 구축단지의 차이점 중 하나는 상가 내 인테리어 업체의 유무다. 신축단지의 상가에는 인테리어 업체에 대한 수요가 적으므로 잘 입점하지 않지만, 10년 이상 된 상가에는 인테리어 업체가 입점하기에 좋은 조건이다. 즉 입점 가능 업종 하나가 추가되는 것이다.

중심이 되는 평형

평형 또한 거주자들의 소비력을 보여주는 기준이다. 20~30평대가 많은 단지와 40~50평대가 많은 단지의 거주자 특성은 분명 다를 수밖에 없다. 20~30평대 중심의 단지는 경제활동이 왕성한 30~40대가 많아서 소비가 많지만, 40~50평대 중심의 단지는 50대 이상이 많아서 아무래도 소비 여력이 줄어들 수밖에 없다.

이런 내용을 찾아보기 위해 지도에서 아파트단지를 하나하나 찍

■ 호갱노노 활용 예시

어볼 수는 없는 노릇이므로, 호갱노노(hogangnono.com)라는 플랫폼을 이용한다. 여러 가지로 비교해본 뒤 비슷한 여건의 아파트단지를 추려낼 수 있었고, 대략적인 상가 시세를 알 수 있었다. 1층 전면부와 후면부의 평균은 15만 원 정도, 상층부는 평당 5만 원 정도다.

알아낸 시세를 바탕으로 이번 상가를 분석한 결과 1층 전면부를 모두 임차했을 때 최소 450만 원 이상의 월세를 받을 수 있고, 손실은 없다고 판단되었다. 그 이유는 월세 450만 원, 수익률 5%를 기준으로 매도했을 때 최악의 경우라 하더라도 최소 10억 5,000만 원 이상으로 매각할 수 있기 때문이다. 단지내상가의 경우 1층은 수익률 5% 정도, 2층은 5.5~6% 정도에 매각되는 경우가 많기 때문에 이를 기준으로 한 것이다. 또 해당 부동산은 공실이어서 경·공매에서 흔히 일어날 수 있는 명도의 번거로움도 없었다. 최저가 8억 6,900만 원 기준으로 충분히 도전해볼 만한 상가라는 판단이 섰다.

입찰가 산정은 총성 없는 전쟁

온비드의 장점 중 하나는 온라인으로 입찰할 수 있다는 것이다. 공인인증서만 소지하고 있다면 어디서든 입찰이 가능하다. 이번 입찰할 부동산도 당연히 그런 줄 알았다. 그런데 해당 부동산은 조금 다른 게 있었다.

온비드는 부동산을 매각할 때 특이점이나 주의점 그리고 숙지해야 할 부분을 공고문을 통해 올려둔다. 그런데 공고문을 유심히 읽어 보니 입찰 기간이 일반적인 온비드 매각과는 사뭇 달랐다. 보통의 경우 온라인 사이트를 이용해서 5일가량의 입찰 시간을 주는데, 해당 상가는 인터넷 입찰이 아닌 당일 현장 입찰을 해야 하며, 입찰 가능 시간 또한 오후 12시 30분부터 3시까지 고작 두 시간 반만 주어진다는 것이었다. 아니 뭐라고? 뭔가 이상하다는 생각이 들었다. 그 엄청난 현수막을 보고 입찰을 생각했던 사람들은 과연 이 사실을 알고 있을까?

■ 해당 물건의 공고문 중 입찰 정보

■ 입찰 방법 및 입찰 제한 정보

전자보증서 사용여부	사용 불가능	차순위 매수신청 가능여부	신청 불가능
공동입찰 가능여부	공동입찰 가능	2인 미만 유찰여부	1인이 입찰하더라도 유효한 입찰로 성립
대리입찰 가능여부	대리입찰 가능	2회 이상 입찰 가능여부	동일물건 2회 이상 입찰 불가능

■ 회차별 입찰 정보

입찰번호	회차/차수	구분	대금납부/납부기한	입찰기간	개찰일시	개찰장소	최저입찰가(원)
0001	001/001	현장	공고문 참조/계약 후 30일	2017-04-24 12:30~ 2017-04-24 15:00	2017-04-24 16:00	용인 ○○ 단지내상가 내	869,000,000

어쨌든 입찰을 하기로 결정했으니 현장 입찰에 참여해 보기로 했다. 입찰가격은 하루 전날 정한다. 초보자 시절 현장에서 가격을 정하다 보니 입찰하려고 온 사람들의 수가 예상보다 많거나 적으면 마

음이 흔들리면서 입찰가격을 조정하는 바람에 생각했던 것보다 높은 가격에 낙찰받거나, 받을 수 있던 물건을 못 받는 일이 있었기 때문이다.

입찰가를 작성하는 것은 정말 총성 없는 전쟁의 느낌이다. 누가 얼마를 쓸지 모르기 때문에 쉽사리 결정을 내리기 어렵다. 나의 판단 하나에 적게는 몇천만 원부터 많게는 몇억 원이 움직인다. 수많은 투자를 해왔지만 입찰가를 정하는 것은 여전히 힘든 일이다. 얼마에 입찰해야 하나 고민하다 최저가격에서 6,000만 원가량을 더 높여 9억 2,000만 원에 입찰하기로 결심했다.

그 이유는 생각했던 가격으로 임차인을 구한다면 10억 5,000만 원가량으로 매도할 수 있고, 2층 물건에는 이미 예비 임차인들이 있다는 것을 확인하였기 때문이다. 향후 매도와 임차 세팅에 큰 문제가 없으니 조금 더 써도 되겠다는 생각이 들었다. 여러모로 따져봤을 때 취·등록세를 내고도 1억 원 이상의 시세차익은 볼 수 있다는 생각이 들었고, 최저가에서 6,000만 원이라면 큰 욕심 부리지 않고 수익을 볼 수 있으리라 생각했다.

입찰 당일 아침이 밝았다. 이상하게도 입찰일에는 일찍 깬다. 오랜 시간 입찰가 산정을 고민하다 보니 푹 잠을 자지 못한다. 피곤함과 설렘을 안고 상가에 도착했다. 오늘의 입찰은 상가가 위치한 현장에서 진행되기 때문이다. 오늘따라 더 휑한 느낌이 난다. 기존에도 공실이 많기는 했지만 왠지 더 휑한 느낌이었다. 왜 그런가 살펴보니 중개사무소마저 정기휴일이었다. 대부분의 점포가 텅 비어 있는데 중개사무소까지 닫으니 폐허가 따로 없었다.

지난번에 바나나 우유를 사 먹었던 작은 편의점 앞 의자에 앉아 입찰 준비를 하면서 과연 누가 오는지 예의주시했다. 12시가 되니 남자 두 사람이 내가 앉은 쪽으로 걸어오더니 혹시 입찰하러 오셨느냐고 묻는다. 뭐지? 이 사람들도 입찰자인가? 순순하게 그렇다고 답하면 왠지 낙찰가가 올라갈 것만 같은 생각에 짐짓 모른 척을 했다.

족 장 : 입찰자요? 무슨 입찰이요? 여기 뭐 있어요?
남자① : 아, 아닙니다. 이상하네, 왜 아무도 없지?

남자는 몇 번이고 두리번거리더니 내 옆을 지나쳐 갔다. 나는 속으로 내 연기는 완벽했다고 생각하며 '가라~ 가라~ 저 멀리 가버려라~'를 외쳤다. 그런데 생각하지도 못한 일이 벌어졌다. 그 사람들이 덜컹덜컹 하는 소리와 함께 굳게 잠긴 상가의 문을 여는 것이었다! 두 사람은 입찰자가 아니라 군인공제회 소속 관계자였던 것이다. 두 남자는 나를 이상하게 쳐다보더니 안으로 쓱 들어갔다. 그렇게 나와 두 관계자와의 눈싸움이 시작되었다.

시간이 흘러 12시 30분, 드디어 입찰 시간이 되었다. 아직 한 사람도 오지 않았다. 편의점에 손님이 오갈 때마다 혹시 입찰자인가 싶어 가슴이 두근거렸고, 차마 누가 올까 봐 자리를 비울 수도 없었다. 만약 아무도 오지 않는다면 최저가격에 낙찰을 받을 수 있다는 생각이 들었기 때문이다. 편의점 앞 식탁에 가방을 올려놓은 뒤 재빠르게 삼각김밥, 라면 그리고 바나나 우유를 사서 다시 자리에 앉았다. 그러고는 혹시나 누가 올까 봐 다시 마음졸이면서 시간이 지나가기를 기다렸다. 그렇게 오후 2시쯤, 나이가 지긋한 남자 두 명이 나에게 다가왔다.

남자② : 어이쿠, 젊은 분이 오셨네. 혹시 입찰 오셨습니까?
족　장 : 네? 무슨 일이신가요?
남자② : 제가 좀 늦은 것 같은데, 혹시 여기 우리 말고 또 온 사람 있나요?
족　장 : 없었는데요?
남자② : 그럼, 우리 이야기 좀 하시죠. 잠깐이면 됩니다.

　순간 머릿속에 오만 가지 생각이 다 들었다. 설마 말로만 듣던 조직폭력배는 아니겠지? 입찰을 하러 왔으면 조용히 하면 될 걸 무슨 이야기를 하려는 걸까? 겁을 주려는 건가? 그렇지만 겉으로는 애써 티 내지 않았다. 그냥 여기서 이야기하셔도 될 것 같다는 내 말에, 갑자기 한 사람이 군인공제회 관계자들이 잘 보이지 않도록 내 앞을 가리는 것이었다. 주변에 아무도 없는 것을 확인하자 그 사람은 슬며시 주머니에 손을 넣었다. 순간 수많은 생각이 들어 바짝 긴장하고 있는데, 주머니에서 나온 것은 바로 돈 봉투였다. 의아해하는 나를 보며 남자가 말했다.

남자② : 젊은 분이신 것 같은데, 이거 가지고 그냥 가세요.
족 장 : 네? 이게 뭔가요?
남자② : 500만 원입니다. 이거 드릴 테니 그냥 가세요. 나이도 젊으신 것 같은데.
족 장 : 그러니까 이걸 받고 저한테 입찰을 포기하라고 하시는 거죠?
남자② : 네, 그렇습니다.

30대 초반의 남자가 8억 원짜리 부동산을 낙찰받겠다고 앉아 있는 것이 만만하게 보였나 보다. 만약 내가 입찰을 포기하면 경쟁자가 없고, 그렇다면 이 남성은 단독입찰로 최저가에 낙찰받을 수 있다. 하지만 만약 내가 버틴다면 입찰가격을 높여 적어야 하기 때문에 나에게 돈을 건네며 회유하는 것이었다. 물론 이것은 불법이다. 현장에서 적발될 시 입찰 자격이 박탈당할 수 있다.

족 장 : 싫은데요?
남자② : 적어서 그러세요? 물건엔 얼마나 쓰려고 하시는데요?
족 장 : 전 한 10억 쓰려고 하는데요? 왜 그러세요?
남자② : 네? 아니 무슨 10억씩이나….

족 장 : 그건 제 마음 아닌가요?

　당연히 나도 10억 원을 써낼 생각은 없다. 하지만 노련해 보이는 상대방 앞에서 기 싸움을 밀리면 안 될 것 같았기 때문에 일부러 강하게 나간 것이다. 남자들은 기가 막혔는지, 이따가 다시 올 테니 한 번 잘 생각해보라는 말을 남기고 자리를 떴다.

　시간이 흘러 흘러 입찰 마감시간이 다가왔다. 그렇게 엄청난 현수막이 있고, 세대수가 많음에도 불구하고 정말 거짓말처럼 입찰에 참여하는 사람은 한 명도 보이지 않았다. 마감시간이 다 되도록 그곳을 지킨 것은 나 혼자였다. 내가 잘못 조사한 건가? 왜 아무도 없을까? 멍하게 우두커니 서 있는데 갑자기 관리자가 "입찰자 없으시면 마감하겠습니다"라고 말했다. 나밖에 없었으니 분명 나 들으라고 한 말일 것이다. 내가 앞으로 걸어나가자 다소 당황한 표정을 짓는다.

관리자 : 다른 분들은 안 오셨습니까?
족 장 : 네. 아무도 없는 것 같네요.
관리자 : 네, 그럼 입찰표를 작성해 주세요.
족 장 : 네.
관리자 : 그런데 얼마 적으실 거예요?

　그 순간 머릿속이 하얗게 됐다. 얼마를 써야 하지? 원래 생각했던 대로 6,000만 원을 높여 쓰면 되나? 아니, 그런데 입찰하는 사람이 없다면 최저가로 입찰해도 되는 것 아닌가?

족　장 : 저, 그런데 지금 아무도 안 왔으면 제가 최저가로 입찰해도 되는 것 아닌가요?
관리자 : 네, 맞아요.
족　장 : 그런데 왜 물어보신 거예요?
관리자 : 그냥 물어봤습니다. 혹시 몰라서요.
족　장 : 아… 네.
관리자 : 그럼 여기 적어주시면 됩니다. …낙찰되셨습니다. 주의사항은 읽어보시면 됩니다.

그렇게 혼자서 입찰하게 되었고 16억 원짜리 상가를 최저가인 8억 원대로 단독낙찰받았다. 얼떨떨하게 나오는데, 언제 왔는지 아까 본 중년 남성 두 명이 나를 쳐다보고 있었다.

남자② : 낙찰받으셨나요?
족　장 : 네.
남자② : 얼마 쓰셨어요?
족　장 : 최저가 썼는데요?
남자② : 하하하하하. 이 사람 보게, 10억 쓰신다더니….
족　장 : 그러려고 했는데, 아무도 입찰 안 하길래요.
남자② : 아무튼 축하드립니다. 저희도 입찰하려 했는데 젊으신 분 패기가 정말 10억을 쓸 것 같아서 입찰을 못 했네요. 정말 잘 받으신 것 같습니다. 축하드립니다.

족 장 : 감사합니다.

후…. 깊은 한숨을 내쉬며 그 자리를 벗어날 수 있었다.

임차인을 직접 찾아내자

단지내상가에는 어떤 임차인이 들어올 수 있을까? 아파트단지에 속한 상가의 경우 특별한 임차인이 들어오는 일은 거의 없고, 세대원들의 기본 편의를 위한 임차인이 대부분이다. 업종에 대한 특이점도 없기에 대개 우리가 예상할 수 있는 업종이 들어온다.

낙찰받은 건물 앞에 서서 상상한다. 어떤 업종이 들어오면 좋을까…. 전면인 106호는 7평, 후면인 103호는 6.8평. 두 칸을 한 사람

■ 해당 물건의 호실별 예상 임대료

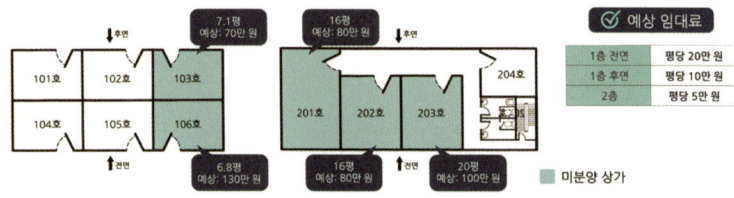

에게 임대하면 임대료가 약 200만 원 이상이므로 임차인들이 부담스러워 할 것 같고, 그렇다고 두 칸을 나누어 임대하면 전면부는 누가 입점을 해도 하겠지만, 후면부의 경우 주차장으로 치우쳐져 있어서 입점하는 것이 결코 쉬운 일이 아니었다.

대체 103호가 필요한 사람이 누가 있을까…. 103호를 원할 만한 사람을 곰곰이 생각하다가 번뜩 떠오르는 한 사람이 있었다. 바로 편의점 사장님이다. 처음 임장 왔을 때 바나나 우유를 사먹었던, 성인 한 사람도 드나들기 힘들었던 좁은 편의점! 혹시 확장 계획은 없을까? 중개사무소에 들어가 슬쩍 물어봤다.

족 장 : 사장님, 옆에 편의점하고 친하시죠? 공간이 좁아서 힘들어하지는 않으세요?

중개사 : 아유, 말도 마세요. 매장이 좁아서 진열하기도 힘들고, 정리하기도 이만저만이 아니래요.

족 장 : 사장님, 혹시 그럼 우리 103호를 창고로 함께 쓰면 어떨까요?

중개사 : 103호요?

족 장 : 네, 제가 103호와 106호 사이에 구분경계선은 만들어드릴 테니 한번 여쭤봐 주실 수 있나요?

중개사 : 그런 방법이 있네요. 안 그래도 관심을 가지는 것 같았는데, 그럼 한번 물어보지요.

족 장 : 네, 감사합니다.

그리고 얼마 지나지 않아 연락이 왔다.

중개사 : 사장님, 그때 이야기하셨던 편의점 있잖아요. 알고 보니까 여기가 직영점이고, 확장도 좋다고 이야기하시네요.
족　장 : 아, 그래요?
중개사 : 네네, 그래서 계약하자고 합니다.
족　장 : 네, 감사합니다!

관심과 부지런함 그리고 꾸준한 물음표가 가져온 결과물이었다. 편의점을 이용하며 느낀 불편함을 그냥 지나치지 않고, 직접 물어보면서 GS라는 우량 임차인과 계약을 할 수 있었다. 이후 2층도 일사천리로 임차인이 맞추어지기 시작했다. 202호와 203호는 피아노학원이 입점하였고, 201호는 피아노학원의 단짝인 미술학원이 입점하였다.

모든 것이 잘 풀리는 듯했다. 그런데 마지막 퍼즐인 전면부 106호 상가가 남아 있었다. 임차 문의는 종종 왔지만 임대료가 높아 조금 부담스럽다는 이야기만 나왔고, 임차를 맞추지 못한 채 1년이라는 시간 동안 공실로 남았다.

선택한 공실 vs 불행한 공실

공실에는 두 가지 종류가 있다고 생각한다. 하나는 임차를 놓고 싶은데 그러지 못해서 억지로 이자를 감당하는 불행한 공실이고, 또 하나는 내가 선택한 공실이다.

불행한 공실은 너무 비싸게 매입한 탓에 임대료 또한 높게 책정되었을 때나 코로나 팬데믹 같은 갑작스러운 사건 때문에 임대료가 폭락할 때 자주 일어나곤 한다. 이에 반해 선택적 공실은 투자의 방향성에 맞춰 때를 기다리는 공실이다.

상가 투자를 하면서 선택적 공실이 생기는 일은 자주 있다. 여러 호수로 나누어진 상가를 낙찰받거나 임의로 상가를 나눴을 때, 일정 부분 이상의 임차가 나간다면 남은 호수까지 무리하게 임차를 맞추지 않는다. 매월 월세가 따박따박 나오는 시스템을 만들어 놓았으며, 임차가 나간 곳의 임대료만으로도 이자가 충당되기 때문이다.

초보자들은 어차피 남은 공실인데 싸게 내놓아서 빠르게 임대료를 받는 것이 좋다고 생각할 수 있지만, 향후 매도까지 생각한다면 신중해야 한다. 상가는 수익률에 따라 매매가가 결정되는데, 임대료를 20만 원가량 낮추어 놓는다면 향후 매매할 때 수익률 6% 기준으로 매매가격은 약 4,000만 원의 차이가 날 수 있음을 알아야 한다.

106호의 경우도 선택적 공실로 1년간 유지되었고, 약속대로 1년 이상 공실이 되자 이후 부동산 중개사무소가 입점하게 되었다. 이렇게 모든 세팅이 완료되고, 매달 월세가 들어 왔으며, 해당 상가는 12억 원가량에 모두 매도했다. 특히 GS직영 편의점은 그 브랜드파워 덕분에 더 좋은 가격에 매도할 수 있었다.

이 상가를 매도하려고 내놓았을 때 관심을 보이는 사람이 꽤 많았다. 그렇다면 그 사람들은 왜 입찰에 참여하지 않았을까? 공매는 내가 할 수 있는 것이 아니라고 생각하고 일단 벽부터 치고 있었기 때문이다. 그래서 관심 있던 상가가 저렴하게 매각된다고 그렇게 크게 붙여놨지만 아무도 입찰을 하지 않았던 것이다.

모든 상가가 그렇긴 하지만, 이번 단지내상가 투자를 하면서 정말이지 느낀 게 많다. 매입 방법을 아는 것과 모르는 것의 차이가 얼마나 다른 결과를 가져오는지를 다시 한 번 느꼈고, 매각한다는 현수막이 그렇게 크게 걸려 있음에도 사람들의 무관심 속에 그 좋은 기회가 흘러갈 수 있다는 것을 알았다.

늘 이야기를 한다. 성공하기 위해서는 기회를 잡아야 하고, 기회를 잡기 위해서는 준비가 되어있어야 한다고. 이 모든 것은 관심의 차이다. 누가 잘나고 못나고가 아니라 용기 내어 한번 물어보았는가에 달린 것이며, 남들보다 온비드에 관심이 있었기에 임대와 매매 두 마리 토끼를 모두 잡을 수 있었다.

투자의 시작은 작은 차이라고 생각한다. 이 책을 보는 지금도 누군가는 상가 투자를 통해 월세를 받고 돈을 번다. 책을 보는 독자들도 지금 당장 움직이기를 바란다. 지금의 작은 변화가 2년 뒤 분명 새로운 당신을 만들 것이다.

05

50억 원짜리 상가를
다루는 방법

투자하는 사람에게 가장 중요한 것은 투자할 대상의 가치를 알아보는 것이다. 그런데 가치라는 것은 정확히 어떤 뜻일까? 또 투자에서 가치란 무엇일까? 가치의 사전적 의미는 다음과 같다.

> **가치**(價値)
> 사물이 지니고 있는 쓸모. 인간과의 관계에 의하여 지니게 되는 중요성.

가치가 쓸모나 중요성을 의미한다면, 가치 창출은 쓸모나 중요성을 만들어내는 일이라고 할 수 있다. 나아가 경제학에서 가치 창출이란 그러한 쓸모나 중요성을 이용해서 소비자의 지갑을 잘 열게 만드는 것을 의미한다.

이와 비슷하게, 내가 생각하는 부동산의 가치 창출이란 첫 번째로는 남들이 발견하지 못한 부동산을 찾아내는 일이고, 두 번째로는 그것을 더 매력 있는 부동산으로 바꾸는 일이다. 다시 말해서 부동산 투자란 남들이 보지 못한 부동산을 찾아 더 사고 싶게 만들어 매각하는 일이다.

나는 이것을 일반적인 가치 투자가 아니라 '가치에 가치를 더하는 일'이라고 말하고 싶다. 일반적인 부동산을 매입하여 수익을 만드는 것은 한계가 있다. 하지만 남들이 보지 못한 가치에 더 큰 가치를 부여해서 매각한다면 수익을 극대화할 수 있다.

투자할 부동산을 고를 때 중요하게 생각하는 것 중 하나는 쉬운 부동산이다. 흔히 부동산 경매에서는 유치권, 법정지상권, 분묘기지권 같은 특수물건을 다뤄야 큰 수익을 낼 수 있다고 생각하지만, 특수물건을 처리하고 매도하려면 일반 물건보다 두 배 이상의 소요시간과 그 이상의 스트레스가 따라온다. 수익은 두 배일지 모르지만, 시간과 정신의 소모를 생각하면 큰 수익은 결코 아니다. 결국 쉬운 부동산을 매입하여 세팅하고 매각하는 것이 현명한 투자다.

그런데 왜 일반인들에게는 어렵다고 여겨지는 경·공매를 좋아하느냐고 물어본다면 이유는 딱 하나, 내가 원하는 방향으로 새롭게 임차를 맞출 수 있다는 점 때문이다. 일반매매로 매입하는 상업용 부동산은 대부분 기존의 임차인을 그대로 떠안게 된다. 보통은 미리 임차가 맞추어져 있으니 좋아할 수도 있지만, 투자자에게는 지금의 임차인보다 우량한 임차인으로 높은 가치를 만들어가는 재미가 있다.

그리고 이건 비밀이지만 나중에는 알게 될 것이다. 사실은 경·공매 상가가 가장 쉽다.

고수와 하수의 차이는 집요함이다

부동산에서 가장 중요한 것은 무엇일까? 돈? 어느 정도의 종잣돈이 필요한 것은 맞지만 전부라고 생각하지는 않는다. 이 책을 보기 전 우리는 3억 원의 부동산을 가지려면 최소 1억 원 이상의 종잣돈이 필요하다고 생각했으며, 상가 투자에는 큰돈이 필요하다고 생각했다. 하지만 이제 우리는 레버리지를 이용해 적은 종잣돈으로도 투자할 수 있는 법을 배웠으며, 내 돈을 하나도 들이지 않고 투자했던 실제 사례도 확인했다.

결국 부동산에서 가장 중요한 것은 돈이 아니다. 시작은 좋은 부동산을 찾는 것이다. 그리고 좋은 부동산을 찾는 것의 핵심은 특별한 능력이나 비법이 아닌, 나만의 루틴을 가지고 매일 꾸준히 검색하는 것이다.

나는 충분한 자산을 벌어들였지만 아직도 매일 자정이 되면 부동산 경·공매 사이트와 네이버 부동산에 새로 올라온 부동산 매물을 검색하고 잠든다. 매일같이 이 작업을 하는 이유는 매물 또한 매일 갱신되기 때문이다. 처음에는 익숙하지 않아 조금 오래 걸리더라도, 익숙해지면 30분 정도만 투자해서 시장에 나온 부동산 대부분을 빠짐없이 볼 수 있다. 그렇게 매일 30분을 투자해 남들보다 큰돈을 벌고 있다. 많은 시간과 돈을 들이는 것보다 중요한 것은 매일 나만의 루틴을 지키는 것이다.

부동산 투자를 하면서 가장 좋았던 것은 하수나 고수가 명확히 나눠지지 않는다는 것이었다. 부동산 경·공매는 누구나 찾아볼 수 있고 매일 똑같은 방식으로 물건이 나온다. 다시 말해서 모두가 그 부동산을 보고, 누구라도 입찰금액을 가장 높게 적어내는 사람이 매입하는 단순한 구조다.

일반매매로 나온 부동산은 더더욱 실력의 차이가 없다. 경·공매는 최소한의 법적 지식과 검색 요령이 필요하지만, 일반매매는 더 자주 찾아보고 관심을 두는 사람이 무조건 좋은 부동산을 가져갈 수 있다. 고수라고 누워만 있어도 좋은 부동산이 떨어지는 게 아니다.

그렇다면 고수와 하수의 차이는 무엇일까? 수많은 투자자들을 보면서 느낀, 하수들에게는 없지만 성공하는 투자자들에게 있는 것은 바로 집요함이다. 성공하는 투자자들은 좋은 부동산을 보면 어떻게든 가지기 위해 여러 가지 고민을 하고 접근한다. 하지만 하수들은 지레짐작해서 안 될 것 같으면 빠르게 포기한다. 누군가는 포기했지만, 다른 누군가는 특유의 집요함을 앞세워 15억 원의 수익을 만든 사례를 이야기해주겠다.

사실 이 경험담은 책에 넣을지 말지를 많이 고민했다. 너무 큰 금액이라서 초보자에겐 거부감이 들거나 뜬구름 잡는 이야기라고 생각될 수 있어서다. 하지만 상가에 투자하는 사람 중 이 정도의 규모를 직접 다뤄보고 이야기해줄 수 있는 사람은 얼마 없다고 생각한다. 내가 아니면 누구도 알려 줄 수 없는 사례이고, 당신도 계속 투자를 이어나가면 결국 나중에는 도전하게 될 물건이기 때문에 넣기로 결정하게 되었다.

매일 밤 12시, 검색망에 걸려든 물건

매일 자정, 물건 검색을 하는 시간이다. 내가 매일 이 시간에 검색하는 이유는 온전한 혼자만의 시간이자 유료 경매사이트의 경·공매 물건이 갱신되는 시간이기 때문이다.

여느 때처럼 물건을 찾고 있는데 공매로 나온 큰 금액의 물건이 눈에 띄었다. 최저가 41억 원? 대체 어떤 부동산이지? 1층과 2층을 묶어 한 매물로 나온 것인데 1층은 21평, 2층은 95평에 달하는 대규모 부동산 공매 건이었다.

■ 해당 물건의 매각공고 및 전경

부동산을 보는 순간 매력이 뿜어져 나왔다. 첫 번째 매력은 기타 일반재산으로서 집행기관이 제1금융권 은행이라는 것이었다. 명도 관련 문제가 있을 수 없다. 두 번째 매력은 초역세권이라는 것이었다. 일산 주엽역 8번 출구에서 나오자마자 보이는 곳이기 때문에 높은 임대료가 예상되며 위치상 권리금도 존재하리라 생각했다.

인터넷을 통해 해당 부동산의 임대료를 확인한 결과 1층 기준으로 평당 임대료가 약 60만 원이 넘었다. 그렇다면 20평이 넘는 이 상가의 1층 월세는 1,200만 원이 넘는다는 뜻이다. 2층은 평당 임대료가 약 12만 원 정도로, 95평인 2층의 임대료는 1,140만 원가량이다. 두 개 층의 임대료를 합하면 2,340만 원이나 되는 엄청난 금액이다.

이 금액을 기준으로 매도가격을 따져보면, 보증금은 3억 원 정도이므로 평균 매도 수익률을 6%로 잡는다 하더라도 매도가격은 약 50억 원이다. 최저가격인 41억 원에 낙찰받는다면 약 10억 원의 매도차익이 생기는 수익형 부동산이었다.

■ 주엽역 주변 임대료 현황

아니, 여기는 대체 뭔데 임대료가 이렇게 높은 거야? 경기도에서 이렇게 비싼 곳이 있을까 싶을 정도로 임대료가 높다니 왜 그런 걸까? 일산을 잘 모르는 독자를 위해 이번 매물이 있는 주엽동을 잠시 설명하겠다.

주엽역 인근은 일산에서 가장 좋은 상권이지만, 지도만 봐서는 왜 주엽역의 상권이 좋은지 알 수 없다. 그도 그럴 것이 3호선으로 연결되는 대화역, 주엽역, 마두역이 지도상에서는 비슷하게 보인다.

그래서 직접 찾아가보지 않거나 지역에 대한 이해가 부족하면 대화, 마두, 주엽이 모두 비슷한 상권으로 보인다.

■ 대화·마두·주엽 상권의 위치

하지만 '상권은 사람'이라는 말을 들어보았는가? 활발한 상권의 첫 번째 요소는 유동인구다. 대화, 마두, 주엽의 인구통계를 살펴보면 그 차이가 명확하다. 주엽동의 인구는 대화동이나 마두동의 두 배 이상이다.

	대화동	마두동	주엽동
인구수	3만 4,000명	3만 5,000명	8만 명

(출처 : 통계청, 2023년 6월 기준)

상권이 작으면 들어오는 업종이 한정적이지만, 상권이 크고 유동인구가 많으면 유명 프랜차이즈들이 입점한다. 모든 업종은 유동인구가 많은 곳에 입점하기를 원하고, 사람들 역시 자연스럽게 작은 상권보다 한 번에 모든 것을 해결할 수 있는 큰 상권에서 움직이게 된다.

어떤 곳이든 작은 상권과 큰 상권이 나뉘어있다면 결국 큰 상권이 작은 상권을 잡아먹을 수밖에 없다. 인구수를 보면 대화동이나 마두동을 다 합치더라도 주엽동 인구에는 미치지 못한다. 유동인구는 압도적으로 주엽역이 많을 수밖에 없으며, 많은 유동인구는 자연스럽게 임대료의 상승으로 이어진다.

지역 조사는 평소에 해두자

손품으로 조사한 뒤 심장이 뛰어서 잠이 오지 않았다. 대체 이게 뭔가 싶고 당장이라도 10억 원을 벌 수 있다는 생각만 가득했다. 간신히 누워도 잠을 이룰 수 없자 다시 컴퓨터 앞으로 가서 내가 잘못 계산한 것이 있는지 재차 확인했다. 그렇게 자료를 뒤지고 있는데, 정말 끔찍한 문서 한 장을 보게 되었다. 공고문에 이런 문구가 하나 적혀 있었던 것이다.

■ 공고문의 일부 내용

입찰자는 매각물건별 아래의 임대차 조건을 필수적으로 수용하여야 하며, 이에 따라 낙찰자는 임대인의 지위로 수익자 ㈜○○은행과 임대차 계약을 체결하여야 합니다.

임차층	임대보증금	월 임료
1층 / 2층	15억 5,000만 원	1,150만 원

공매의 매력은 깔끔한 명도인데, 해당 부동산은 기존 임차인을 떠안고 매입해야 했다. 그럼 그만큼의 기회비용을 잃게 된다. 나는 이 부동산을 보며 임대료가 2,340만 원이 넘는 달콤한 꿈을 꾸었으나, 공고문의 특약 사항에는 월 임대료가 1,150만 원으로 고정되어 있었다. 은행이 퇴거해야만 제대로 된 이익을 얻을 수 있었다. 내가 지금 꿈을 꾸고 있었던 것인가…. 공고문의 한 줄 때문에 모든 것이 한여름 밤의 꿈처럼 날아가 버렸다.

그렇게 당장 매입할 수 없는 부동산이 되었지만, 한 번은 제대로 된 조사가 필요한 지역이라고 생각했다. 정말로 월세 2,300만 원을 세팅할 수 있는지, 그렇게 세팅하는 경우 매도는 가능할지 말이다. 투자하며 느낀 것 중 하나는 언제 어디서든 좋은 부동산은 나올 수 있다는 것이다. 다만 미리 조사하고 물건을 기다리는 사람은 성공하고, 물건이 나온 후에야 쫓기듯 임장을 하는 사람은 실패한다고 생각한다.

이것은 정말 작은 차이가 만드는 변화다. 나는 어디를 가든 핸드

폰으로 지도를 켜고 해당 상권에는 어떤 업종이 있는지, 우리가 흔히 알고 있는 메이저 브랜드가 입점해 있는지 살펴본다. 시간이 날 때는 부동산 중개소에 슬쩍 들어가 주변 임대료도 묻곤 한다. 이런 작은 행동 하나하나가 쌓일수록 우리는 하수에서 고수가 되어 간다.

해당 지역에 도착하니 평일 오후 시간임에도 불구하고 남녀노소 할 것 없이 정말 사람이 많았다. 나는 곧장 부동산 중개사무소에 들러 하나하나 질문을 하기 시작했다.

족 장 : 사장님, 여기 정말 상권이 좋네요.
중개사 : 네, 그렇죠.
족 장 : 여기 혹시 임대료가 얼마나 되는지 알 수 있을까요?
중개사 : 임대료요? 뭐 하려고요, 사업하시게요?
족 장 : 아닙니다. 저는 투자를 하는 사람인데 은행이 공매로 나와서 매입을 할까 싶어 찾아뵙게 되었습니다.
중개사 : 젊은 분이 돈도 많나 봐요. 비쌀 텐데?

중개사는 미심쩍은 표정으로 나를 한 번 떠보는 것 같았다. 여기서 팁을 하나 알려주자면, 가격이 높은 물건을 공략할수록 겸손한 모습은 별로 좋지 않다. 오히려 당당해질 필요가 있다.

족 장 : 네, 투자를 어린 나이부터 시작해서 성과를 좀 내다 보니까, 이 정도

는 매입할 수 있을 것 같아서요. 그런데 많이 비싼가 보네요? 1층은 평당 얼마나 하나요?

중개사 : 사람들이 잘 모르는데, 여기가 일산에서 가장 좋은 곳이에요. 여기는 새벽에도 항상 줄이 서 있어요. 여기 밑에 정육점은 고기가 싸서 아침부터 줄이 늘어서 있고, 옆에 채소가게는 장사가 얼마나 잘 되는지 온 가족이 다 매달려서 장사를 하고 있어요.

족 장 : 그렇군요. 그럼 혹시 주변 임대료를 좀 알 수 있을까요?

그런데 이야기를 잘 해주던 중개사가 막상 중요한 정보는 알려주기 싫었는지, 임대료를 알려달라는 요청에는 대답을 하지 않는다. 그래도 나는 참을성 있게 예의바른 모습으로 끝까지 설득을 했다.

족 장 : 사장님, 여기 상가가 일이천만 원 하는 것도 아니고 큰 돈이 들어갈 텐데, 주변 시세도 모르고 어떻게 매입을 하겠어요. 제가 그 상가를 매입하면 사장님하고 계속 연을 이어갈 테니 부탁 좀 드릴게요.

중개사 : 허허, 젊은 사람이 참…. 뭐, 대로변 쪽은 10평 기준으로 많이 받는 곳은 750만 원까지도 받는 것 같긴 하던데….

긴 실랑이 끝에 결국 부동산 사장님은 내가 원하는 정보를 알려주셨다. 투자에서 가장 중요한 것은 인연이다. 그래서 나는 누군가를 만나 이야기할 때 최선을 다해 진심을 말한다. 내 컨디션이 좋지 않을 때나 내게 무례한 사람을 상대할 때에도 어지간해서는 웃는 편이다. 매입 후에 임대를 위해서 찾아가거나 다른 어떤 곳에서 만났을 때 나를 안 좋은 이미지로 기억한다면 서로 간에 좋지 않다. 지금보다 나중을 생각해야 한다. 순간의 감정을 참을 때 내 편이 생긴다는 것을 잊지 말아야 한다.

족　장 : 감사합니다, 사장님. 아참, 그런데 이번에 은행이 퇴거하지는 않을 건가 봐요?
중개사 : 나가는 게 아니에요? 그냥 매각만 한다는 거예요?
족　장 : 그러게요, 저도 나가는 줄로만 알았는데 그렇지는 않는다고 하네요.
중개사 : 그래도 매입이 가능한가요?
족　장 : 사실, 나가지 않으면 매입이 쉽지는 않은데 그래도 검토는 해봐야죠. 최대한 검토 후에 연락드리겠습니다.
중개사 : 네, 그래요. 언제든 편하게 연락하세요.

은행이 퇴거하지 않으면 매입하기가 힘들다는 점을 정중히 말씀드리고, 다시 한 번 감사를 전한 뒤 좋은 인사와 함께 마무리했다.

사람에 최선을 다하면 복으로 돌아온다

한 달가량이 지나서 해당 매물이 다시 올라왔다. 역시나 아무도 입찰을 하지 않았고, 최저가격도 무려 3억 원이나 낮아졌다. 은행 측도 의아했을 것이다. 빠르게 지점을 정리해야 하는데 아무도 입찰하지 않으니 말이다. 그렇지만 공고문의 임차 조건이 바뀌진 않았으니 역시 그 가격에 매입할 사람은 많지 않을 것이다.

■ **해당 물건의 매각공고(2차)**

처분방식 / 자산구분	매각 / 기타일반재산
용도	기타상가용및업무용
면적	토지 85.16㎡ / 건물 386.26㎡
감정평가금액	
입찰방식	일반경쟁(최고가방식) / 총액
입찰기간 (회차/차수)	2017-03-23 16:00 ~ 2017-04-21 16:00 (1/1)
유찰횟수	0 회
집행기관	주식회사
담당자정보	사업3본부 사업1팀 /

최저입찰가(예정금액) **3,862,000,000원**

무슨 미련이었을까, 나는 홀린 듯 음료수 한 상자를 들고 다시 중개사를 찾아갔다.

족 장 : 사장님, 안녕하세요. 또 뵙겠습니다.
중개사 : 좋은 소식이 있어요?
족 장 : 아닙니다. 좋은 소식이라기보다, 은행 매물에 입찰이 없었나 봐요. 다시 나왔더라고요.
중개사 : 그 좋은 걸 아무도 안 가져갔네. 아깝네, 아까워.
족 장 : 그러게 말이에요. 참, 사장님 그거 아세요? 공매로 나온 부동산을 수의계약할 때 중개사가 매수인을 데리고 가면 중개수수료를 받을 수 있대요.
중개사 : 네? 그런 게 있어요?
족 장 : 네, 이번 공고문을 확인하니 그런 문구가 있더라고요. 사장님과 계약하면 참 좋을 것 같아요.
중개사 : 부동산을 오래 했어도 그런 게 있는지는 처음 알았네요. 나도 그렇게 큰 계약을 하면 참 좋지. 든든하겠어.

족 장 : 네, 사장님. 감사합니다. 그럼 다음에 또 찾아뵙겠습니다.

■ 해당 물건의 매각공고 중 성과보수 부분

10) 수의계약시 성과보수
- 당사는 공매유찰 후 수의계약시 제3자가 주선하여 수의계약을 성사시킨 경우, 해당 제3자에게 아래의 표와 같이 성과보수를 지급합니다.

매각방법	매각예정가	성과보수
공매유찰 후 수의계약	1회차 ~ 최종회차 전회차까지	처분가액 × (50/10,000)
	최종회차	(서울·인천·경기 지역) 처분가액 × (100/10,000) (서울·인천·경기외 지역) 처분가액 × (200/10,000)

※ 처분가액은 부가가치세를 제외합니다. 성과보수는 십만원 단위 이하 절사합니다.
- 단, 제3자와 매수자는 '주선확인서(당사 양식)'를 제출하여야 합니다.
- 제3자는 중개업자(공인중개사법에 등 관련 법규에 따른 자격을 보유하고 중개사무소를 개설하여 중개업을 영위하는 자)로 한정되며, 이를 증빙하는 서류는 '주선확인서'와 같이 제출합니다.
- 성과보수와 관련한 세금계산서 처리 등 관련 업무는 부동산처분신탁계약에 의하여 위탁자 겸 수익자인 (주)▨▨▨은행이 처리합니다.(세금계산서 발행 사업자등록증 등 필요사항 송부 이메일 : ▨▨▨▨▨▨, 세금계산서 발급관련사항만 문의 ▨▨▨▨▨, 통화가능시간 : 10:00 ~ 11:00, 14:00~16:00)

    그리고 얼마 뒤 공고문을 확인해보니 이번에도 매수자는 없었다. 참 좋은 물건인데 아쉽다는 생각이 들었다. 그런데 며칠 후, 갑자기 중개사로부터 전화가 왔다. 잠깐 사무실로 올 수 있겠느냐는 다급한 전화였다. 무슨 일이냐고 물으니 그 물건을 매입할 수 있을 것 같다는 것이다. 당장 하던 일을 다 접고 주엽동으로 뛰어갔다.

    중개사를 만나 이야기를 들으니, 건물 관계자로부터 우연히 "은행이 나간다고 했다더라"는 이야기를 들었다는 것이다. 매각이 잘 안 되자 아무래도 임차 때문인 것 같다고 판단한 은행이 지점을 철수하기로 결정되었다는 것이다. 그 이야기를 듣자마자 중개사는 바로 나에게 연락을 한 것이다.

우리는 바로 매각 담당자인 하나자산신탁에 연락했다. 그리고 다시 매각공고를 할 필요 없이 바로 수의계약을 맺자는 확답을 받았다. 매입의향서를 하나자산신탁으로 발송하고 38억 원에 매입을 진행할 수 있었다. 중개사 역시 두둑한 중개수수료를 챙길 수 있었음은 물론이다. 상대에게 예의를 갖춰 진심을 다하는 태도가 이렇게 행운으로 돌아올 수 있다.

■ **실제 매입의향서**

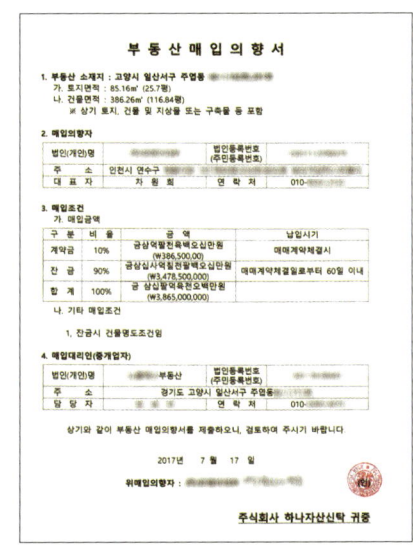

우량 임차인을 찾아라

가치 있는 상가를 얻었으니, 이제 더 큰 가치를 더할 차례다. 상가 투자에서 중요한 것은 나의 만족이 아니라 과연 어떤 사람이 나의 상가를 만족해하며 매입할 것이냐이다. 나는 작품을 만드는 사람이니, 나의 작품을 사 줄 사람이 필요하다. 그러기 위해서는 매력 있는 작품을 만들기 위해 노력해야 한다. 즉, 남의 지갑을 열어야 한다.

다른 사람의 지갑을 열기 위해서는 어떻게 해야 할지 고민해야 했다. 가장 문제가 되는 것은 부동산 가격이었다. 매입 당시 38억 원이라는 금액은 나조차 쉽지 않았는데, 임차인을 세팅하고 다른 사람에게 매각할 때는 최소 50억 원이 넘을 것이다. 이런 큰 금액은 분명히 누구나 부담스러울 것이다. 그래서 어떻게 해야 부담을 최대한 줄일지 끊임없이 고민했다. 그래서 세운 전략은 다음과 같았다.

① 우량 임차인 넣기
② 상가를 매도 금액 기준 20억 원 이하로 맞춰 나누기

일단, 계약 이후 잔금 납부까지는 60일 정도의 기간이 있는데, 그 중 20일 정도는 우량 임차인을 최대한 알아보기로 했다. 매매가격이 높더라도 우량 임차인이 들어오고 수익률이 매력적이면 충분히 매각이 가능하다. 이를 위해 임차 의향서를 받아서 어떤 사람들이 임차를 찾는지 살펴볼 필요가 있었다.

그 다음은 매입 가능한 금액으로 상가 분할하기. 이때 기준은 상가 하나당 20억 원 이하로 맞추는 것이다.

이 20억 원이라는 기준을 정하는 부분이 가장 어려웠다. 사람들이 일산의 상가에 얼마까지 지갑을 열 것인가? 1층과 2층을 매각하

면 총 50억 원 이상인데 그중 1층이 30억 원, 2층이 20억 원이 될 것이다. 2층은 100평 가까이 되기 때문에 문제가 덜 하겠지만, 1층은 20평 남짓한데 30억 원을 주고 매입한다? 이 정도면 서울 이태원의 상가보다 높은 가격이었다. 얼마가 되어야 사람들이 지갑을 열 것인지 고민하는 부분이 참 쉽지 않았다.

많은 상가를 매도해 본 경험으로 비춰볼 때, 가격이 20억 원을 넘어가면 사람들은 일반 근린상가보다 차라리 꼬마빌딩을 찾는 경향이 있다는 것을 알고 있었다. 그래서 사람들의 심리에 최대한 맞춰서 준비해야겠다고 생각했다.

어떤 임차인을 입점시킬 수 있을까 끝없이 고민했다. 좋은 업종이 입점해야지만 사람들 눈이 한 번이라도 더 갈 텐데, 아쉽게도 나에게는 시간이 많지 않았다. 잔금 납부기한은 60일로 정해져 있는데, 그 시간이 지나면 대출받은 30억 원의 대출이자로만 월 1,000만 원 이상 빠져나가기 때문이다. 말이 월 1,000만 원이지 정말 생각만으로도 끔찍했다. 임차인 모집에 온 힘을 쏟았다.

임차인을 구한다는 현수막을 걸자 많은 연락이 왔다. 위치가 좋아서 입점하고 싶어 하는 사람들의 연락이 자주 왔지만, 내가 원하는 임차인은 없

■ 임대를 위한 현수막

었다. 그냥 임차를 줄까 싶다가도, 매도를 위해선 좀 더 우량한 임차인이 들어와야 한다는 생각에 참았다. 그렇게 초조한 나날이 이어졌다.

2층은 병원과 한의원에서 연락이 왔지만 그들이 사용하고 싶은 면적은 40평에 불과했다. 평소였다면 40평 임차를 먼저 주었을 것이다. 하지만 이번 매물의 경우는 40평만 임차를 주면 나머지 면적은 후면부가 되어버린다. 그러면 임대료를 제대로 받지 못해 손실을 볼 수 있었다. 그래서 전용면적 95평을 한 번에 쓸만한 업종을 기다리기로 했다.

이 결정에는 또 하나의 이유가 있었다. 2층에는 현재 추가로 사

■ 해당 물건 2층의 사용 현황

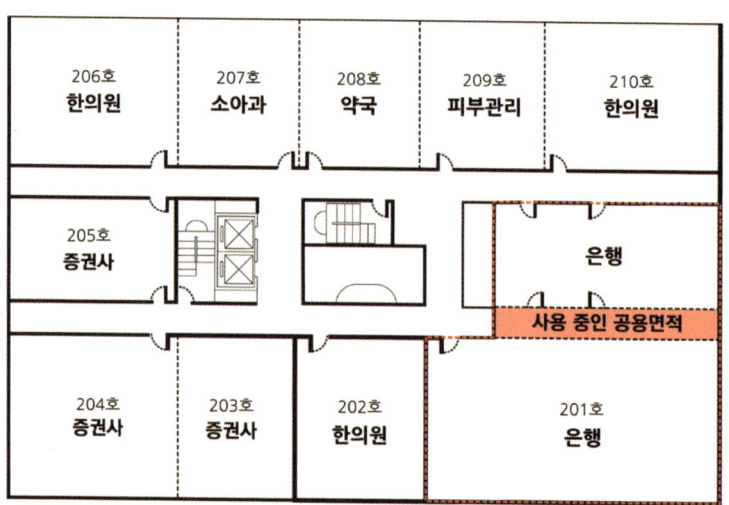

용하는 공용면적이 있었기 때문이다. 공용면적은 모두가 함께 쓰는 공간이지만, 끝부분에 위치하거나 한 사람이 모든 공간을 점유하는 경우 관리단과 협의하여 쓸 수 있다. 기존 은행의 경우도 전용면적은 95평이었지만 5평의 공용면적을 더 사용하고 있었다.

임차인 입장에서도 같은 가격으로 더 큰 공간을 사용한다면 장점이 될 수 있고, 면적이 넓을수록 임대료를 올리기도 쉽다. 하지만 면적을 분할하면 이 공용면적을 활용할 수 없게 된다. 초조하게 버티고 있던 그때 전화 한 통을 받았다.

중개사 : 사장님, 찾았어요!
족　장 : 네? 무슨 말씀이세요?

■ **한국투자증권 입점 후**

중개사 : 임차인 말이에요. 한국투자증권 어떠세요? 우량 임차인이고, 10년 계약이라 나갈 일도 없고, 딱 사장님이 생각했던 임차인 아닌가요?

족 장 : 거기가 입점할 마음이 있다고 했나요?

중개사 : 지금 쓰는 사무실의 임대차가 만기되었는데, 이분들이 지하철과 가까운 곳을 원했거든요. 95평은 조금 작지만 그래도 검토할 만하다고 하네요.

족 장 : 그럼 좋죠! 빠르게 진행해 보시죠.

증권사라니, 임차인 중에서도 최고의 우량 임차인이었다. 미래의 매수자들도 선호할 업종이었기에 그들이 원하는 조건을 들어 주며 속전속결로 입점이 이뤄졌다.

업종이 먼저냐 vs 월세가 먼저냐

2층은 원하는 임차인을 맞추었으니 1층만 남았다. 주변의 1층 점포들은 권리금이 굉장히 높았는데 우리 점포는 권리금이 없었다. 그러다 보니 문의하는 사람은 많았지만, 정작 나는 판단이 잘 서지 않았다. 어떤 임차인과 계약했을 때 매도가 잘 될지를 먼저 생각했기 때문이다.

가장 많은 고민을 한 것은 업종이냐 아니면 월세냐의 문제였다.

여러분이라면 프랜차이즈지만 임대료를 적게 주는 임차인과 프랜차이즈는 아니지만 임대료를 많이 주는 임차인 중에서 어느 쪽을 선택하겠는가? 혼자서는 판단할 수 없어 업종과 예상 임대료, 예상 수익률, 매도가격을 임의로 정하고 중개사들과 인터뷰를 시작했다. 과연 내가 원하는 임대료로 세팅하고 수익률을 맞춘다면 매도가 가능할지 한 번 더 확인하기 위한 작업이었다.

며칠 동안 주변을 돌아다니며 업종을 기준으로 월세 1,300만 원, 매매가격 약 30억 원(5% 이상 수익률)의 매물을 매입 가능한 사람이 있는지 문의했다. 중개사들은 일산의 상가 수익률이 3% 후반에서 4% 초반인데 비해서 우리 상가는 수익률이 5%대로 좋기 때문에 가격 측면에선 굉장히 좋다고 했다. 그렇지만 30억 원짜리 상가를 팔 자신은 없다는 이야기를 했다.

수익률이 나와도 매도가 힘들다니 어떻게 하면 좋을까? 매각할 수 없는 상가를 가지고 갈 수 없었다. 나는 과감하게 상가를 둘로 나누자고 말했다. 주변 모든 사람이 난감해했다. '상가를 나누면 입구가 좁아서 사람들이 들어오기 힘들다', '최소 15평은 되어야 사업을 할 텐데 10평짜리 두 개는 너무 작지 않냐', '상가의 값어치를 훼손하는 일이다' 등 많은 이야기를 하며 만류하였지만 나는 과감하게 1층을 나눈다는 결정을 내렸다.

■ 해당 상가의 분할 전(좌)과 후(우)

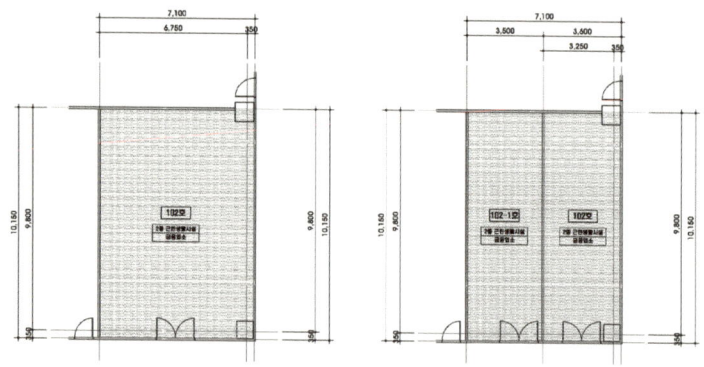

이렇게 결정한 첫 번째 이유는 테이크아웃 임차인이라면 10평도 충분하다는 판단 때문이다. 상가 앞에서 종일 서서 주요 소비자층을 살펴보니, 지하철 앞이라 그런지 바쁜 사람들이 대부분이었고 점포에 들어오는 사람보다 포장해 가는 사람들이 많았다. 물론 업종도 그렇게 분포되어 있었다. 즉, 많은 월세를 감당하려면 앉아서 먹는 업종이 아니라 포장을 하는 업종이 입점해야 했다. 이런 테이크아웃 업종은 굳이 20평까지 필요하지 않다.

두 번째 이유는 두 곳 중 하나만 임차하더라도 월세 수익이 들어오기 때문에 버틸 수 있다는 판단 때문이다. 현재 2층에서 들어오는 월세는 정확히 대출이자와 같았다. 이런 상황에서 1층 두 개의 점포 중 하나만 입점해도 매달 600만 원 이상의 월세가 들어오게 된다. 그렇게 여유를 만들면 남은 매물에는 조금 더 좋은 임차인을 기다려서 입점시킬 수 있었다.

세 번째 이유는 나중에 다시 합칠 수도 있다는 판단 때문이다. 만약 임차인이 두 점포를 함께 쓴다고 하면 가벽을 헐고 문을 막는 인테리어 공사는 큰 문제가 아니라고 생각했다.

마지막 이유는 분할등기를 할 경우 나중에 매도할 때 옵션이 다양해지기 때문이다. 분할을 하면 30억 원짜리 상가가 아니라 15억 원짜리 상가 두 개가 된다. 가격이 내려올수록 매수할 수 있는 사람이 점점 많아질 것이다. 매입하는 사람들이 형제나 부부라면 명의를 나눠 매입할 수도 있을 것이다.

이렇게 분할하고 나니 월세가 낮아지고 입점 가능한 점포가 늘어났다. 자연스럽게 더 많은 사람이 임차에 관심을 가졌다. 한 사람이 20평을 사용하여 1,300만 원을 부담하기보다, 10평만 사용하고 650만 원의 월세를 내는 임차인이 더 수요가 더 많을 것이라는 나의 판단이 맞아떨어진 것이다.

그러던 중 한 임차 희망자로부터 연락이 왔다. 업종은 편의점이었다. 하지만 편의점이 이 정도의 월세를 감당할 수 있을지 의문이었고, 조금 더 인테리어에 신경 쓰는 임차인을 기대하고 있었기 때문에 처음에는 거절하려 했다. 그랬더니 무려 750만 원의 월세를 내고 들어온다는 것이었다. 유동인구가 워낙 많은 곳이고 코너 자리이긴 하지만 편의점이 750만 원의 월세를 계약한다고? 그것도 10평에서?

분명 상상하기가 힘든 가격이었지만, 편의점 측에서 가능하다고 하니 일단 계약금 1,000만 원을 받고 계약을 진행하였다.

그래도 어쨌든 하나의 임차인이라도 입점을 확정하니 한결 편안한 마음이 들었다. 남은 한 칸은 어떤 업종이 들어올지 기대하고 있던 때에 갑자기 변수가 터졌다. 중개사로부터 입점을 희망하는 임차인이 있다고 연락이 왔다.

중개사 : 사장님, 혹시 임차 안 나갔으면 우리 손님이 임차할 수 있을까요?
족 장 : 업종이 뭔가요?
중개사 : 통신사입니다.
족 장 : 네, 뭐 나쁘지 않네요. 코너 점포는 750만 원에 임차가 완료되었고, 바로 옆 상가가 650만 원인데 괜찮으세요?
중개사 : 우리 손님은 두 점포를 다 쓰고 싶어 합니다.
족 장 : 네? 그건 곤란한데요. 지금 계약금을 받아서 계약이 진행 중이라서요.
중개사 : 그렇지만 두 점포가 사용하는 것보다 그냥 깔끔하게 통신사가 다 사용하는 게 보기에도 좋지 않겠습니까?
족 장 : 그렇긴 한데… 고민을 해봐야겠지만, 그래도 두 점포를 합치면 월세만 1,300만 원 정도 됩니다. 괜찮으신가요?
중개사 : 네, 그 정도는 문제 없다고 하시네요. 이미 일산에서 사업을 여섯 개나 하고 계신 분이라 걱정 안 하셔도 됩니다.

일단 고민을 해보겠다고 말한 후 전화를 끊었지만 결정을 하기가 힘들었다. 통신사 임차인의 요구를 받아들이기 위해서는 편의점 임차인에게 계약금의 두 배인 2,000만 원을 배상하고 계약을 파기해야 한다. 어떻게 하면 좋을까? 편의점을 들인 후 나머지 점포는 다른 임차인을 구할지, 아니면 위약금을 물어준 후 통신사를 들일지 고민했다.

결국 마지막 선택은 통신사였다. 이유는 아무래도 10평짜리 편의점이 750만 원이라는 월세를 감당할 수 있을지 여전히 의문이 들었기 때문이었다. 확신이 없는 투자는 하지 않기로 마음 먹었고, 편의점 임차인에게 계약 파기를 통보했다. 배액배상으로 계약금을 배상한 뒤 통신사와 계약을 맺었다. 월세를 많이 주는 임차인보다는 안정적인 업종의 임차인을 우선 선택한 것이다.

이렇게 해서 최종적으로는 1층 1,300만 원, 2층 1,100만 원으로 예상했던 금액대로 임차 세팅을 마칠 수 있었다. 이후 해당 상가는 2층 23억 5,000만 원에, 1층은 각각 14억 3,000만 원과 16억 원에 매도할 수 있었다. 총 매도가격은 처음 예상했던 50억 원을 훌쩍 넘긴 53억 8,000만 원을 기록했다. 부동산 한 건으로 약 15억 원의 시세차익을 남기게 된 것이다. 그동안 받았던 월세 수익 약 2억 원은 덤이다.

언젠가는 당신도 하게 될 투자

 매매차익 15억 원, 월세 수익 2억 원이라는 숫자에 누군가는 가슴이 뛸 것이고, 다른 누군가는 나에게 너무 먼 이야기라고 생각할 것이다. 하지만 이 세 가지는 꼭 기억하면 좋겠다.

 첫째, 당신이 투자를 계속한다면 언젠가는 하게 될 일이다. 처음에는 월세 100만 원을 목표로 삼았더라도 투자를 배우면서 월 200만 원, 300만 원, 500만 원, 1,000만 원으로 점점 목표를 높여야 한다. 그렇다면 언젠가는 이런 수십억 원 단위의 부동산도 당신이 다루게 될 투자 대상이 된다.

 둘째, 안 되는 일보다 몰라서 못 하는 경우가 더 많다. 시중에 나온 투자서 대부분이 소액 사례를 다루다 보니, 이런 큰 규모의 사례는 많이 이야기하지 않는다. 방법만 알면 충분히 도전할 수 있는데 방법을 몰라 놓치는 일도 있다. 사실 나도 강의를 하다가 수강생에게 놀랄 때가 많다. 처음 투자를 배우는 사람이 강의를 듣고 큰 물건에 도전해서 한 번의 투자로 1,000만 원 또는 2,000만 원의 월세를 받는 사람이 있기 때문이다.

 셋째, 큰 그림을 보아야 결국에는 해낸다. 수업 때 내가 50만 원, 100만 원의 월세 사례만 이야기해준다면 수강생들은 그 이상의 월세는 보지 못했을 것이다. 사람은 주변에 누가 있는지, 그리고 어떤 것을 보고 배웠는지에 따라 달라진다. 나는 수강생에게 월세 100만 원은 물론이고 월세 4,000만 원의 사례도 이야기해준다. 수강생들은 그 사례를 발판 삼아 1,000만 원 이상의 월세를 세팅할 수 있었다.

사실 이 책을 집필하며 가장 중요하게 생각했던 것은 여러 물건을 처리하며 내가 쌓아온 노하우다. 권리분석의 이론은 어디를 가든 배울 수 있지만, 이런 투자 경험담은 돈을 준다고 해서 아무에게나 배울 수 없다. 이렇게 준비를 하고 예상한 대로 하나하나 만들어 가는 투자 이야기는 흔하지 않기 때문에 사례로 다루어 보았다.

그리고 속도를 좋아하는 대한민국 사람들에게 어느 정도의 기다림은 좋은 방법이 될 수 있다는 것을 알려주고 싶다. 일사천리로 화려하게 문제를 해결해 나가는 빠르기보다, 하나하나 다음 단계를 만들어 가는 것이 중요하다는 것을 꼭 한번 알려주고 싶었다. 물론 내 경험담이 모두 정답이라 생각하지는 않는다. 하지만 나의 경험을 발판 삼아 독자들의 생각을 접목한다면 충분히 훌륭한 투자자가 되기 위한 밑거름이 되리라 확신한다.

SECTION 5

집集,
족장이 짚어주는
마지막 조언

01

투자자인 당신에게 필요한 3가지 이야기

이번 장에서는 마지막으로 투자에 대한 방향성과 초보자들이 놓치기 쉬운 이야기를 짚어보려 한다. 앞에서의 내용이 지식으로서의 투자를 알아가는 부분이었다면 지금부터는 독자들 곁에서 조곤조곤 이야기해주고 싶은 내용을 나누려 한다. 어쩌면 내가 이 책을 집필한 것도 이 내용을 전달하기 위함일 것이다.

위험에 대한 이야기

사실 나는 첫 투자를 시작할 때부터 지금까지 대부분 모든 물건을 스스로 처리했다. 처음 걷는 낯선 길이었고 아무도 조언해주지 않는 외로운 길이었다. 그런 길을 간다는 것은 너무나 힘든 일이었다.

물건을 하나하나 처리하면서 수많은 시행착오를 겪었다. 관리비로 3억 원 정도의 손실을 보는가 하면 특수물건을 처리하며 2~3년의 시간을 허비하기도 했다. 그뿐만 아니라 임차와 매도의 노하우가 없다 보니 적게는 수백만 원부터 많게는 수억 원, 수십억 원까지 값비싼 수업료를 치러야 했다. 그러면서 내 마음 한편에는 그런 생각이 자리 잡았다.

'나와 같은 사람이 없었으면 좋겠다. 최소한 '족장'을 아는 사람만큼은 이런 일을 겪지 않았으면 좋겠다.'

내가 책을 쓴다면 그때는 이 모든 것을 다루어서 내가 겪었던 시행착오를 겪지 않게 하고 싶었다. 독자분들이 꽃길을 걸었으면 좋겠다. 그런 마음을 가지고 마지막을 시작해보겠다.

시간에 대한 이야기

책을 읽고 나면 모든 일을 전부 한 번에 해결할 수 있을 것 같은 자신감이 벅차오를지도 모른다. 안타깝게도 이 책을 본다고 해서 단번에 되는 일은 없을 것이다. 모든 일에는 시간이 필요하기 때문이다.

이 책을 통해서 나는 분명 당신의 시간을 빠르게 앞당길 수 있을 것이라 확신한다. 다만 1년이라는 시간을 3개월로 당길 수는 있어도,

3개월이라는 시간을 단 하루로 당길 수는 없다. 무슨 일을 하든 절대적인 시간은 분명 필요하다. 나는 그 시간을 3개월이라 생각한다.

원인베스트의 네이버카페는 물건 검색 게시판이 있는데, 이곳은 특별한 통찰력이나 경험이 없어도 글을 쓸 수 있다. 그저 하루하루 새로운 물건을 검색하는 흔적을 남기는 곳이며, 다른 사람들이 올리는 물건이나 그 사람들의 생각을 엿보며 공부도 할 수 있다. 지금 당장은 아무것도 이뤄지지 않는 것처럼 느껴질 수 있지만 꾸준히 3개월만 노력한다면 분명 스스로 달라져 있음을 알게 될 것이다.

조급함에 대한 이야기

시간을 투자할 준비가 되었다면 그다음 경계해야 할 것은 조급함이다. 그러기 위해서는 일확천금의 꿈을 버려야 한다. 앞서도 이야기한 부분이지만, 한 번에 큰돈을 벌 수는 없다. 부를 쌓는다는 것은 단순히 돈을 버는 것만을 의미하는 게 아니라, 돈을 버는 기술을 쌓아가는 것도 포함한다. 기술을 습득하는 데에는 시간이 들고, 그런 시간들이 쌓이고 쌓여 큰돈을 벌게 된다.

한 번에 큰돈을 번 사람은 사기꾼 외에는 존재하지 않는다. 나 또한 200만 원의 월세 수익으로 시작을 했고 차츰차츰 쌓이다 보니

500만 원, 1,000만 원, 5,000만 원의 월세가 들어오는 건물을 가지게 되었다. 성공한 모든 사업가도 그러하다. 삼성그룹은 처음에 밀가루와 청과 등을 파는 '삼성상회'로 시작을 했고, 애플의 스티브 잡스도 차고에서 창업을 했다. 세계적인 기업도 한 번에 이루어진 것이 아니라 작은 사업부터 시작해 큰 기업이 되는 과정을 거친다. 우리는 잘된 부분만을 기억하기 때문에 성공한 사람들이 겪어온 어려운 과정을 잘 생각하지 않는다.

조급함이 강해지면 두 가지 문제가 발생한다. 하나는 정신적으로 피폐해지는 것이고, 또 하나는 돈에 대한 실수를 하게 되는 것이다. 투자를 배우다 보면 주변 사람들은 척척 수익을 잘 내는 것처럼 보인다. '나만 못한다'라는 생각이 들기 시작하고, 빠르게 수익을 내지 못하는 자신을 탓하게 된다. 자존감은 떨어지고, 내가 지금 무엇을 하고 있나 생각하게 된다.

그러면서 어느 순간 좋아 보이는 물건을 만나면 다시 오지 않을 기회라 생각을 하고 정해두었던 금액보다 더 높은 금액에 매입하게 된다. 비싸게 매입했으니 수익을 내기 어렵고, 그다음부터는 악순환이 시작된다. 이 모든 것은 초보자들에게 흔히 나타나는 현상이며, 이 시기를 넘지 못하는 사람들은 투자의 세계를 떠나게 된다. 그런 사람이 대다수이고, 살아남는 사람은 훨씬 적다.

바쁜 일상 속에서 공부를 한다는 것은 쉬운 일이 아니다. 여유가 없는 삶을 살수록 더욱 그렇다. 나는 자주 이야기한다. 삶이 지치면 지칠수록 조금 더 여유를 가지는 연습이 필요하다고.

조급함을 가진다고 해서 그 어떤 것도 해결되지 않는다. 오히려 조급함을 느끼는 순간을 즐겼으면 좋겠다. 조급함은 당신의 열정이 불타오른다는 증거이기 때문이다. 그동안 아무런 열정이 없이 살았던 우리의 삶 속에 활력소가 생겼음을 인지하고 그 에너지를 조금은 다른 곳으로 전환한다면 분명 더 좋은 시너지가 일어날 것이다. 이러한 힘을 가지고, 정확한 방향성을 세운 뒤 한발한발 나아간다면 성공할 확률은 더욱 높아질 것이다.

02

'월백'부터 '월천'까지 가는
5단계 로드맵

내가 만난 사람들 대부분이 말하는 꿈의 숫자는 월세 1,000만 원이었다. 이 꿈을 어떻게 실현할 수 있을까? 이를 위한 가장 현실적인 방법을 알려주려 한다.

성공적인 투자를 하기 위해서는 내가 가야 할 목적지를 정확하게 설정하고, 그에 따라서 해야 할 일들을 계획해야 한다. 따라서 첫 번째 목표는 월세 100만 원으로 잡기를 추천한다. 그리고 300만 원, 500만 원, 1,000만 원 순으로 점차 늘려나가는 것이 중요하다.

로드맵을 단계적으로 기획하고 실천한다면 조금은 느리게 보일지 몰라도 실패 확률을 줄일 수 있다. 나중에 돌아보면 실패하지 않는 것이 누구보다 빠르게 성공하는 길이었음을 알 수 있을 것이다.

1단계 : 기초 지식 쌓기

1단계 목표는 기초체력을 다지는 것이다. 지금 당장 돈을 번다는 생각보다는 평생의 투자를 위한 기초를 다진다고 생각을 하면 좋다. 스무 살이 되기 전에는 공부를 많이 하지만 성인이 되어 사회로 나오는 순간부터는 공부할 시간이 급격하게 줄어든다. 중고등학교 시절 배웠던 지식과 상식을 가지고 거의 평생을 살아가는 것이다. 마찬가지로 1단계 시기에는 빠르게 돈을 버는 것보다 평생 가져갈 투자 지식을 단단하게 배우는 것이 중요하다.

제대로 공부하기

공부를 하는 데에도 방법이 있다. 무작정 책상 앞에 앉아 있다고 해서 공부를 잘 할 수 있는 것은 아니다. 책을 읽는 것도 중요하지만 앞서간 선배들의 투자 이야기를 많이 접하는 것도 중요하다.

부동산 지식을 접하는 방법은 크게 세 가지가 있다. 먼저 요즘 각광받는 유튜브다. 원하는 시간에 원하는 장소에서 영상을 보면서 공부하기 좋다. 다

■ 유튜브 돈금술사 족장TV

만 유튜브는 커뮤니티 기능이 약해서 다른 사람과 소통하기에는 어려움이 따른다.

■ 원인베스트의 네이버카페

두 번째는 네이버카페와 같은 커뮤니티다. 먼저 시작한 사람들과 이제 막 시작한 사람들이 서로 질문하고 답변하면서 다양한 정보를 주고 받는다. 하지만 초보자 입장에서는 게시물의 내용을 해석하는 게 쉽지만은 않다. 하루에도 수많은 초보자가 겹치는 질문을 하다 보니 친절하게 하나하나 가르쳐 주는 분위기는 아니기 때문이다. 유튜브든 네이버카페든 이러한 강점과 약점을 잘 보완해가며 공부를 한다면 큰 도움이 될 것이다.

마지막은 스터디에서 활동하는 것이다. 유튜브를 통해 스스로 공부하고, 카페를 통해 많은 것을 물어보았다면, 이제 내 편이 있다는 소속감을 가지는 것이 중요하다. 궁금한 것은 서로 물어보고 경험담을 공유하면서, 힘들 때는 서로 격려도 해줄 수 있는 동료가 있을 때 투자가 훨씬 쉬워진다. 저자의 경우에도 원인베스트 네이버카페(cafe. naver.com/soyoung1986)를 통해 '원네트워크'라는 스터디를 10년 가까이 운영하고 있다. 이를 통해 많은 분들이 경험담과 정보를 나누며 빠르게 성장할 수 있었다.

임장을 생활화 하기

공부를 어느 정도 했다면 다음으로 할 일은 현장에 나가서 임장을 하는 것이다. 여기서 하나 당부할 것은 처음부터 부동산 경매나 공매 물건을 위한 임장은 하지 말라는 것이다. 초보자가 경·공매 물건 공략을 위한 임장을 한다는 것은 이제 막 걷기 시작한 아이가 발목에 모래주머니를 차고 다니는 것과 같다. 1단계에서는 부동산에 대해 내가 배운 것이 맞는지 접목을 시켜보고, 중개사들과 이야기를 하고, 좋은 매물도 추천받으면서 그들의 생각을 읽는 연습을 할 시기이다.

이때는 특정 물건을 보는 것보다 여러 곳을 돌아다니면서 나의 시야를 넓히는 데에 힘써야 한다. 최소 50곳 정도의 중개사무소를 방문해서 상가 물건을 추천받아 본 뒤 경·공매나 일반매매 물건을 임장하기를 추천한다.

기록 남기기

마지막으로 가장 중요한 것은 기록을 남기는 일이다. 대부분의 사람들은 기록의 중요성을 알면서도 막상 기록을 남기지는 않는다. 임장을 다녀온 뒤 기록을 남기면 내가 다녀온 곳에 대한 복습도 되지만, 같은 지역에 관심이 있는 물건이 생겼을 때 두 번 세 번 가지 않고도 시간을 절약할 수 있다는 큰 장점이 있다.

내 경우 기록을 남길 때는 마인드맵 기법을 즐겨 활용하고, 프로그램으로는 노션을 자주 활용한다. 마인드맵 기법은 어려운 게 아니다. 빈 페이지 중앙에 큰 주제를 설정한 뒤, 선으로 연결하며 확장성을 이어가면 누구나 쉽게 이용할 수 있다. 마인드맵의 장점은 생각을 간단하게 키워드로 정리할 수 있다는 것이다. 더불어 생각이 갇혀 있지 않고 쭉쭉 뻗어나감으로써 다양한 아이디어들이 파생된다는 것도 큰 장점이다.

마인드맵이 혼자 편하게 작성할 수 있는 도구라면, 노션은 한 가지 주제를 가지고 여러 사람들과 논의해야 할 일이 있을 때 빛을 발하는 툴(tool)이다. 텍스트, 목록, 표, 이미지 등을 자유롭게 배치할 수 있어 좋다. 이용 방법이 어렵지 않고 유튜브 등에서 사용법을 알려주는 곳이 많으므로 일정 업로드나 커뮤니티 댓글 기능 등을 사용해 효과적으로 소통해보기를 추천한다.

■ 마인드맵(좌)과 노션(우)을 이용해 기록 남기기

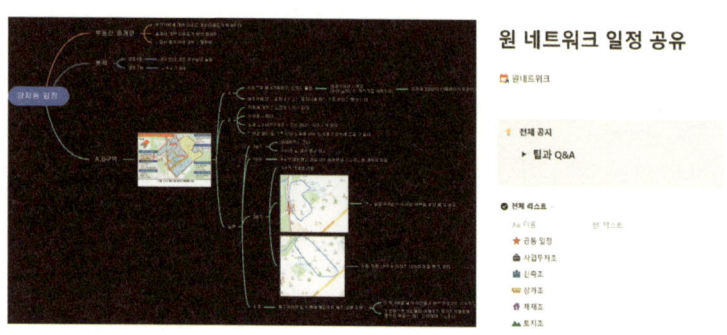

2단계 : 월세 100만 원 만들기

충분한 공부와 임장을 통해 감을 익혔다면 먼저 월세 100만 원을 만드는 것에 도전해보자. 한 번 더 말하지만, 우리가 지금까지 월세가 나오는 부동산을 가지지 못한 이유는 절대 그것이 어려워서가 아니다. 내가 한 번도 접해보지 않았고 주변에 월세를 받는 사람이 없었기 때문이다. 지금까지 하나하나 스텝을 밟아 왔다면 결코 어려운 일이 아닐 것이니 너무 겁먹지 않아도 된다.

월세 100만 원을 만들기 위해서는 3층 이상의 지상층, 평당 임대료는 3만 5,000원에서 4만 5,000원 정도인 상가를 찾아보는 게 좋다. 즉, 평균 4만 원을 기준으로 두는 것인데, 그간의 투자 경험상 평당 4만 원 이상을 받는 상권은 안정기에 접어들었다고 볼 수 있기 때문이다. 3만 원 이하인 경우는 상권이 노후화되어 임대나 매매계약을 할 때 어려움을 겪는 경우가 많았다. 반대로 4만 5,000원이 넘어가는 상권의 경우 좋은 곳일 확률은 높지만 매매가도 훨씬 높아져서 초보자가 처음으로 접근하는 것이 쉽지 않다.

평균 4만 원가량 되는 곳이라면 대부분 매매수익률 6% 수준으로 거래가 되기 때문에 어렵지 않게 접근할 수 있다. 단, 평균적으로 6%의 수익률에 거래가 된다면 우리가 매입할 때는 그보다 아래로 떨어지는 부동산은 절대 매입해서는 안 된다. 예를 들어 보증금 3,000만 원에 월세 150만 원인 상가라면 3억 3,000만 원 이상으로 매입하면 절대 안 된다는 뜻이다.

    그 이유는 향후 매각할 때를 위해서다. 수익률이 6%는 넘어야 수월하게 매도할 수 있을 텐데, 그보다 낮은 물건을 매입하면 추후 매도를 위해 수익률을 높여야 하고, 그러려면 매도가격을 낮춰야 할 가능성이 높아지기 때문이다. 시간이 조금 걸리더라도 6%보다 수익률이 높은 상가를 찾을 때까지 기다릴 수 있어야 한다.

    현장 전문가만 줄 수 있는 팁을 이야기하자면, 중개사를 방문하면 분명 6% 이상 되는 매물은 없다고 말할 것이다. 이것은 중개사들의 단골 멘트 중 하나다. 하지만 절대로 중개사들의 말에 흔들릴 필요는 없다. 수익률이 나쁘면 거절하면 된다. 투자금이 아직 나의 주머니에 있을 때는 언제든 매입할 수 있으므로, 우리는 선택을 할 수 있는 사람들이다.

    하지만 매입한 이후 매각할 때가 돌아오면 우리는 선택을 하는 것이 아니라 선택을 받아야 하는 입장으로 바뀐다. 그렇기 때문에 조금이라도 유리한 고지를 점하려면 반드시 수익률 6% 이상이라는 기준선을 지켜서 매입해야 하는 것이다. 부동산은 내가 원하는 것을 찾아 매입해야지, 누군가에게 등을 떠밀려 사는 것은 결코 아니다. 나의 수중에 돈이 있을 때 최대한 좋은 물건을 많이 보고, 좋은 부동산을 선별하여 매입하는 요령을 익혀야 한다.

3단계 : 월세 300만 원 만들기

3단계의 목표는 세 개의 상가에서 매달 월세 300만 원을 만드는 것이다. 여기서 말하는 상가의 숫자와 월세 금액은 큰 의미가 있다.

먼저, 300만 원이라는 월세는 한 달 월급과 비슷한 수준이기 때문에 중요하다. 이자를 제외한 순수익 300만 원을 만들었다면 이른바 나의 '부캐'를 제대로 만들었다고 생각할 수 있다. 내가 시간을 들여 일을 하지 않아도 한 달 월급에 가까운 돈이 들어오는 것이다. 처음에는 월세 100만 원을 목표로 시작했고 이후 최소 300만 원가량이 되었다면 이제 초보자를 벗어나 어느 정도 상가 접근법을 알았다고 말할 수 있다.

그렇다면 왜 세 개의 상가일까? 이것은 업종 때문이다. 내가 생각할 때, 임차인에게 한 달에 들어오는 월세는 이자를 제외하고 최소 100만 원 이상은 되어야 한다. 그렇지 않은 상가는 업종이 약하거나 후면 또는 먹통상가(상가 내부의 상가)일 가능성이 크다. 그래서 월세 수익 300만 원을 상가 개수로 나눴을 때 평균 100만 원 이상이 나오는 것을 감안해 상가 개수를 세 개로 잡은 것이다.

만약 이 책을 만나기 전에 매입한 상가가 후면이나 먹통상가(건물 밖에서 보이지 않는 상가)라면 다음 단계를 위해서 빠르게 매각하고 다른 상가로 갈아타기를 권한다. 왜 갈아타야 할까? 후면 상가나 먹통상가는 매도하기가 힘들다. 분양업자들은 처음에 분양할 때 초보자들이 혹할만한 높은 수익률을 흔들며 유혹한다. 초보자들은 어차피 월세가 목적이라고 생각하며 매입하겠지만, 나중에 매각하지 못하는 상가는 분명 독이 되어 돌아오게 된다. 처음에는 모르고 매입했을 수 있지만 이제라도 알았다면 매도하기 쉬운 상가를 모아가는 것이 중요하다.

또한 월세가 100만 원 정도 나온다면 매매가는 1층 기준으로 약 3억~4억 원가량의 상가일 것이다. 이 금액대의 상가는 상가 매입을 고려하는 사람들이 가장 선호하는 금액대이며, 매각하고 싶을 때 빠르게 성사시킬 수 있다는 장점이 있다.

4단계 : 월세 500만 원 만들기

3단계 세팅이 끝났다면, 제대로 된 상가 수업을 한번 들어볼 것을 권한다. 어떤 강의든 좋다. 들었던 강의도 좋고, 새로운 강의도 좋다. 강의를 들으라고 하는 이유는 투자하는 동안 잊고 있었던 것을 다시 정리하거나, 다음 단계로 넘어가기 위한 정보를 모으기 위해서다. 투자 공부는 마침표가 없다. 어떤 강의든 필요한 지식을 딱 하나만 건질 수 있다면 그것이 내 몇천만 원, 몇억 원을 아껴줄 것이다.

강의를 통해서 내가 간과한 부분은 없었는지 확인이 끝났다면 다음 단계로 넘어가면 된다.

이제는 세 개의 상가 중 하나 또는 두 개를 매각하고 좀 더 좋은 상가로 갈아탈 시기다. 상가당 100만 원의 월세가 아닌 200만~300만 원의 상가를 찾아야한다. 기존에 보유한 상가가 3억~4억 원짜리였다면, 매각해서 종잣돈을 만든 후 다음 단계인 6억~8억 원대의 상가로 넘어갈 시기이다.

이 단계에서 상가를 바꾸는 것에는 여러 가지 이유가 있지만, 가장 큰 이유는 시세차익 때문이다. 3억~4억 원대의 상가는 월세를 안겨주기에는 적당해도 시세차익을 안겨주기에는 조금 부족하다. 3억~4억 원대 상가는 워낙 경쟁이 치열한 구간이면서, 매매금액 자체가 크지 않기 때문에 수익도 한정적인 것이 현실이다. 이러한 상가를 매각해서 약 3,000~5,000만 원의 시세차익을 거뒀다면, 이제는 6억~8억 원대의 상가로 넘어가서 더 많은 월세 수익과 함께 억 단위의 시세차익이 나오는 상가를 찾을 수 있을 것이다.

첫 매각은 굉장히 괴로울 것이다. 월세가 따박따박 들어오는 상가를 매각하고 다른 상가를 매입한다는 것은 어쩌면 퇴사 후 이직을 준비하는 것과 마찬가지다. 황금알을 낳는 거위의 배를 가르는 일처럼 느껴질 수도 있다. 하지만 몸값을 올리기 위해서는 과감한 이직이 필요한 것처럼, 다음 단계로 넘어가기 위해서는 과감하게 준비해야만 한다. 이 단계를 넘지 못하면 절대 부자가 될 수 없다.

5단계 : 월세 1,000만 원 만들기

월세를 500만 원까지 끌어올렸다면 시세 6억~8억 원대 상가 두세 개 정도는 세팅이 되었으리라 생각한다. 200만 원과 300만 원의 월세를 받는 두 상가가 있다면, 이제 모두 시장에 내놓고 먼저 거래 의향이 들어 온 부동산을 매각하자. 다음 단계로 넘어가기 위한 준비다.

이때 중요한 것은 자신감이 생겼다고 두 상가를 모두 매각하여 목돈을 가지고 있는 것보다, 한 개의 상가를 남겨서 안정적인 현금흐름을 만들어놓은 뒤 다음 상가를 준비하는 것이다. 두 상가를 모두 매각하면 큰돈이 들어올 것이므로 단번에 좋고 큰 상가를 매입할 수 있다고 생각할 것이다. 하지만 아무리 목돈이 들어오더라도 현금흐름이 있는 것과 없는 것은 큰 차이가 있다. 매달 안정적으로 들어오는 수익의 여부에 따라 사람의 감정에 차이가 생긴다. 매달 들어오는 월세가 어느 순간 들어오지 않는다면 초조함이 이루 말할 수 없다. 그 초조함은 순간적으로 판단을 흐리게 만들고 실수를 하게 한다. 따라서 두 상가 중에 하나만 매각을 하고, 하나는 가지고 있는 것을 추천한다.

만약 300만 원의 월세가 들어오는 상가를 매각했다면 그 전의 종잣돈과 시세차익을 더해 3억~4억 원가량의 종잣돈이 만들어질 것이다. 그 돈을 기반으로 이제는 8억~10억 원대의 상가를 찾아보는 것을 추천한다. 상가 하나당 월세는 약 400만~600만 원 정도 되는 것이 좋으며, 최종 매각가격은 최대 13억 원으로 생각한 뒤 진입하는 것이 좋다.

최종 매각가격을 최대 13억 선에서 끊어놓은 것은 그 이상의 금액부턴 매각이 쉽지 않기 때문이다. 근린상가는 매각가격의 상한선이 어느 정도 정해져 있다. 가격이 15억~20억 원 정도면 근린상가에서 월세를 받는 것보다 빌딩 투자로 넘어가는 수요가 생기기 때문이다. 그래서 상가의 매각가격이 20억 원을 넘어간다면 빌딩 수요자들의 마음을 이끌기 위해서 더욱 좋은 수익률을 안겨주어야 매각이 되기 때문에 매각가격을 내릴 수밖에 없다.

수요를 감안하여 차근차근 진행하자

지속적으로 정확한 매입금액과 매각금액을 정해주고 있다. 혹시 그 이유를 알겠는가? 단계별로 주력해야 할 부분이 다르기 때문이다. 2단계는 시세차익보다는 월세 수익에 중점을 두면서 현재의 급여를 더해 빠르게 종잣돈을 모으는 단계다. 3단계는 월세 수익과 시세차익의 비중을 비슷하게 두고 있다. 마지막으로 4~5단계는 월세 수익보다 시세차익에 중점을 두고 있다.

뿐만 아니라 금액대 별로 정리했을 때 수요의 크기도 변한다. 3억 원대의 상가를 찾는 수요가 100명이라면 5억 원대를 찾는 수요는 70명 정도, 10억 원대는 40명 정도, 15억 원대는 20명 정도로 점점 줄어든다. 그리고 20억 원대로 넘어가면 근린상가가 아니라 꼬마빌딩을 찾는 수요로 바뀌게 되는데, 이 수요는 다시 올라가 70명 수준이 된다.

우리가 투자할 때는 한정적인 수요층보다 그 금액대의 매물을 잘 받아 줄 충분한 사람들이 필요하다. 20명 중 한 명에게 매각하는 것은 너무 어려운 일이지만 70명 중 한 명에게 매각하는 것은 더 쉬울 수 있기 때문이다.

지금까지 제시한 로드맵을 충실히 따르다 보면 여러분은 분명 2~4개의 상가에서 우량 임차인에게 월세 1,000만 원~2,000만 원을 받고 있을 것이다. '관·습·동·행'을 꾸준히 실천했다면 오랜 시간이 필요한 것도 아니다. 나는 주변에서 별다른 도움을 받지 못한 채 수많은 시행착오를 겪었지만, 그럼에도 5단계를 넘어 다음 단계로 진입하기까지 5년 정도밖에 걸리지 않았다. 이 책을 접한 여러분은 시행착오를 충분히 줄일 수 있을 것이고, 이 책을 발판 삼아 성장함으로써 2~3년 안에 원하는 목표에 도달할 수 있을 것이다.

03
월세보다 중요한 것은 시세차익이다

이번 장에서는 투자를 하며 나도 모르게 착각할 수 있는 부분에 대해서 이야기를 나누려 한다. 투자를 시작하고 운이 좋게 성공 사례가 하나둘 쌓이다 보면 우리는 앞으로도 꽃길만 걸을 수 있다는 달콤한 생각에 젖게 된다. 투자도 별로 어려운 게 아니구나 싶고, 점점 체크해야 할 부분들을 잊는다.

물론 모든 투자가 성공적으로 이루어진다면 좋겠지만 사람 마음처럼 안 되는 것이 투자다. 어려울 거라 예상했던 투자는 잘 안 되어도 비교적 괜찮다. 스스로 예상했던 일이니 충분히 대비할 수 있기 때문이다. 실패를 하더라도 투자금액이 적을 때는 훌훌 털어 버리고 일어날 수 있으니 큰 문제는 아니다.

하지만 가장 무서운 것은 한창 잘 되고 있을 때, 생각하지도 못한 시기에 갑자기 들어오는 위기이다. 대부분의 위험은 감지할 수 있지만 정작 큰 위기는 생각하지도 못한 부분에서 찾아온다. 지금부터는 초보자들이 착각해서 손실을 본 실제 사례를 재구성하여 이야기하려 한다.

수익률 계산의 함정

첫 번째 실수는 수익률 계산을 잘못하는 것이다. 길을 가다 보면 '상가 수익률 30%'라는 문구를 한 번쯤은 본 적이 있을 것이다. 10%의 수익률을 달성하는 것도 어려운데 30%라니, 굉장히 좋은 수익률이다. 대부분 이런 문구는 상가를 신규 분양하는 분양상담사들이 많이 쓴다.

문제는 이때의 수익률이 지금까지 이 책에서 이야기했던 수익률과는 많이 다르다는 점이다. 우리는 지금까지 '매매가 대비' 수익률을 이야기했지만, 분양사들이 이야기하는 30%의 수익률은 대부분 '실투자금 대비' 수익률을 이야기하는 것이다.

예를 들어 매매가 3억 원짜리의 상가에서 보증금 3,000만 원, 월세 170만 원이 나온다고 하자. 일반적으로 계산되는 수익률은 대출을 반영하지 않은 7.5%이다. 하지만 분양상담사들은 여기에 80%의 대출(2억 4,000만 원)을 이자율 5%(월 100만 원)로 받는 것까지 포함시켜서 계산한 다음, 실투자금 3,000만 원을 기준으로 환산한다. 이렇게 하면서 매달 월세가 70만 원씩 들어오게 된다고 광고함으로써 많은 투자자를 유혹한다.

그래도 이 경우에는 대출을 제외한 수익률이 7.5%나 되므로 좋은 투자가 될 수 있다. 하지만 분양상담사는 수익률이 30%라고 했는데, 따져보니 실제 수익률이 4%밖에 되지 않는다면 어떨까? 이런 경우는 실제로 심심치 않게 일어난다. 상담사에게 사기를 당했다고 흥분해봤자 할 수 있는 건 아무것도 없다. 이처럼 실전 투자를 할 때 수익률에 대해 제대로 이해하지 못하면 큰 실수를 하게 된다.

■ 수익률 계산 방식의 차이

	족장의 수익률 계산	분양상담사의 수익률 계산
매입금액	3억 원	
보증금/월세	3,000만 원 / 170만 원	
대출금액	2억 4,000만 원	
대출이자	100만 원	
실투자금	3,000만 원	
순수월세	70만 원	
수익률	7.5%	28%
계산법	(월세 × 12개월) ÷ (매입금액 − 보증금)	(순수월세 × 12개월) ÷ 실투자금

월세 수익률만 생각하면 큰일난다

두 번째 실수는 월세 수익률만 따지고, 시세차익은 가볍게 생각한다는 것이다. A씨는 경·공매를 배우던 중 상가를 매입할 때 80~90%의 대출이 가능하다는 것을 알게 되었다. 많은 사람이 모르는 비밀을 알았더니 기분도 좋고, 금방 낙찰이나 매입을 해서 임차 세팅을 마치고 나면 월세를 받을 것만 같다.

A씨는 월세를 받고 싶어 경매 상가를 검색하던 도중 괜찮은 상가를 발견했다. 감정가는 6억 원이었고 한 번 유찰되어 4억 8,000만 원에 나와 있었다. 입찰가로 5억 원을 책정하였는데 단독낙찰받았다. 괜찮아 보이는 상가임에도 아무도 입찰이 들어오지 않아 찝찝함이 남아 있었으나 계획한 월세를 받는다면 매달 들어오는 돈이 생기기 때문에 크게 개의치 않았다.

낙찰을 받고 대출을 진행하는 내내 전혀 막힘이 없었다. 최초 감정가보다 1억 원가량 낮은 가격으로 낙찰받았기 때문에 낙찰가의 90%(4억 5,000만 원)를 대출받을 수 있었고, 임차인 또한 최초 예상했던 보증금 5,000만 원에 월세 250만 원으로 세팅을 마쳤다. 금리가 높아서 걱정했지만, A씨는 나름 제1금융권의 VIP였기 때문에 연 4%의 금리(월 이자 150만 원)라는 비교적 좋은 조건으로 대출을 받았다.

첫 투자임에도 투자금은 취·등록세인 약 2,300만 원만 투입된 상태에서 매달 100만 원의 순수 월세가 들어오는 시스템을 만들었다. 정말 환상적인 투자였다. 이렇게 완벽한 투자를 하다니 믿기지 않았다. 이렇게만 한다면 월세 1,000만 원도 금방 가능할 것 같다는 기대감을 가지고 같은 방식으로 계속 알아보았다.

투자금 2,300만 원으로 순수익 월 100만 원. 우리가 꿈에 그리던 투자 중 하나가 바로 이런 투자일지도 모른다. 나의 투자금은 최대한 적게 들어가고 월세는 100만 원 이상 나오는 투자 말이다.

이번에는 B라는 사람이 있다. 상가 투자는 잘 모르지만 월세가 받고 싶어서 상가를 알아보던 중 괜찮아 보이는 상가가 나와서 4억 5,000만 원에 매입을 했다. 알고 보니 A씨가 매입한 바로 옆 상가였다. 대출을 알아봤지만, A씨와는 달리 일반매매로 매입했고, 대출의 기술도 몰랐기 때문에 원하는 대로 나오지 않았고 결국에는 매입가격의 70%(3억 1,500만 원)를 대출받았다. 월세는 A씨의 상가와 똑같은 조건으로 보증금 5,000만 원, 월세 250만 원을 받게 되었다. 최종 정리해 보니 실제 투자금은 약 1억 570만 원 정도였으며, 연 4%의 대출이자를 제외한 순수 월세는 145만 원이 나왔다.

B씨는 A씨가 너무나 부러웠다. A씨는 겨우 2,300만 원을 투자해서 매달 100만 원이 들어오는데, 자기는 1억 원 넘게 투자해서 매달 145만 원을 받으니 기회비용을 날린 것만 같아 너무 아쉬워했다. A씨도 B씨에게 자기처럼 투자하면 1억 원을 가지고 월세 400만 원

이상은 문제가 없다며 큰소리를 쳤다.

두 사람의 투자가 어떻게 보이는가? 종잣돈이 부족한 투자자는 A씨의 투자가 정말 잘한 것이라 생각할 수 있다. 하지만 우리는 두 사람의 매입가격을 자세히 보아야 한다. 똑같은 상가를 매입했는데 A씨는 5억 원, B씨는 4억 5,000만 원에 매입했다.

A씨는 경매로, B씨는 일반매매로 같은 상가를 매입했다. 당연히 일반매매로 매입한 B씨의 가격이 시세에 더 가까울 것이다. 경매로 매입한 A씨는 감정가 6억 원이 곧 시세라고 생각하는 중대한 실수를 저질렀다. 감정가보다는 1억 원이나 낮게 매입했지만, 시세 조사를 잘못하여 비싼 가격에 매입한 것이다.

A씨가 낙찰받은 물건의 감정가가 시세보다 높았던 이유는 부동산 경매의 감정가가 대략 6개월 이전에 정해지기 때문이다. 경매의 경우 감정평가를 한 뒤 평균 6개월 뒤에 공고가 뜬다.

이때 감정가는 당시 시세보다 약간 높게 정해지는 경향이 있다. 그렇지 않으면 경매가 진행되는 시점의 감정가가 시세보다 낮게 보일 수 있으며, 이 경우 채무자의 항의로 감정평가를 다시 진행하는 경우가 많아진다. 감정평가를 다시 진행할 경우 경매기일이 늦춰지는 일이 발생할 수 있다. 또한 부동산 상승기에는 감정가가 6개월 뒤 시세보다 낮을 때도 있다. 감정가는 어디까지나 감정가일 뿐 낙찰되는 금액이 아니기 때문에, 주변 시세보다 조금은 높게 측정되는 것이 경매 진행상 여러모로 편리한 경우가 많기 대문에 절대 정답인 것마냥 맹신해서는 안 된다.

투자 성과는 매각으로 결정된다

결론적으로 두 물건의 정확한 시세는 4억 5,000만 원이다. 부동산을 매입할 때 가장 중요한 것은 시세 조사다. 수익률도 중요하지만 그보다 우선시해야 할 것은 부동산을 최대한 저렴한 금액으로 매입을 하는 것이다. 투자는 나무를 보는 것이 아니라 숲을 볼 줄 알아야 한다. 당장 눈앞의 수익만이 아니라 그 이후의 수익까지도 보아야 하는 것이다.

A씨는 상가의 가치보다 대출과 이자만을 생각해 계산하였다. 그래서 5억 원에 낙찰받더라도 실투자금이 적고 월세가 들어오니 문제가 없다고 생각했다. 결과적으로 A씨는 월세를 받아서 좋을지는 모르지만, 매입 즉시 5,000만 원의 손실을 보게 된 셈이다. 이 5,000만 원의 손실을 월세로 메꾸려면 약 4년이 넘는 시간이 지나야 한다(매월 100만 원 × 48개월 = 4,800만 원).

여기서 더 끔찍한 것은 A씨가 이러한 사실을 모른 채 같은 방식으로 상가를 더 매입하기를 원한다는 것이다. 투자금은 적게 들고 월세 수익은 극대화된 투자지만, 그게 허수라는 것을 아는 순간 상가 투자가 또 한 번 어렵게 느껴진다. 이런 사례가 무서운 것은 부동산 경매를 처음 한 사람보다 오히려 투자를 조금 해본 사람들이 더 많이 하는 실수이기 때문이다.

■ 수익률 계산 방식의 차이

	A씨의 경매 투자	B씨의 일반매매 투자
매입가	5억 원	4억 5,000만 원
대출	4억 5,000만 원 (90%)	3억 1,500만 원 (70%)
임대	5,000만 원/250만 원(보증금/월세)	5,000만 원/250만 원(보증금/월세)
대출이자	월 150만 원 (연 4%)	월 105만 원 (연 4%)
세금	2,300만 원	2,070만 원
순수 월세	100만 원	145만 원
투자금	2,300만 원	1억 570만 원
투자금대비 월세 수익률	연 52%	연 16%
시세차익	-5,000만 원	0원
투자금 대비 총 수익률 (1년 월세+시세차익)	-113%	16%
총정리	월세수익 100만 원 시세차익 -5,000만 원(손실)	월세수익 145만 원

하지만 절대 어려워할 필요도, 무서워할 필요도 없다. 가장 위험한 사례를 알았기 때문에 이 책을 보는 독자들은 이러한 실수를 하지 않을 것이라 생각한다. 가장 중요한 포인트는 정확한 시세 조사를 하고, 시세보다 더 낮은 금액에 부동산을 매입하는 것이다. 유명한 투자가 워런 버핏의 이야기 중 이런 말이 있다.

"투자의 제1원칙은 절대로 돈을 잃지 않는 것이다. 투자의 제2원칙은 제1원칙을 절대 잊지 않는 것이다."

우리는 절대 잃는 투자를 하면 안 된다. 꼼꼼한 조사를 하면서 성공적인 투자를 하기를 진심으로 응원한다.

04
지치지 않고 끝까지 성공하는
3가지 방법

처음 공부를 시작하면 우리의 열정은 하늘 높은 줄 모르고 올라간다. 밤낮 가리지 않고 부동산 생각만 나며, 누구를 만나든 부동산에 대한 이야기를 나누고 싶다. 금방 돈을 벌고 부자가 될 수 있다는 생각이 들 것이다.

하지만 열정과는 조금 다른 결과가 나를 기다리고 있을 것이다. 열정을 불태웠음에도 불구하고 성과가 나지 않는 시기가 분명 찾아오기 때문이다. 이런 시간이 길어지기 시작하면 대부분은 견뎌내지 못한다. 불같이 타오르던 열정은 온데간데없이 사라지고, 속절없이 흘러가는 시간 속에서 나는 재능이 없다는 생각과 함께 자존감은 떨어지기 시작한다. 함께 시작한 주변 사람들을 둘러보니 쉽게만 버는 것 같은데 나만 안되는 것 같고, 나의 길이 아닌 것 같고, 그런 시간이 반복되다 보면 모든 것을 전부 그만두고 싶어진다.

이런 시간이 오는 것은 당연하다. 슬럼프도 열심히 노력한 사람만 겪는다고 하지 않던가. 이를 잘 극복한 사람은 한 단계 더 성장하게 된다. 책을 집필하면서 보랏빛 전망만 보여주기보다 누구나 한 번쯤은 겪지만 아무도 해주지 않는 이야기를 하려고 노력했다. 여기서는 내가 이 시기를 이겨냈던 세 가지 방법을 알려주려 한다.

초심을 되새기기

> **초심**(初心)
> 처음에 먹는 마음. 또는 어떤 일을 처음 배우는 사람..

나는 처음 마음을 먹은 그날을 가장 중요하게 생각한다. 처음 이일을 시작할 때의 다짐이나 목표, 해야 할 일 등을 굳건하게 정하고 기록한 날이기 때문이다.

그래서 투자가 잘 안 될 때는 처음 마음가짐을 가진 그날을 기억하고 노트를 꺼내어본다. 노트를 보면서 처음의 나를 돌이켜보고, 지금의 나와 비교해보며 그때의 다짐을 얼마만큼 잘 지키고 있는지 확인한다. 그러면 이미 변질되어 있거나 하지 않는 일이 많다는 것을 알게 된다. 이럴 때는 또 다른 반환점을 찾는 것보다 가장 처음 성공하기 위해 만들었던 나만의 방식을 다시 점검하고 실행하면 된다.

나의 경우 매일 밤 12시에 경·공매 물건을 찾는 일을 쉬지 않고 한다. 어떤 바쁜 일이 있어도 그 시간만큼은 물건을 검색하고 자는 것이 나만의 약속이었고, 그 약속이 지속되면서 나는 그 어떤 물건도 쉽게 놓치는 일이 없게 되었다. 현란한 기교를 부리고 대단한 계획을 세우기보다는 처음 마음먹었던 일들에 대한 나와의 약속을 지키는 것이다.

투자를 오랜 시간 하다 보니 내가 잘한다고 되는 것이 아님을 깨달았다. 투자는 잘하고 못하고의 차이가 아니라 얼마만큼 꾸준히 멈추지 않고 한발 한발 나아갈 수 있느냐의 싸움이다. 수익은 1년에 한 번, 2년에 한 번도 괜찮다. 너무 느린 것 같다며, 좋은 부동산이 보이지 않는다며 걱정하지 않아도 된다. 매일매일 좋은 부동산이 보인다는 것은 그만큼 내가 부동산을 찾아내는 눈이 낮아진 것일 수 있으므로, 좋은 부동산이 안 보이는 것이 어쩌면 맞는 것이다.

우리가 처음 부동산 투자를 시작할 때를 생각해보자. 좋으면 좋은 대로 나가서 조사를 하고, 나쁘면 나쁜 대로 조사를 했었다. 그런데 어느 순간 그러지 않는 게 대부분 사람들이다. 투자의 방법이 잘못된 것이라기보다는 편안함을 찾다가 스스로 투자를 망치는 경우가 더 많다.

그럴 때는 처음의 마음과 행동을 돌이켜보고 그때로 돌아가 다시

해보자. 그럼 지금의 문제점을 찾을 수 있을 것이며, 다시 좋은 투자로 이어질 수 있을 것이다.

물건 복기하기

"되고 싶은 사람처럼 걷고 말하고 행동하라. 그 사람처럼 될 가능성이 높아진다."

성공 운동의 창시자인 오리스 스웨트 마든의 말이다. 초보 시절 나는 누구보다 빠르게 배우고 싶었다. 누구보다 빠르게 성장하고 싶었다. 그런데 정말 돈 되는 투자를 배우고 싶은데 그게 쉽지 않았다. 대부분의 투자자는 자신이 돈 번 이야기를 하기보다 입을 닫는 경우가 많기 때문이다. 굳이 돈 버는 이야기를 알려줄 필요도 없으며, 돈을 버는 방법을 떠들고 다닌다는 것 자체가 자랑으로 여겨질 뿐 좋지 않은 모습으로 비치기 때문이다.

처음 서울로 상경한 나는 그런 알짜 정보를 배우고 싶다는 갈증이 많았다. 돈을 벌었다는 사람을 찾아가 보기도 하고, 만나기 위해 문앞에서 다섯 시간을 기다려 보기도 했다. 하지만 그들 대부분은 만날 수 없었으며, 운 좋게 만난다고 해도 내가 원하는 해답을 찾을 수는 없었다. 어떻게 하면 배울 수 있을까? 어떻게 하면 그 사람들의 머릿속으로 들어갈 수 있을까?

그런데 우연치않게 해답을 찾았다. 하루는 길을 지나가는데 낯익은 상가가 보이는 것이었다. 몇 달 전 내가 입찰했던 상가였는데, 낙찰받은 사람이 내가 익히 들어서 알고 있던 고수였다. 그 순간 번뜩이는 아이디어가 떠 올랐다. 곧장 집으로 가서 일전에 조사한 자료를 찾아보기 시작했고 그때의 기억을 더듬어 정리했다.

다음 날 아침 다시 상가를 찾아갔다. 인근 부동산 중개사무소에 들어가서 내가 조사한 것들을 토대로 인터뷰를 하기 시작했다. 경매가 진행될 때는 꽤나 까칠하던 중개사가 이번에는 굉장히 호의적으로 대해 주었다. 덕분에 해당 부동산이 낙찰된 후 처음 임대로 내놓았던 가격은 물론 가격 조절이 된 이야기, 상가에 변화를 만들어 임대료를 올린 이야기 등을 생생하게 들을 수 있었다.

그러면서 내가 생각지 못한 부분을 하나하나 체크하기 시작했다. 고수는 이렇게 했는데 나는 왜 그렇게 하지 못했을까를 생각하면서 임장을 하면서 빼먹은 부분이 무엇인지, 사전 조사를 하며 잘못 조사한 부분이 무엇인지, 너무 보수적으로 생각했던 부분과 너무 과하게 생각했던 부분은 무엇인지 하나하나 짚어 보았다. 그 시간은 나를 굉장히 빠르게 성장시켜주었다. 고수의 눈으로 부동산을 바라보는 시각을 가지게 되었고, 그들의 생각을 읽을 수 있었다. 나만의 좁은 시야에 빠져서 벗어나지 못하던 생각의 틀을 완전히 깨버릴 수 있었다.

사람들은 내 생각이 당연히 맞다고 여길 때가 많다. 한 번쯤 겪어 보았을 것이다. 분명 누가 봐도 틀린데 자신의 생각이 맞다는 사람들이 꼭 있다. 투자에 대해 익숙해질 때 이런 일이 자주 생긴다. 자기의 경험이 모두 맞는 것마냥 생각하게 되고, 그 많던 창의적인 생각은 사라져버린 채 나만의 틀에서 벗어나지 못하는 사람이 많다. 하지만 나는 물건 복기를 하면서 그러한 것들을 빠르게 버리고 새로운 것을 빠르게 습득할 수 있었다.

하수와 고수의 차이 중 하나는 물음표로 끝나느냐, 마침표로 매듭을 짓느냐. 투자는 돈과 연관되어 있어서 한 번의 잘못으로 우리의 삶이 매우 달라진다. 졌지만 잘 싸웠고 수고했다는 말이 통하는 세계가 아니다. 그래서 결코 물음표로 끝내서는 안 된다. 진정한 투자자라면 낙찰이 되었든 아니든, 내가 선택한 물건에 마침표를 찍기 위해 노력해야 한다. 결론을 내야 한다는 것이다.

결론을 내는 방법은 매우 간단하다. 다녀온 물건을 3개월 뒤에 다시 찾아가는 것이다. 비록 낙찰받지 못했더라도 물음표를 해소하기 위해서 간접경험을 하는 것이 매우 중요하다. 즉 물건을 복기하는 일이지만, 나는 이걸 '물기'라고 줄여서 부른다. 물어뜯어서 끝까지 알아간다는 의미를 담고 싶기 때문이다.

입찰과 패찰, 임장을 거듭하다 보면 애매한 부동산들이 많다. 매입하기에는 조금 아쉽고 그렇다고 흘려보내기에는 아까운 그런 물건들이다. 이렇게 흔들리는 이유는 딱 하나다. 월세를 조금만 더 받으면 좋겠는데 그만큼 받을 수 있을지 확신이 없기 때문이다.

일반매매든 부동산 경매든 3개월 가량 지나면 어느 정도 결론이 나와 있다. 일반매매로 나왔던 물건은 거래가 되었을 것이고, 만약 거래가 안 되었다면 그 가격에는 거래가 안 되는 것이라는 것을 알 수 있다. 부동산 경매의 경우 낙찰 후 3개월가량 지난 뒤 현장을 가보면 명도가 끝나는 시기와 얼추 비슷할 때가 많았다.

물기에서 가장 중점적으로 보는 포인트는 네 가지다.

① 명도는 잘 끝났는가?
② 예상했던 임대료로 내놓았는가?
③ 임차인이 이미 들어 왔다면 내가 예상했던 업종인가?
④ 대출은 얼마나 나왔는가?

이렇게 조사하다 보면 정말 다양한 사례를 연구할 수 있다. 내가 보지 못했던 숨은 부분을 찾아서 큰 수익을 보는 사례가 있는가 하면, 너무 높은 가격에 매입해서 실패하는 사례도 보게 된다. 수익을 낸 사례를 보면서 그것과 똑같은 사례를 찾기 위해 노력하고, 실패한 사례를 보면서 절대로 실수하지 말아야 할 것들을 재확인한다. 이런 식으로 나는 스스로 피드백을 하고, 물음표가 아닌 마침표를 찍는다. 여러분도 물기를 통해서 정말 많은 것을 배울 것이다.

책을 가까이 하기

마지막으로는 책이라는 주제로 마무리 지으려 한다. 책의 중요성은 백 번 천 번 이야기해도 과하지 않지만 여기에서도 나만의 방식대로 전달해보려 한다. 책을 꼭 봐야 하는 이유와 책을 고르는 방법, 그리고 나만의 독서법을 알려주려 한다.

책에는 사람들의 지혜와 생각, 방향성이 담겨있다. 누군가가 책을 집필한다. 그럼 그 책을 보고 지식을 얻은 또 다른 누군가가 그것을 발전시켜 집필을 한다. 그러면 또 다른 사람이 집필을 또 하고, 또 하고…. 그런 일이 수십 번, 수백 번, 수천 번 반복되면서 지금의 책이 나온다. 즉, 한 권의 책은 한 사람의 생각과 경험담이 아닌 수많은 사람들의 생각과 성찰을 통해 나오게 된다. 책을 한 권 보는 데 네 시간이 걸린다면, 우리는 네 시간의 투자로 최소 몇 년에서부터 몇십 년의 노하우를 사는 것과 같다.

같은 맥락에서, 평소 만나지 못하는 투자 고수들의 생각을 들어볼 수 있다. 내가 첫 투자를 시작했을 당시에는 부동산 관련 책이 많이 없었지만 지금은 정말 많은 책이 나온다. 그 책에는 고수들의 다양한 경험담이나 노하우, 투자의 철학이 잘 담겨있다. 내가 그토록 얻고 싶었던 노하우들을 단돈 2만 원 정도로 경험할 수 있다는 것은 정말이지 행운이다.

그래서 나는 억지로라도 일주일에 한 번은 서점을 꼭 방문하며, 한 달에 열 권 이상의 책을 구매한다. 이렇게 이야기하면 나를 독서광으로 알 것 같은데, 절대로 그건 아니다. 한 달에 열 권 이상을 구매하지만 그중에서 완독하는 것은 두세 권뿐이며, 나머지는 키워드만 본다.

신간이나 인기도서의 키워드를 보는 것만으로도 지금의 경제 상황이나 사람들의 관심사를 알아볼 수 있다. 신간도서가 있는 매대나 베스트셀러 코너에 갔더니 주식책이 부쩍 많아졌다면 주식을 하는 사람이 많은 것이고, 부동산 책이 많아졌다면 그만큼 부동산 시장에 대한 관심이 많다는 것을 알 수 있다.

책을 선택할 때는 두 가지의 기준을 두고 선별하는데, 하나는 내가 공부하는 전문분야(부동산)의 책이고, 다른 하나는 요즘 사람들이 많이 보는 책을 비율대로 구매한다. 두 종류의 책을 꾸준하게 고르는 데에는 이유가 있다. 첫째는 내가 전문적으로 하는 분야이지만 혹여나 놓치고 있는 것이 무엇인지 공부하기 위해서이고, 둘째는 세상의 변화와 사람들의 관심사를 알 위함이다. 투자는 혼자 하는 시간이 많기 때문에 자신만의 세계에 빠져 사는 사람들이 많은데, 절대 그러면 안 된다. 투자자일수록 변화에 민감해야 한다.

끝으로, 책을 볼 때는 항상 마인드맵을 활용하여 하나하나 정리하고, 책을 다 본 뒤에는 유튜브에 올라온 다른 사람들의 리뷰를 보면서 한 번 더 복습한다. 이것은 내가 부동산 투자에서 '물기'를 하는 것과 같다. 다른 사람들의 이야기를 들으면서 내가 이 책에서 놓친 부분을 찾고, 다른 사람들은 어떻게 느꼈는지 그들의 생각을 엿듣는다.

때로는 독서 모임에 들어가 실시간으로 사람들과 함께 소통하기도 한다. 열혈 독서가들처럼 1년에 100권씩 읽지는 못하지만, 열 권을 보더라도 제대로 내 것을 만들기 위해 노력한다. 기억에 남는 문구나 아이디어는 꼭 저장해두었다가 꺼내보고, 따라서 실행하기 위해 노력을 한다.

책은 우리의 삶을 바꾸어줄 이른바 '치트키'다. 어떤 풀리지 않는 숙제가 있거나 궁금한 게 있다면 가장 먼저 달려가야 할 곳은 서점이라고 생각한다. 귀찮더라도 꼭 봐야 한다. 책을 보는 인생은 분명 남들보다 빠르게 변화될 것이기 때문이다.

마치며

　책을 마무리하면서 여러분들에게 꼭 이야기하고 싶은 게 있다. 당신은 절대 부족한 사람이 아니다. 절대로 자신을 의심하지 않았으면 좋겠다. 스스로를 의심한다면 그 누구도 나를 믿어 주지 않는다. 자신을 믿고 제대로 된 방향으로 꾸준히 걸어가면 반드시 성공할 것이다.

　그리고 절대로 잃지 마라. 투자는 무리하지 않으면 잃을 일이 없다. 무리하지 말라는 것은 주춤거리면서 실행을 옮기지 말라는 것이 아니다. 어떤 물건이든 물음표가 아닌 마침표가 들 때까지 조사하고, 현장에 가봄으로써 확신이 들 때 투자를 하라는 것이다. 투자의 횟수가 많은 게 중요하지 않다. 한 건을 하더라도 제대로 수익을 올리는 게 중요하다.

　투자는 투자 안에서 해답을 찾아가는 것이지, 내 판단 안에서 해답을 찾아가는 게 아니다. 다른 사람의 말을 믿지 말고 자신의 판단을 믿지 마라. 투자는 오직 부동산 물건만을 믿어야 한다.

투자를 하는 이유를 기억하라. 자신이 투자를 하는 이유를 생각하라. 그렇지만 돈의 노예가 되어서는 안 된다. 내가 투자를 하는 이유는 나와 우리 가족을 위해서다. 나는 우리 가족이 원한다면 그 어떤 것도 감내할 자신이 있다.

세상에 가족보다 중요한 것은 존재하지 않는다. 투자를 하더라도 절대로 가정의 미움을 사지는 말아야 한다. 가정의 미움을 산다는 것은 투자할 이유가 사라지는 것과 같다.

끝으로, 10년 전 아무것도 없었던 나에게 시집와서 단 한 번도 불평불만 없이, 무슨 일을 하든 나를 응원해준 아내 소희에게 너무나 감사하다. 당신이 없었다면 이 모든 것은 이루어지지 않았을 것이다.

아무리 힘든 날에도 아무런 대가 없이 웃어주고 응원해주는 첫째 지환이와 둘째 경환이, 아빠가 너무 사랑한단다.

염려가 많으신 아버지에게도 감사드리며, 사위도 자식이라며 이뻐해 주시는 장인어른과 장모님에게도 감사를 드린다.

유튜브 족장TV의 24만 명 구독자인 '돈금이'들에게도 감사 인사를 드린다. 모두 꽃길만 걸으시기를 진심으로 응원한다.

그리고 항상 내 편이셨고 영원한 내 편이신, 지금은 하늘에서 나를 지켜보실 어머니에게도 감사함을 전하고 싶다.

『따박따박 상가월세』 특별부록

최고의 월세로드
파주시 목동동 편

10년 이상의 노하우
10억 이상의 가치가 담겨있습니다.

『따박따박 상가월세』 특별부록

족장의 월세지도
- 파주시 목동동 편 -

일러두기
- 본 책자는 차원희의 저서 『따박따박 상가월세』 독자들을 위한 특별부록으로, 판매를 목적으로 하지 않는 비매품입니다.
- 저작권법에 의해 보호받는 저작물로서 무단전제 및 배포, 민행상상 책임을 물을 수 있으며, 이 책의 일부 또는 전부를 이용할 경우 저작권자의 허락을 받아야 합니다.
- 본 책자의 내용은 상가 투자 공부를 위한 참고자료일 뿐 특정 대상에 대한 투자를 권하는 것이 아니므로, 저자와 출판사는 투자 결과에 대한 책임을 지지 않습니다.

상금시대

10년 이상의 노하우, 10억 이상의 가치가 합쳐진 '월세지도' 맛보기

수업을 하고 나면 Q&A시간을 가진다. 각자 투자를 하면서 현실적으로 어려운 점에 대해 이야기를 하는 시간을 가졌다.

수강생 A씨(35세, 주부)는 "시세 조사가 너무나 힘들어요"라고 말했다. 매일을 하는 것도 아니며 중개사무소에 들어가서 시세만 조사하고 나온다는 것이 너무 낯설고, 문을 열고 들어가는 것 자체가 너무나 힘들다는 것이다. 용기를 내어 들어가도 막상 어떤 것을 물어볼지 물라서 원하는 정보를 얻기가 쉽지 않다고 한다.

수강생 B씨(42세, 직장인)는 어떤 일에도 열심히 하는 사람이지만, 금에는 종래보다 오르지 않았다. 아이들이 점점 자라 교정비가 늘어나면서 재테크를 해야겠다고 마음먹고 매달 월세가 들어오는 상가 투자에 도전했다. 바쁜 시간을 쪼개어 열심히 공부했지만 문제가 생겼다. 바로 임장이다. 직장인이라 보니 평일 임장은 물리적으로 한계가 있고, 주말에는 자주 시간을 내어 현장에 찾아가도 중개사를 이 쉬는 경우가 많았다. 그럴 때마다 도저히 상대가 되지 않는 환경에 번번이 제대로 조사하지 못하고 들어오는 경우가 많았다. 그럴 때마다 도저히 받쳐주지 않는다는 생각 때문에 재테크를 포기하기 직전이라고 했다.

많은 수강생들의 공부를 열심히 하면서도 임장에 대해서는 어려움을 하소연한다. 이 사람들에게 무엇이 필요할지 생각하다 나의 노하우를 적용한 '월세지도'를 만들어 있다. 직접 손품과 발품을 많이서 얻어낸 정보 및 임장한 내용을 정리한 것으로, 많은 사람이 보는 네이버부동산보다 정확한 임대료와 매매가 정보를 제공하고 있다.

지도로 지역별로 만들어지고 수치로 임대료 된다. 방대한 자료를 지면에 모두 실을 수는 없기 때문에 지역별로 제공되고 있다. 지금 여러분이 보시는 이 책자는 해당 내용의 일부를 발췌한 것으로, 어떤 식으로 지도를 활용하면 되는지 알려주기 위해 맛보기로 준비한 자료다. 이 지역을 방문할 일이 있다면 반드시 본 책자를 지참하기 바란다. 매매와 임대 정보를 얻는 데에 큰 도움이 될 것이라 생각한다.

여담이지만, 이 지역을 함께 조사한 수강생에게 고맙다는 연락이 왔다. 생애 첫 번째 상가를 2억 원대에 매입했다는 것이다. 메인 도로 2층에 위치한 상가로, 평당 임대료 5만 3,000원 기준으로 수익률이 7.3%라고 했다. 이분은 향후 수익률 6%에 맞춰 매각할 생각인데, 그렇게 되면 약 5,000만 원 이상의 시세차익과 함께 매달 월세까지 받을 수 있다며 연거푸 고맙다는 인사를 전해왔다.

상가 투자는 어렵다는 생각은 접어보지 못했기 때문에 느끼는 마연한 두려움에서 시작된다. 이렇게 생각하지 말고, 지금 이 부분이나 '임맹'을 켜고 한 번씩 다녀오면 달라질 것이다. 지금 바로 실행해보자. 내가 꿈꾸는 따박따박 월세는 결코 멀리 있지 않을 것이다.

※ 월세지도의 더 많은 내용은 '인맵'(onemap.co.kr)에서 확인하실 수 있습니다.

상권조사
파주시 목동동

© 2024 (주) ONE INVEST. All Rights Reserved.

상권 위치 설명

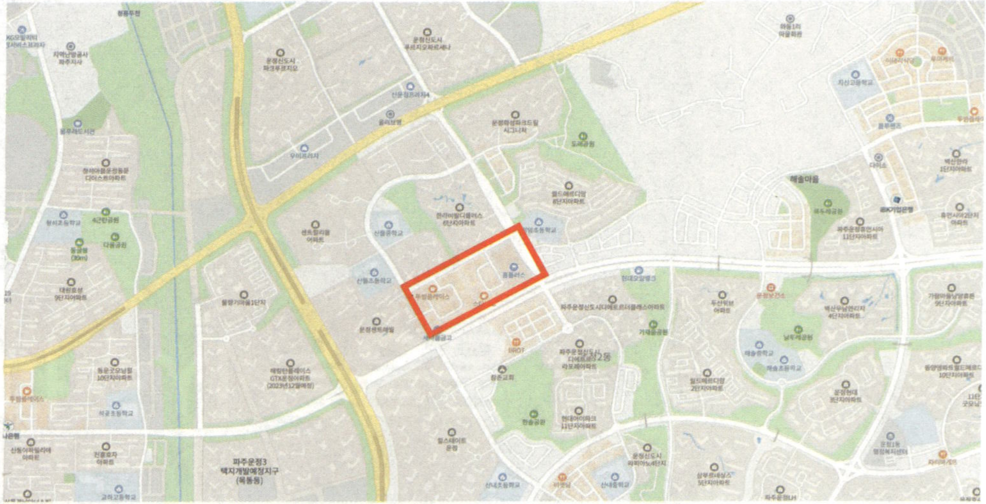

- **상권 위치** : 경기도 파주시 교하로 87(목동동 941-1번지) 주변

- **상권의 장점** :
  - 상권의 직접적인 배후 세대가 약 1만 5,000세대라고 할 수 있는 운정 신도시 핵심 상권
  - 파주의 대표적인 학원가 상권으로 형성되어 있으며, 학원과 병원 등으로 안정적인 임차 구역
  - 주변 GTX 호재가 있으며, 향후 입주 예정인 아파트가 약 7,000세대 가량 예정

- **자료조사 시점** : 2023년 10월

시노 사용설명서 (업종 해석)

사용설명서

① 업종 (선호업종, 일반업종, 비선호업종 中 1) *다음 페이지에 상세 설명
② '평'으로 표기된 면적은 '전용면적'
③ 보증금과 임대료 (단위 : 만 원)
   보증금 / 임대료 = 2,000(보증금) / 90(임대료)
④ 평당 임대료 (단위 : 만 원)
   @9 = 전용면적(평) 당 임대료 (90만 원 / 10평 = 9만 원)
⑤ 발품을 팔아 알아낸 지금 현재 임차인이 내고 있는 임대료
⑥ 아직은 임대가 나가지 않았으며, 부동산에 매물로 나와 임차를 기다리는 상가
   (호가일 가능성이 높습니다 = 임대인이 받고 싶은 임대료)
⑦ 전용 평당 매매가격 (단위 : 만 원)
   @2,000 = 전용면적(평) 당 매매가격 (2억 / 10평 = 2,000만 원)
⑧ 부동산에 매물로 나와 있는 매매가격
⑨ 해당 상가의 수익률
   수익률이 표기된 물건의 경우 현재 매매가가 나와 있는 물건

선호업종

- 10평
- 2,000 / 90   @ 9
- 현임대료
- 임대
- 2억   @ 2,000
- 수익률 6% (매)

지도 사용설명서 (업종 해석)

업종에 따른 표기 방식

● **1층**
- 선호 업종 : 부동산, 편의점, 휴대폰, 카페, 디저트, 베이커리, 기타 인지도 있는 프랜차이즈 등
- 일반 업종 : 일반 자영업 업종, 무인업장, 일반 식당 등

● **지상층**
- 선호 업종 : 학원, 병원 등
- 일반 업종 : 공유 오피스, 독서실, 스터디 카페, 음악 연습실, 헬스장, 필라테스, 고시원 등
- 비선호 업종 : 종교시설, 유흥업소, 마사지, 노래방, 바, 모텔 등

*위 나열된 업종은 단순 예시이며, 나열되지 않는 업종도 위 기준에 맞게 '선호업종', '일반업종', '비선호업종' 으로 분류

지도 사용설명서 (미니지도)

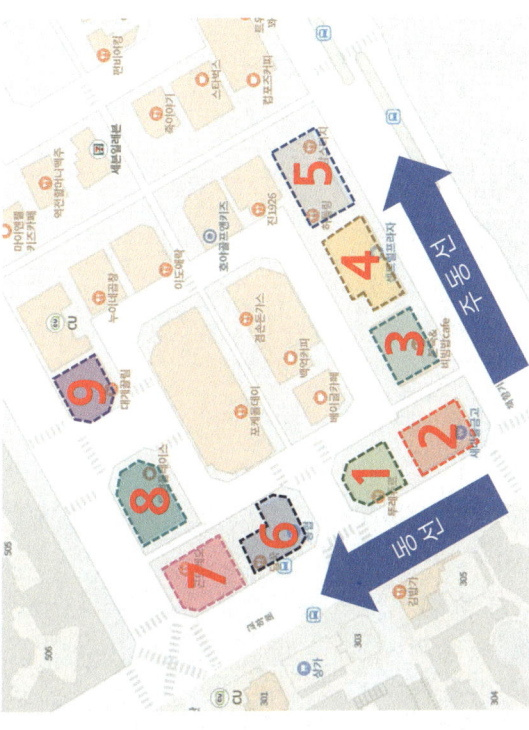

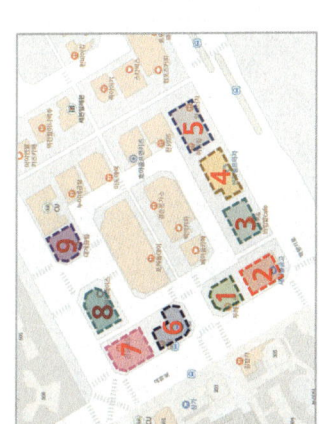

- 설명의 편의성을 위해 건물에 번호를 표기하였습니다.
- 1, 2번 건물이 해당 상권의 메인 건물입니다.
- 1, 2, 3번 건물을 기준으로 주동선이 이루어져 있습니다.
- 좌측 상단에는 어떤 구역인지 표기 하기 위해 미니맵을 표기하였습니다.

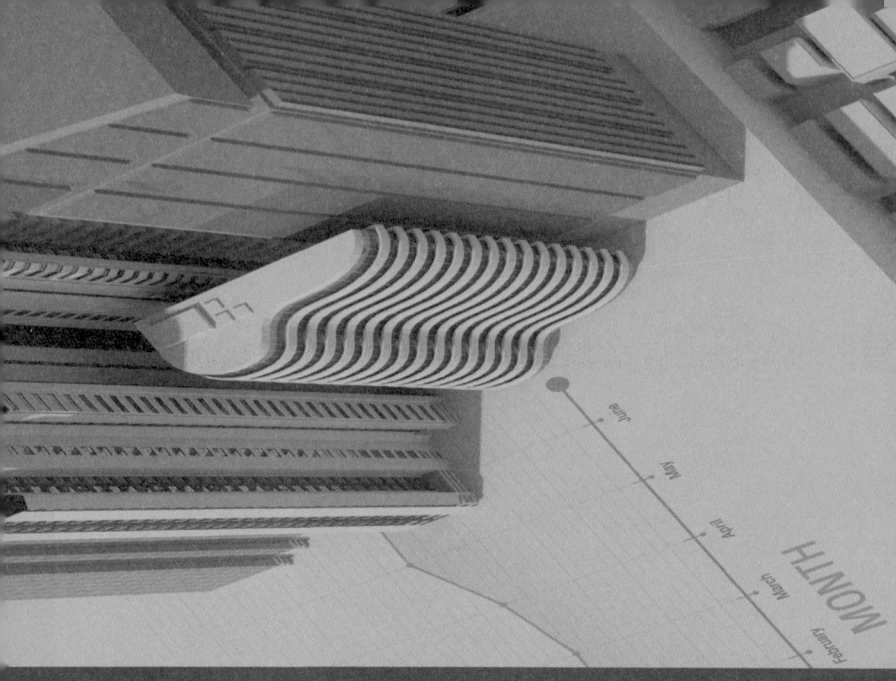

파주시 목동동 1층 시세 조사

파주시 복음동 1종 시세

☆ 선호업종
- 4.6평
- 2000/115 @25
- 수익률 5.11% (매)
- 2.9억 @6304

일반업종
- 14평
- 4000/200 @14.2
- 수익률 3.93% (매)
- 6.5억 @4643

일반업종
- 13.8평
- 3000/220 @15.9
- 수익률 4.8% (매)
- 5.8억 @4203

일반업종
- 13평
- 3000/294 @23
- 임대

일반업종
- 14.2평
- 4000/252 @18
- 임대

일반업종
- 15.4평
- 5000/300 @19
- 임대

일반업종
- 13.5평
- 5000/290 @21
- 임대

일반업종
- 11.3평
- 4000/300 @26
- 임대

● **대로변**
- 조사 당시 메인 상권에는 대로변 쪽으로 임대, 매매로 나온 물건이 없었습니다.

● **후면부**
- 1종 평당 14만~16만 원 가량 형성이 되어 있는 것을 볼 수 있습니다

● **체크 사항**
- 선호 업종이 있는 경우 수익률은 매우 좋아 보이기는 하나,
 늦게 세팅되어 있는 임대료로 인해 수익률이 좋아 보일 뿐 매매가격은 높아 보입니다.
- 너무 높은 임대료가 되어 있을 경우 특별한 경우(학독)가 아니라면 비교 자료에서 제외합니다

파주시 목동동 1종 시세

일반임종
- 17.7평
- 3000/295 @16.6
- 수익률 4.09%
- 8.95억 @5056

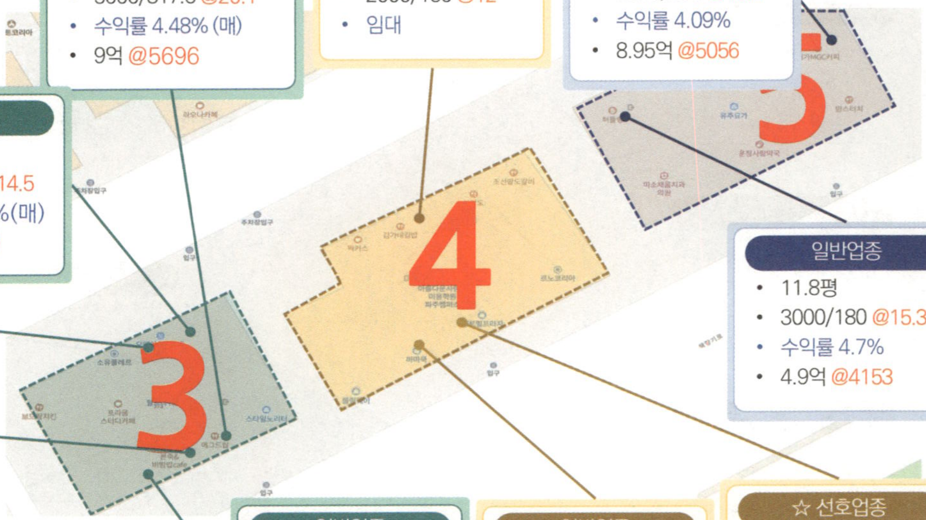

일반임종
- 11.8평
- 3000/180 @15.3
- 수익률 4.7%
- 4.9억 @4153

☆ 선호임종
- 14.5평
- 3000/295 @20.3
- 수익률 4.09% (매)
- 8.95억 @6172

일반임종
- 12.8평
- 2000/150 @12
- 임대

일반임종
- 17.8평
- 5000/380 @21.3
- 임대

☆ 선호임종
- 15.8평
- 5000/317.5 @20.1
- 수익률 4.48% (매)
- 9억 @5696

일반임종
- 11.6평
- 3000/230 @20
- 임대

일반임종
- 11평
- 2000/160 @14.5
- 수익률 4.47% (매)
- 4.5억 @4090

일반임종
- 11.3평
- 2000/150 @13.3
- 수익률 4.5% (매)
- 4.2억 @3717

일반임종
- 15.4평
- 4000/295 @19
- 임대

● 대로변
- 임대료는 평당 20~21만 원으로 임대료가 형성된 것 을 볼 수 있습니다.

● 후면부
- 임대료는 13만~14만 원 가량으로 전면부에 비해 약 5만 원 가량 저렴하며, 1번과 비교하면 평당 1~2만 원 가량 저렴하다는 것을 확인할 수 있습니다.

파주시 목동동 1통 시세

일반임종
- 22.4평
- 7000/355 @15.8
- 수익률 4.48%
- 10.2억 @4554

일반임종
- 15.1평
- 3000/240 @15.9
- 임대

일반임종
- 9.7평
- 2000/170 @17.5
- 수익률 4.53%
- 4.7억 @4845

공실
- 12.1평
- 3000/230 @19
- 임대

일반임종
- 13.9평
- 4000/230 @16.5
- 임대

☆선호업종
- 14.2평
- 3000/240 @16.9
- 임대

☆선호업종
- 15.1평
- 3000/240 @15.9
- 임대

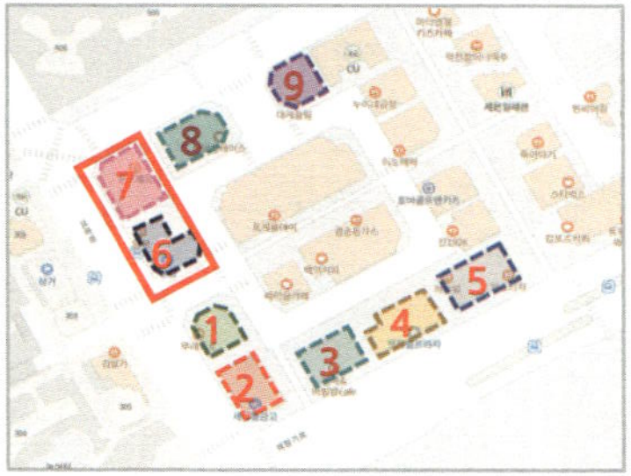

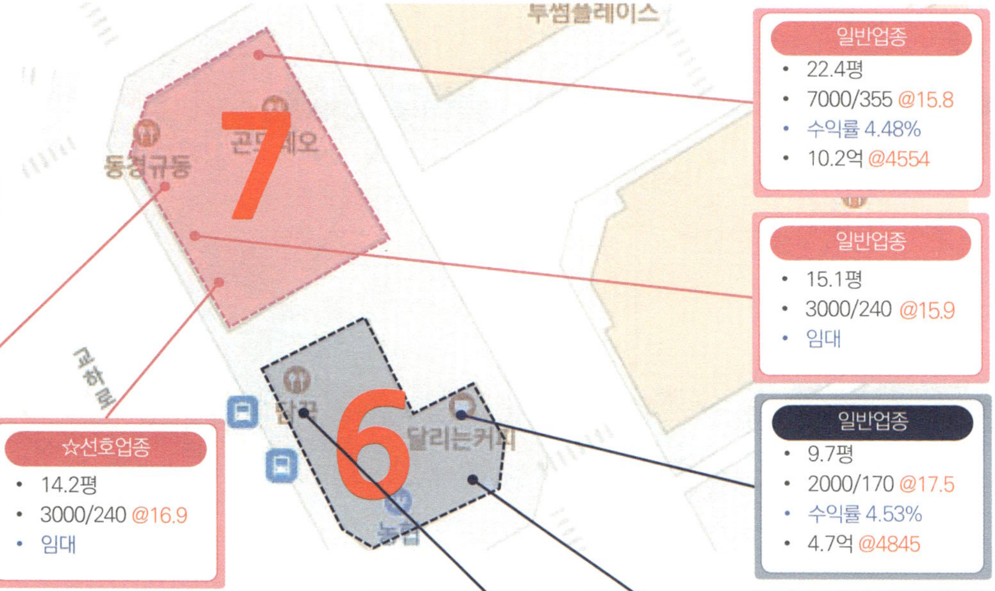

● **대로변**
 - 평당 14.5~ 16.5만 원으로 임대료가 형성된 것을 볼 수 있습니다.

● **체크 사항**
 - 6번 건물에 나와 있는 매매 물건의 경우 수익률은 좋아 보이나,
 평당 임대료가 높게 형성되어 있기 때문에 재차 확인이 필요한 물건입니다.

파주시 목동동 1층 시세

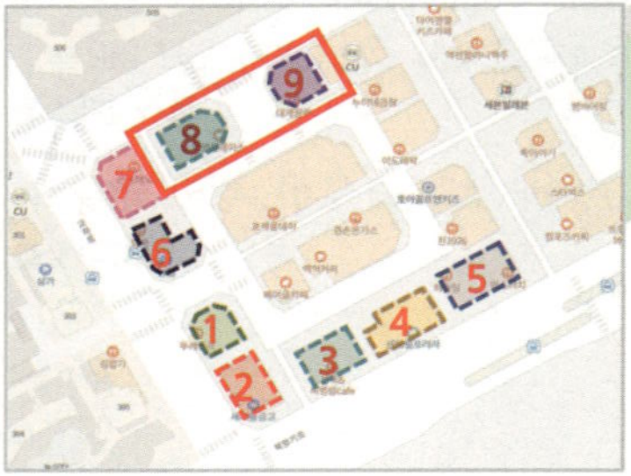

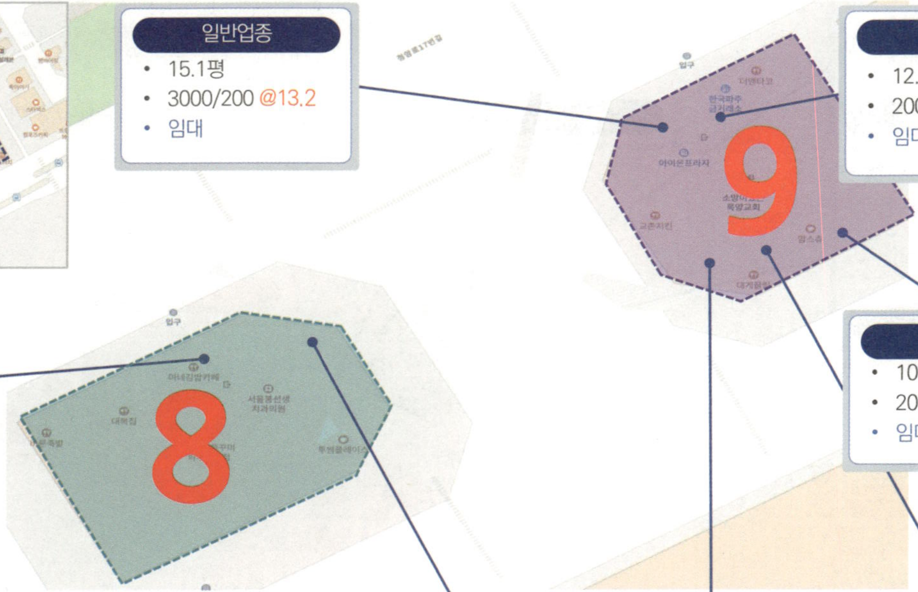

일반업종
- 12.8평
- 2000/143 @11.2
- 임대

일반업종
- 10.6평
- 2000/140 @13.2
- 임대

일반업종
- 10.1평
- 2000/140 @14
- 임대

공실
- 15.1평
- 3000/200 @13.2
- 임대

일반업종
- 25.1평
- 5000/370 @14.7
- 임대

일반업종
- 15.1평
- 3000/200 @13.2
- 임대

공실
- 13.8평
- 3000/170 @12.3
- 임대

● **대로변**
 - 평당 11만~13만 원으로 임대료가 형성된 것을 볼 수 있습니다.

● **체크 사항**
 - 9번 후면의 경우 임대료가 조금 높게 나와 있는 것을 확인할 수 있습니다.
 - 적정 임대료는 11만~12만 원 가량으로 보여집니다.

파주시 목동동
지산층 시세 조사

© 2024 (주) ONE INVEST All Rights Reserved.

파주시 목동동 지상층 시세

신축임대중
- 8층 59.2평
- 6000/335 @5.6
- 임대

일반임대중
- 2층 32.9평
- 3000/180 @5.5
- 수익률 4.8%
- 4.8억 @1460

신축임대중
- 5층 66.2평
- 5000/330 @5
- 수익률 5.14%
- 8.2억 @1238

신축임대중
- 7층 26.1평
- 2000/170 @6.5
- 임대

일반임대중
- 2층 57.4평
- 5000/400 @6.9
- 임대

신축임대중
- 2층 62.7평
- 6000/450 @7.2
- 임대

신축임대중
- 4층 70평
- 1000/420 @6
- 임대

● 임대료
- 평당 5~7만 원까지 다양하게 있는 것을 볼 수 있습니다.
- 노출도가 좋은 코너의 경우 비교적 높은 임대료가 형성된 것을 볼 수 있습니다.
- 임대가 맞추어진 시기에 따라 달라질 수 있지만, 임대료가 지속적으로 상승을 하는 것으로 보이는 곳입니다.

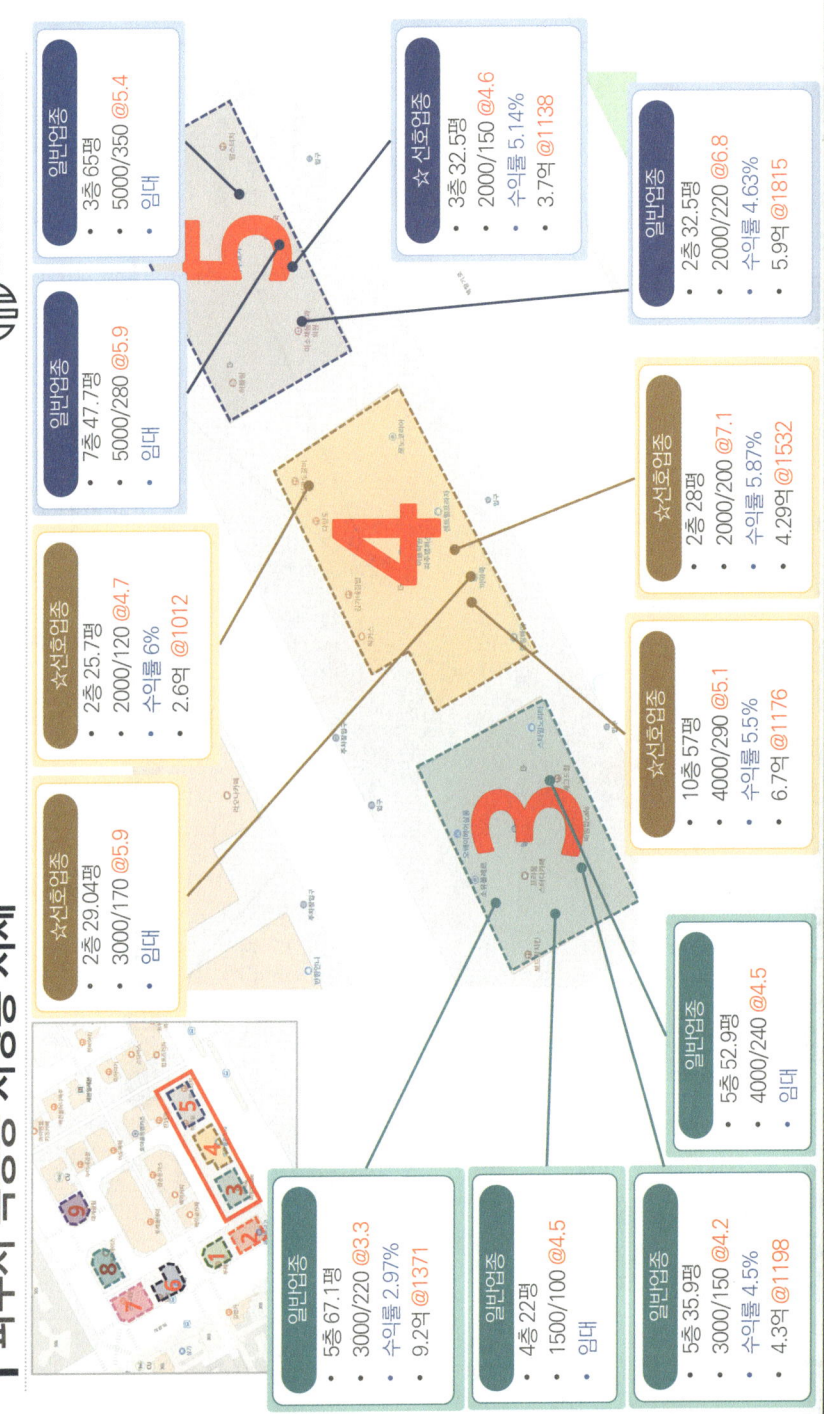

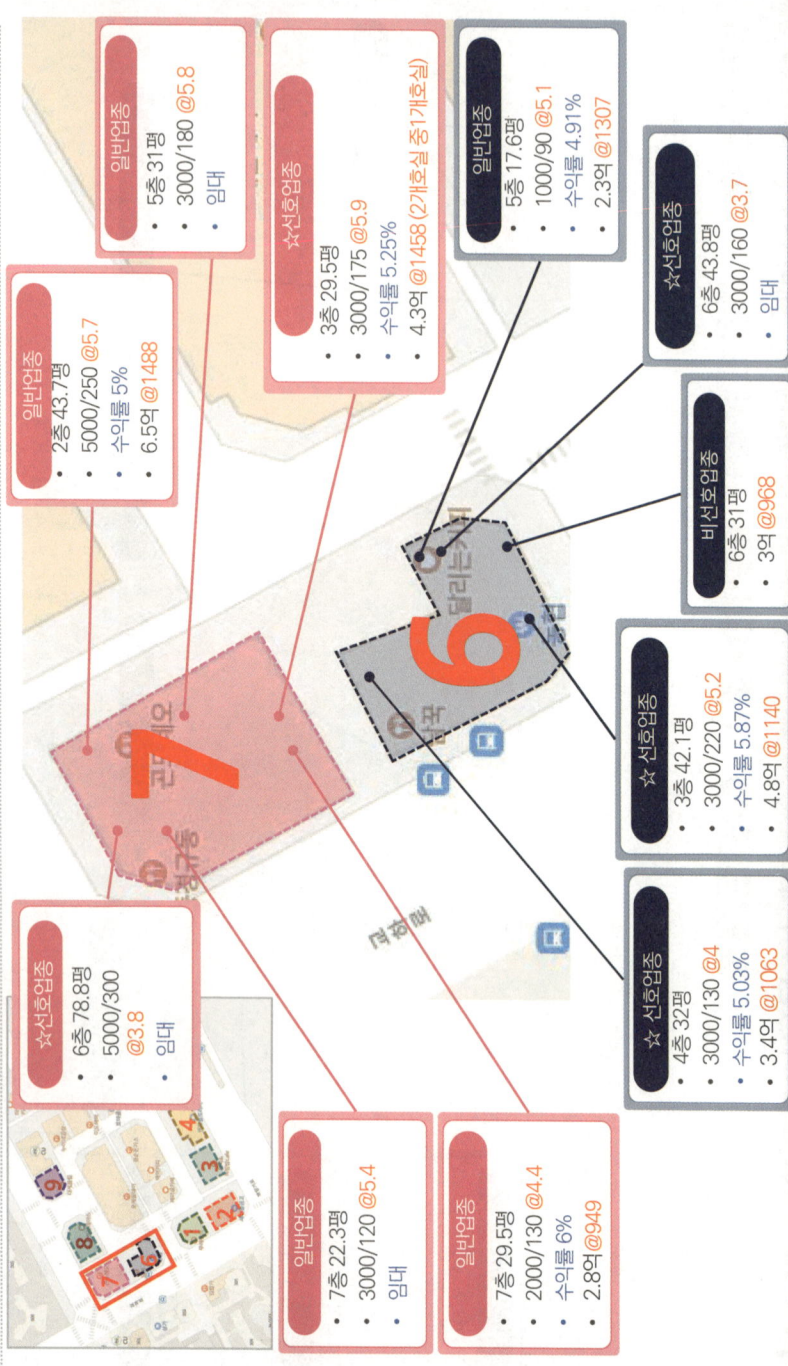

파주시 축복동 상용동 시세

9
☆선호업종
- 5층 20.4평
- 1000/120 @5.9
- 2.4억 @1176

8 (상단)
☆선호업종
- 2층 43.3평
- 2500/230 @5.3
- 수익률 5.26%
- 5.5억 @1270

(일반업종)
일반업종
- 3층 121.4평
- 1억/580 @4.8
- 수익률 5.8%
- 13억 @1071

8 (하단)
☆선호업종
- 3층 34.9평
- 3000/170 @4.9
- 수익률 5.83%
- 3.8억 @1089

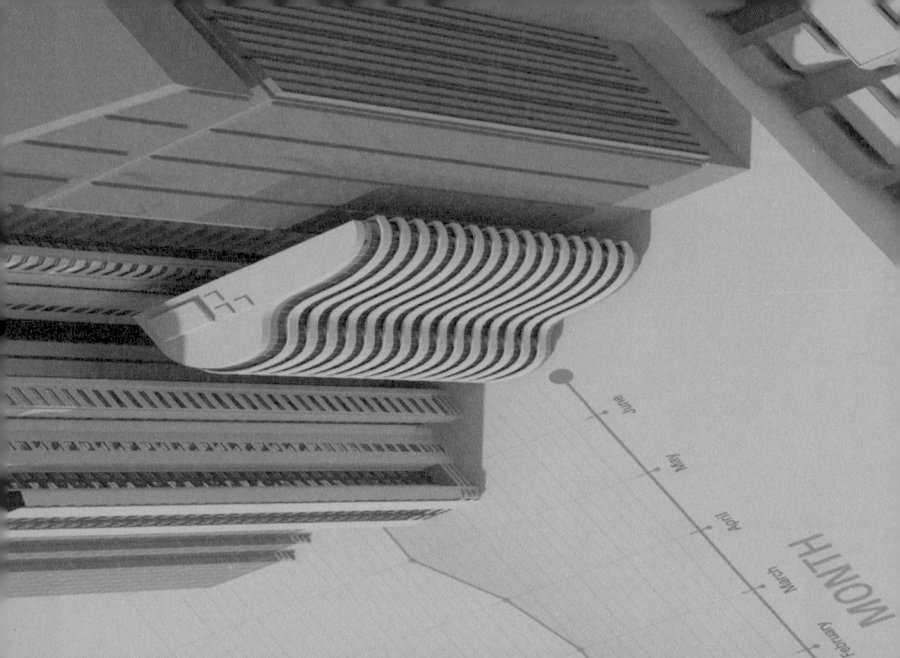

그결과

파주시 목동동 1동 석성 임대료 기준

● 기준 산정 방식
- 라인별로 보기 좋게 정리해 놓았습니다.
- 해당 임대료는 보수적으로 임차를 놓을 수 있는 금액을 산출한 결과값입니다.

파주시 목동동 지상층 적정 임대료 기준

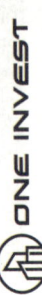

ONE INVEST

@4.8만 원
@4.8만 원
@3.5만 원
@4만 원
@4.8만 원
@5.5만 원

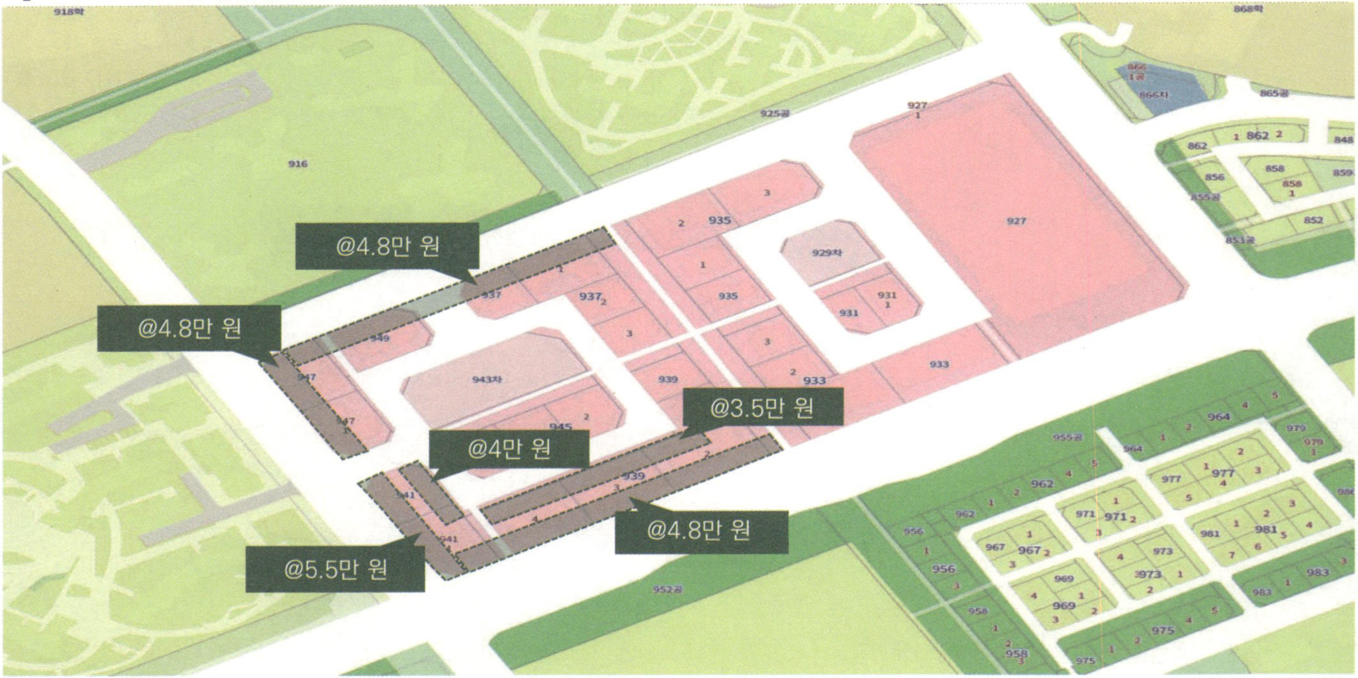

● **기준 산정 방식**

- 라인별로 보기 좋게 정리해 놓았습니다.
- 해당 임대료는 보수적으로 임차를 놓을 수 있는 금액을 산출한 결과값입니다.

본 책자는 비매품입니다.